20 世纪中国图书馆学文库·62

图书馆定量管理

陈和平 著

國家圖書館出版社

本书据西南交通大学出版社 1989 年 12 月第 1 版排印

序　言

本书是由铁路高校图书情报协作委员会推荐作为专著出版。

陈和平教授的力作《图书馆定量管理》是根据他在兰州铁道学院图书馆任馆长时累积多年经验而发挥成篇,用数学方法定量地研究图书馆的管理问题。作者深入分析了图书馆管理中存在的几个问题,创造性地提出几种新概念,如折算流通率,过中率,剔旧率,新书率等,在定量中重视质量的问题,因而把图书馆管理水平提到新的高度。

作者思想新颖,重视读者工作,把提高流通量做为抓好管理的主要环节。图书馆的主要任务是传播知识,提高流通量就意味着加速图书的周转,扩大知识传播范围,加速传播速度,从而推动社会的进步。所以作者把流通量(数量和质量)作为衡量图书馆工作情况的主要指标。

作者意识到藏书建设是为读者服务的基本条件。而藏书建设中新书的比率有着重大意义。鉴于现代社会知识更新加速,一般科技书在 5～10 年中便已失去时效,于是馆藏建设中应力求新书占一定优势。为了更经济地使用人力和物力,在补充新书的同时,更应重视剔旧,新书与旧书的消长,应达到零增殖的理想状态。这样,不但不必扩建书库,更便于读者有效地利用馆藏。

作者在运用数学分析中,闪烁出敏锐的观察力,并激励出不断革新的思想。如果我们能把这种定量管理运用到图书馆日常工作中去,当会发出光辉的异彩。特别是在实行计算机管理后,更便于推行宏观控制和目标管理。

陈和平教授研究定量管理有年,几年来先后在兰州、上海、北京、大连、杭州、石家庄、峨眉各大学巡回讲学,受到听众的赞许。有人称之为,在管理科学中独树一帜,自成体系。陈教授的学术成果,是我们铁路高校图书馆的光荣。铁路高校图书情报协作委员会对他的学说有高度的评价,并大力推广。陈教授并不满足于已经取得的成就,在深入钻研中精益求精,三易其稿,从原来的四十万字精简到现在的二十五万字,言简意赅,理论体系更加严明,便于学者领会。

铁路高校图书情报协作委员会在推进工作,提倡学术方面不遗余力,今后当将所属各成员馆有价值的专著和论文陆续发表,以供海内外图书馆界交流,旨在抛砖引玉,为图书馆界的繁荣和昌盛而奋斗。望我同仁,多加赐教和支持!

铁路高校图书情报协作委员会理事会

目　　录

第一章 导　　言

§1.1　基本观点

图书馆是公共文化设施,应该讲求社会效益。这些社会效益应该是可以计量的,不然难以作有效的管理。图书馆可以计量的社会效益有三:

一、收藏　对于少数具备条件的馆,收藏是一种重要的社会效益,对多数馆则可以略而不论。这个社会效益不在本书论列的范围。

二、流通　"流通"指信息通过图书工作者所产生的传递。不但传统的借还和阅览两种模式造成了流通,视听、复制、辅导和咨询等模式都造成流通。至于情报服务,其本质也是通过图书工作者的努力而产生的信息传递,所以仍旧造成了流通,而这种流通一般是高效率和高质量的。对大多数图书馆来说,流通是主要的,收藏是次要的;收藏是为了流通,藏是为了用。文献开发见效于流通。"流通量"就是文献开发成果的宏观量度。流通量不但可以统计、计量、汇总,还可以预测和规划。上述观点,对于图书工作者极为重要,称为"流通观点"。

三、服务　"服务"指图书工作者借以实现流通的有效手段之数量和质量上的综合。藏书、设备、馆舍当然都是实现流通的必要手段,但没有图书工作者的能动性,大规模的和高速增长的流通是难以实现的。"服务量"把物质条件、人力资源、管理思想和团体修养（或团体文化）综合在一起，它是可以计量的，也是可以规划的。图书馆的一切业务，既有学术性的一面，又有服务性的一面。图书馆既是学术性机构，又是服务性机构。它的质量优良的服务还是社会的精神文明建设的一个重要环节。上述观点对图书工作者也很重要，称为"服务观点"。

一个社会如没有足够的图书信息流通量，就不会有足够的人才。对于迫切需要人才增长的我国社会，更要求有高的年流通量增长率。因此，我国图书馆的管理，应该特别重视流通量的增长和相应的服务量的配合。如把优秀人才分类来看图书馆对他们的作用，则高的流通社会效益更有助于实践家、企业家和事业家的成长，而高的服务社会效益更能培育出科学家和思想家。

图书馆的情报职能是需要重视的，但情报工作只不过是产生流通的一种手段，因此似无必要另列一项情报社会效益。图书馆的经济收入，与其社会效益不具有等价性，所以不能作为一种社会效益看待。

流通和服务都是可以计量的。但是，在图书馆的管理中，还有两种虽然难以计量，但却相当重要的因素。它们是：

一、图书工作者应该把读者看作图书馆的主人，而自己则不过是他们的公仆；他们只有尽最大努力来满足读者的一切正当愿望和要求的义务，而无丝毫对读者怠慢和冷淡的权利。这是民主社会中图书工作者应有的行为规范，而且社会的政治生活愈民主，这一规范也就被奉行得愈认真、愈彻底。这称为"读者观点"。

二、图书馆是精神文明建设的坚强阵地，是读者的品德和思想上的第二课堂。图书馆通过有益读物的大量流通，又通过优良的服务、优美的环境和优越的团体修养，给读者以教育。在社会主义社会中，图书馆应该是盛开熏陶着读者的精神文明之花的绿洲；而且社会主义愈发展，这种思想品德上的教育也愈有力。这称为

"教育观点"。

上述四个观点,即读者观点、流通观点、服务观点和教育观点,是本书的四个指导思想。

本书名为"定量管理",研讨范围当然比较狭窄,但总以四个指导思想为准绳。在具体问题上,本书设置了流通和服务两套指标体系,各有核心指标,并围绕它们设置了一些辅助的或低级的指标。这些指标体系尝试将某些模糊不清的定性描述改变为明确的、可用数字表达的定量指标,尝试在传统的管理方式中增加计算、分析、预测和规划的因素,从而使传统的微观调节向合理的宏观控制过渡,以加快图书馆现代化的步伐。为了实现宏观控制,所设指标体系应具有下列特性:

一、指标中少数是全馆性或高层次的,覆盖面广,同时也有一系列部门性、学科性或低层次的,覆盖面较窄,以便能分别评价各部门以至全馆的绩效。但指标不宜过多,以免繁琐,反而不利于管理。

二、低层次指标可以转化为高层次指标,以便与馆的组织结构的控制职能相配合。

三、现实的成果性的指标可以转化为未来的规划性的指标,以便实行目标管理。

这些特性将在以下各章中逐步说明,但是,这并不等于说,定量的硬指标就是万能的。定性的、软的宏观评价有时更能统辖全局。因此,管理不能离开四个观点的指导。

在展开问题的方式上,本书一般从分析统计资料入手,从中寻找规律,建立数学模型,再利用数学模型寻求改进工作的较优或最优的途径;再在对工作的改进中,得到新的统计资料,来修改数学模型,如此循环下去。这样,本书就带有某种文理交叉的面貌。不过,数学模型在社会科学问题中的应用常有较大的局限性,因而数学运算的结果还应该与从四个观点或指导思想出发的判断相结合。这个过程的图解见图 1. 1—1。

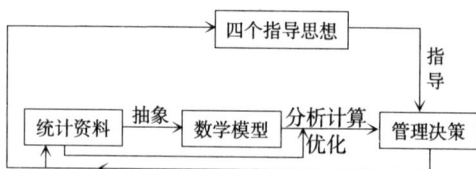

图 1.1—1

科学的定量管理必须建立在完善的统计工作的基础之上。图书馆要有一个完整的和统一筹划的统计制度;这个统计制度还要与组织结构形式和岗位责任制结合起来,后者应规定每一位工作人员的具体统计任务和每一部门中承担对统计的监督和汇总责任的人选,统计的原始资料要有划一的规格,并要严格执行主管人对其审核签认和它们的最短保存时间的规定;对全馆性的统计和资料分析应有专人总其成,并由他经常对基层统计进行抽查和核实;还要提倡统计道德,要求认真、不浮夸、如实反映情况。没有这些健全的基础,定量管理势必流于空谈。

当然,统计数字也可以充作通称为"定额管理"(按工作人员的工作量来计算各人应得的报酬)的依据。但是它不是搞统计的首要目的,而且"定额管理"如陷于繁琐,或将利少而弊多。总之,本书所研究的"定量管理"与"定额管理"基本无关,希望读者注意识别。

当工作人员认识到他们辛勤统计出来的资料将直接用来促进流通和服务的提高时,就会不再感到统计是枯燥无味的工作了。另一方面,本书所论的统计,是包括对读者进行阅读形态的调查在内的。不论较简单的对读者人数和书刊的册、种数的查点,或是较复杂的对读者编制问卷、分析答案的调查,其实都是饶有兴趣的社会调查工作。总之,图书馆的调查统计是大有可为的,因为受题目的限制,本书不能多涉及这方面的内容。

§1.2 图书信息流通量与人才开发间的关系规律

§1.1中提出的流通观点的一个立足点在于：没有足够的图书信息流通量，就不会有足够的人才，也就谈不上四化建设。图书信息流通量是与人才开发密切相关的。这可以用简化了的数学模型来论证。经过论证以后，能得到流通与人才增长两者间量的关系，又能得到几条规律性的理性知识，来指导图书馆改革的实践。

假定把一个需要人才增长的地区或组织在图书信息流通上看作封闭系统（事实上这种封闭系统是不存在的，尤其在现代社会中更是如此；不过上述假定无碍于以后所得规律大体上的正确性。）令起算之年 $t=0$，那时人才数量为 R_0 人，到 t 年以后，人才数量增为 R 人。R 是 t 的函数，(dR/dt) 是人才年增长速度。$(1/R_0)(dR/dt)$ 是人才年增长速度与初始人才数量之比，量纲为〔年$^{-1}$〕，简称"相对人才速度"，记为 v，其对于时间的变化率简称"相对人才加速度"，记为 A。由于我国一方面 R_0 较小，一方面又正处于急需人才加速成长的大规模现代化建设阶段，所以本节以 V 和 A 为主要讨论对象。

令造就一个新人才所需的总图书信息流通量为 Z，量纲为〔册·人$^{-1}$〕；维持一个旧人才每年所需的图书信息流通量为 w，量纲为〔册·人$^{-1}$·年$^{-1}$〕。w 和 Z 虽不易确定，但 w/Z，即用维持一个旧人才的年流通量可造就的新人才数（必小于 1，量纲为〔年$^{-1}$〕），却是可作约略的估算的。一般来说，文化科技愈发达的地区或组织，w/Z 愈大，称为"发达量"，记为 f。

再令此地区或组织起算之年一年中所提供的图书信息流通量为 l_0，量纲为〔册·年$^{-1}$〕，此后 t 年上的流通量由

$$l = l_0 e^{at} \qquad\qquad (1.2-1)$$

这样的一个指数式作简化的描述,其中 a(量纲为〔年$^{-1}$〕)为常数,当它为正值时,流通量逐年增加;为负值时,则逐年减少。流通量的年增长率可用下式计算。

$$流通量年增长率 = e^a - 1 \qquad (1.2-2)$$

l_0 和各年的 l 与此后讨论的关系不大。这里所注意的,只是图书信息流通量的年增长率。

设培养人才的各种因素如学校、师资等都恒定地与人才同步增长,只有图书信息流通量在变化。又令 dt 时间内人才数量的增长为 dR,则 dt 时间内的流通量为 $l_0 e^{at} dt$,从中减去维持旧人才所需的流通量 $Rw dt$,所余的流通量即供培养新人才之用,于是可建立下列微分方程式:

$$dR = \frac{l_0 e^{at} dt - Rw dt}{Z} \qquad (1.2-3)$$

利用初始条件 $t=0$ 时 $R=R0$,解得:

$$R = \left(R_0 - \frac{l_0}{aZ+w}\right) e^{-\frac{w}{z}t} + \frac{l_0}{aZ+w} e^{at} \qquad (1.2-4)$$

$$V = \frac{1}{R_0}\left(\frac{dR}{dt}\right)$$

$$= -\frac{w}{Z}\left(1 - \frac{l_0/R_0 Z}{a + \frac{w}{Z}}\right) e^{-\frac{w}{z}t} + \frac{a \cdot l_0/R_0 Z}{a + \frac{w}{Z}} e^{at} \quad (1.2-5)$$

再令 $t=0$,得:

$$初始的\ V = \frac{l_0}{R_0 Z} - \frac{w}{Z} \qquad (1.2-6)$$

上式也可以凭推理而得。此后给初始的 V 命名为"初始量",代表该地区或组织人才增长的起点,记为 c,量纲为〔年$^{-1}$〕。c 也是可作约略的估算的。

现在可以看到:V 随下列四个参数而变化:1. 时间 t;2. 反映流通量年增长率的大小的 a; 3. 反映该地区文化科技发达程度的发

达量 f;4. 反映人才增长起点的初始量 c;前者的量纲是〔年〕,后三者的量纲都是〔年$^{-1}$〕。于是(1.2 −5)式可以改写成:

$$V = -f(1 - \frac{c+f}{a+f})e^{-ft} + \frac{a(c+f)e^{at}}{a+f} \qquad (1.2−7)$$

在上式中分别用下列根据我国常见情况估计的数值代入:

$t = 0, 1, 2, 3, 4, 5, 6$ 年;

$a = -0.05, 0, +0.05, +0.10, +0.15$ 年$^{-1}$;

$f = 0.05, 0.075, 0.10, 0.125, 0.15$ 年$^{-1}$;

$c = 0.01, 0.05, 0.10, 0.15, 0.20$ 年$^{-1}$;

得到一系列数据,绘成图 1.2 −1 至图 1.2 −3。这些图的横坐标是时间 t〔年〕。纵坐标是两种比例:对实线曲线是 V 和 c 之比,对虚线曲线是 l 与 l_0 之比,即 e^{at},都是不名数。在诸实线曲线旁注的数字是 c 之值。这些实线曲线,描述了相对人才速度随时间而变化的规律。有的上升较快,有的上升较慢,有的先下降而后上升,有的一直下降。在我国建设飞跃发展的形势下,需要的是较高的相对人才加速度,因而上升较快的实线曲线是我们所盼望的目标。

再以同样的参数,绘成图 1.2 −4,其纵坐标为五年中 V 的平均年变化率:

$$\text{五年中 } V \text{ 的年平均变化率} = \sqrt[5]{\frac{V_t = 5}{V_t = 0}} - 1 \qquad (1.2−8)$$

它就是五年中相对人才年加速度的几何平均值,简称"相对人才加速度",记为 A_5。其所以把变化期限定为五年,是考虑到人才开发问题如牵涉到较长时间或许并不精密的缘故。图 1.2 −4 的横坐标为流通量的年增长率,即 $e^a - 1$。这样,图 1.2 −1 至 1.2 −3 中的一条实线曲线,变成了图 1.2 −4 中的一个点。在诸曲线旁注的数字仍是相应的初始量 c 之值。图中的一套曲线显示了在不同的发达量和初始量下,相对人才加速度是怎样随流通量的年增长率的增加而从负变到正,从小变到大的。

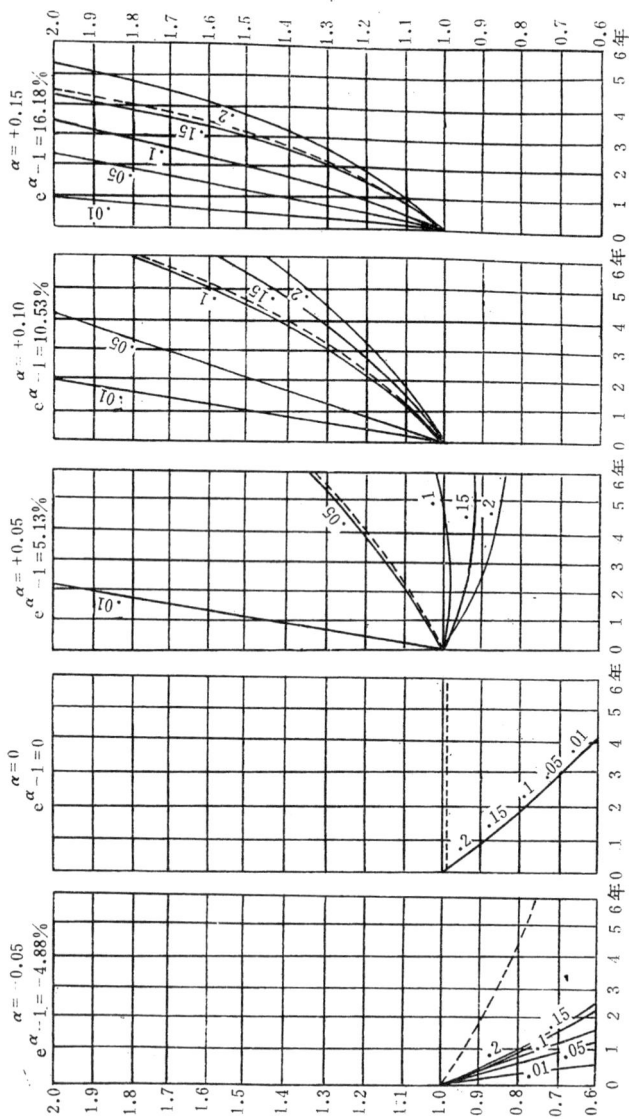

图 1.2—1 （f=0.075）

8

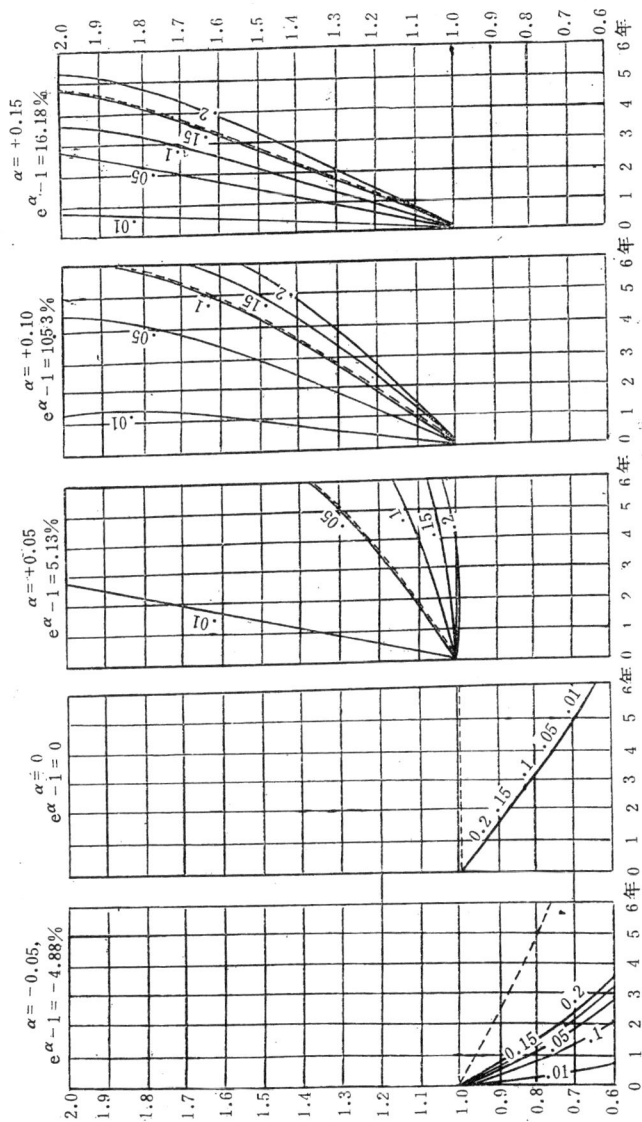

图 1.2 —2 （ $f=0.10$ ）

9

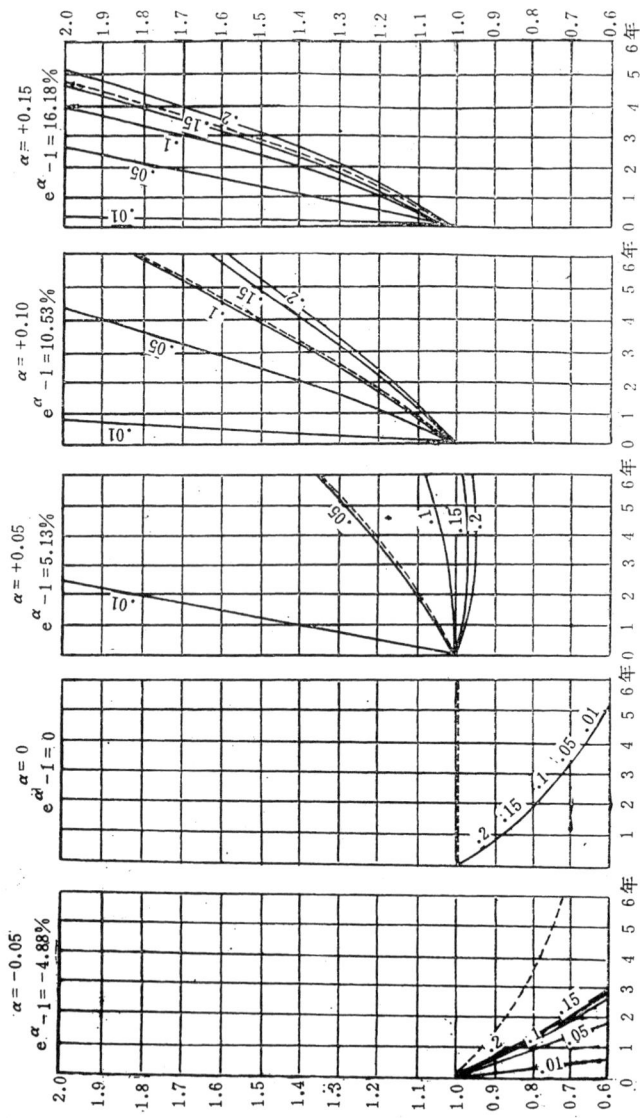

图 1.2－3 （f=0.125）

10

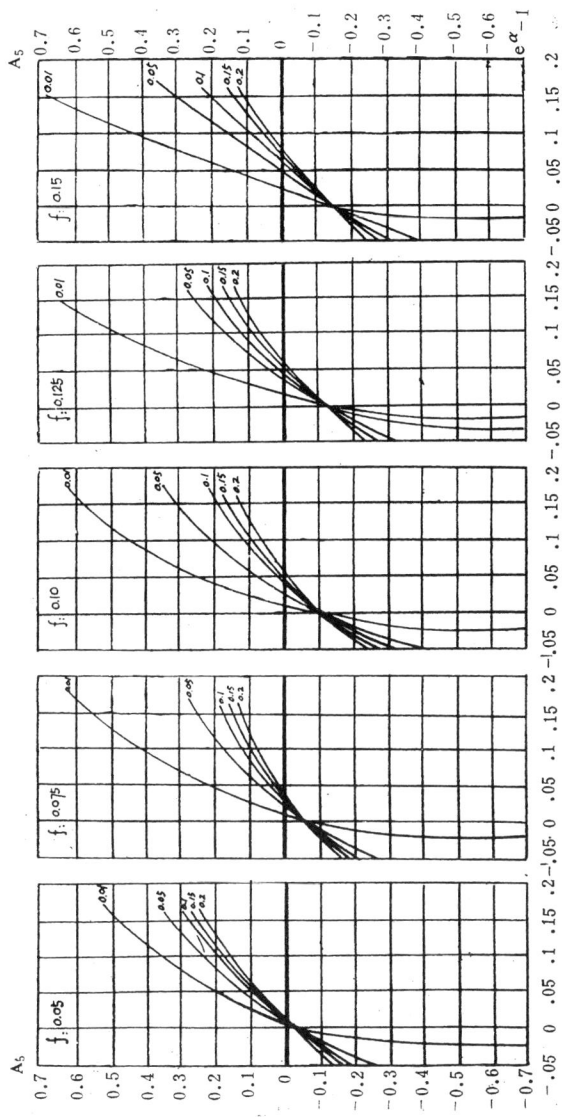

图 1.2 —4

11

又令(1.2-7)式中 $V=0$，可以建立下列方程式：

$$f(a-c) = a(c+f)e^{(a+f)t} \qquad (1.2-9)$$

用上式可以算出人才增长速度等于零的年代 t，超过这一年代，人才数量就要减少，这当然是绝对不能让它出现的情况。因为这个问题比较单纯，所以只选用居中的发达量 $f=0.10$ 作了计算，绘成图 1.2-5，其中纵坐标是初始量 c，曲线旁注字为流通量的年递减率，横坐标为人才速度等于零的年数。

观察图 1.2-1 至 1.2-5，可发现下列现象：

一、图 1.2-5 表明，要使人才数量不发生减少的危险，不但要求有足够大的初始量，而且还要求流通量逐年增加。例如，在 $f=0.10$，流通量又不增不减时，不论初始量为多少，以后人才数量总是在增长着的；但当流通量按每年 3% 减少时，如果初始量 c 为 0.01，则到第 2.8 年后人才数量就要减少下去；如果初始量 c 为

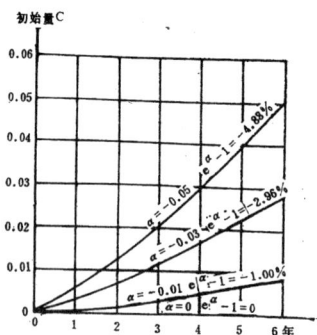

图 1.2-5 ($f=0.10$)

0.02，则到第 4.7 年后人才数量也将减少下去。对于别的 f 值，图中虽没有画出，但情况大体上相同。

二、要使相对人才速度保持所需要的值不下降，图书信息流通量不但应该逐年增加，而且还得有一定大小的增长率才行。图 1.2-1 至 1.2-3 中的左方两图显示了：在初始量 c 为 0.10，而流通量年增长率为 -4.88%（实际上是年递减率）到零时，相对人才速度都是逐年下降着的。（但人才数量仍可能在缓慢增加，只不过其增长速度不符合需要罢了。）一直要等到流通量年增长率大于 5.13% 时，曲线才上升，即相对人才速度变成逐年增长。由此可见，流通量的年增长率存在一个临界值，对于它相对人才加速度

12

等于零。在图 1.2 – 1 至 1.2 – 3（$f = 0.10$）中可以看出，当 $C = 0.10$ 时，上述临界值必介于零与 5.13% 之间，当 $C = 0.15$ 时，必介于 5.13% 与 10.53% 之间等等。从图 1.2 – 4 中也可以看出同样的情况。

在图 1.2 – 4 中还可以找到这个临界值的约数。在 $f = 0.10$ 的图中，$c = 0.10$ 那条曲线交横坐标轴于约 4.5% 处，即此时相对人才加速度等于零，所以 4.5% 是 $f = 0.10$，$c = 0.10$ 时流通量年增长率的临界值。同理，$C = 0.15$ 那条曲线交横轴于约 5.3% 处，说明 5.3% 为 $f = 0.10$，$c = 0.15$ 时的临界值。以后称此值为"第一临界值"。

从图 1.2 – 1 至 1.2 – 3 中还可以看出，当 f 增大时，即该地区或组织文化科技较为发达时，或当 c 增大时，即人才增长的起点较高时，整套曲线上升的趋势减弱了，或下降的趋势增加了。从图 1.2 – 4 更可以看出，随着 f 或 c 的增大，流通量年增长率的第一临界值也在提高着。

三、从图 1.2 – 1 至 1.2 – 3 还可以发现，不论发达量 f 等于多少，当初始量为 0.05 时，如 $a < 0.05$，则虚线曲线（反映流通量随时间的变化）在实线曲线（反映人才速度随时间的变化）之上，说明相对人才加速度落后于流通量的增长率；如 $a > 0.05$，则虚线在实线之下，说明相对人才加速度超过了流通量的增长率，如 $a = 0.05$，则虚实两线重合，说明加速度与增长率相等。这里流通量的年增长率是此年的流通册数比去年的流通册数增长了百分之几，而相对人才加速度是此年的新人才人数比去年的新人才人数增长了百分之几。如果把前者看成因而后者看成果，两者的数值间是有可比性的。所以，$a = 0.05$，或 $e^a - 1 = 5.13\%$ 是对应于 $c = 0.05$ 的另一个临界值。同样可以找到，这个临界值对于 $c = 0.10$ 和 0.15 时，分别为 $a = 0.10$ 和 0.15，并都与 f 无关。这些 $e^a - 1$ 称为流通量年增长率的"第二临界值"。

对于上述第一个现象,是容易掌握的,不需再作计算。对于第二、三个现象中的第一和第二临界值,有必要计算一下。在(1.2-8)式中令 $A_5 = 0$, $t = 5$ 年,得到下列以 a 为未知数的超越方程式:

$$a[(c+f)e^{5a} - (c+fe^{-5f})] = fc(1 - e^{-5f}) \qquad (1.2-10)$$

用渐近法解出 a,其 $e^a - 1$ 就是相应的第一临界值。计算证实,随 f 和 c 的增加,这个第一临界值都要增加。

为求流通量年增长率的第二临界值,根据它的概念,建立下列等式:

$$\frac{V_{t_2}}{V_{t_1}} = \frac{e^{at_2}}{e^{at_1}}$$

$$\frac{-f(1 - \frac{c+f}{a+f})e^{-ft_2} + \frac{a(c+f)}{a+f}e^{at_2}}{-f(1 - \frac{c+f}{a+f})e^{-ft_1} + \frac{a(c+f)}{a+f}e^{at_1}} = \frac{e^{at_2}}{e^{at_1}} \qquad (1.2-11)$$

要使上式对于任意一对 t_1 和 t_2 都成立,唯一的可能是 $[1 - (c+f)/(a+f)] = 0$,于是得知 a 的第二临界值等于 c。可见不论 f 为多少,流通量年增长率的第二临界值为 $e^c - 1$。其实这一点在图 1.2-1 至 1.2-3 中早已看出来了。

用不同的 f 和 c 算出的第一和第二临界值见表 1.2-1。又根据表中数据,绘成了图 1.2-6,其中把坐标平面分成了三个区域:在第一临界值曲线以下的,称为"A"区;介于第一与第二临界值两曲线之间的,称为"B"区,在第二临界值曲线之上的,称为"C"区。

表 1.2 - 1　流通量年增长率的临界值

临界值 c ＼ f	第一临界值(%)					第二临界值(%) f 为任意值
	0.05	0.075	0.10	0.125	0.15	
0.01	0.82	0.87	0.89	0.91	0.92	1.01
0.05	2.38	2.82	3.11	3.31	3.46	5.13
0.10	3.12	3.94	4.53	4.97	5.31	10.53
0.15	3.49	4.54	5.34	5.96	6.47	16.18
0.20	3.70	4.91	5.86	6.63	7.26	22.14

综上所述,图书信息流通量与人才开发之间的关系,有下列四点规律:

一、图书信息流通量的初始值不宜过小,一般还应使其每年有所增长,否则会使人才数量减少,或质量下降,这是最不利的情况。

二、当流通量的年增长率小于第一临界值时(图1.2-6"A"区),相对人才速度会逐年减小下去,这也是不利的。

三、当流通量的年增长率大于第一临界值但小于第二临界值时(图1.2-6"B"区),相对人才速度会逐年增长,可以说这时流通

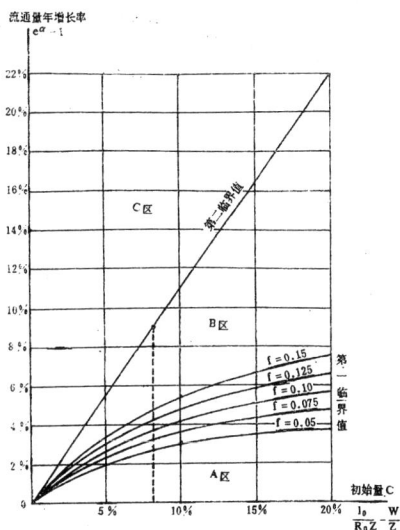

图 1.2 - 6

量对人才开发的影响才是有益的,不过相对人才加速度将落后于流通量的增长率,因而流通量的有益影响还不是高效率的。

15

四、当流通量的年增长率大于第二临界值时(图1.2-6"C"区),不但相对人才速度会逐年增长,而且相对人才加速度将超过流通量的增长率,因而流通量对人才开发的有益影响进入了高效率的阶段。

上述四条规律是由微分方程式(1.2-3)导出的,而(1.2-3)式的根据只是简单的逻辑关系,但推导的结果不但证实了流通量的增长对人才开发是必要的这一原有的认识,又建立了两者间量的关系,尤其是得到了流通量年增长率的两个临界值的概念,这更是初始时所意想不到的。这些规律的最重要的价值在于:它告诉人们图书馆要想尽到对社会的责任,除必须抓流通社会效益即流通量外,还必须抓流通量逐年的增长,这才能使自己的职责与人才开发密切结合起来,才能使自己崇高地位得到全社会的公认。图书工作者对国家所应作最重要的贡献是在本世纪(或者还要包括下世纪初在内)保证有一个较大的、至少大于第一临界值的流通量年增长率。至于临界值究竟多大,一般只需要参考表1.2-1就行了,不一定要做具体计算。这张表所列的数据,可用"流通量的年增长率的第一临界值,一般为百分之三、四、五、六,第二临界值则一般在百分之十到二十之间"一语来概括。上述结论,构成了下文第二章的理论基础。

第二章　流通量

§2.1　流通量和流通模式

（一）流通量和流通曲线

图书馆的流通，指通过图书工作者的努力，大规模地、高速度地、无偿地传递信息的过程。习惯上对流通狭义的理解，是指读者从图书馆借出书刊回去阅读。本书所称的流通却是广义的，无论读者来外借和内阅书、刊、资料，或利用咨询、视听、复制、缩微、显微等服务，或参加各种辅导活动，或享受情报服务，只要通过图书馆这条渠道，实现了信息交流，都叫流通。这些实现流通任务的多种形式和方法叫做"流通模式"。在图书馆下分设若干个单位，各担负一部分流通任务，叫做"流通部门"。传统的做法是一种模式下分设若干个部门，如第一、二、……借书处，第一、二、……阅览室等。现在已有了一个流通部门兼办多种流通模式的做法，效率较高，将来当有较大的发展前途。

流通的量度叫"流通量"。这里首先遇到一个困难，就是它以什么为单位的问题。按理讲，所流通的既然是信息，流通量应该是信息的数量。但各种文字的书、刊、文献和口头的信息传递所含信息的数量是很难确定的。就算能确定，也无法调查读者在一本书或一次辅导中取用了多少信息。因此，目前只能采用以文字的书、刊、文献的册、件数和口头的信息传播的次数为流通量的单位这一虽嫌笼统但较简捷的方案。因为流通的数量是相当大的，一个大的流通量就自动抵消了一部分由于各种载体所含信息量不等所产生的影响。

流通量应该有一个起算日期。例如对于外借模式，它或是某一外借部门的初始开放日，或是开始实行外借流通量统计的那一天。从这一天起算，到统计截止之日为止，共流通了若干册书刊，称为"累计流通量"，记为 L。但是，在管理中有较大价值的并不是累计流通量，而是单位时间（一年、一个学期、一个月、一周、一日或一个小时）内的流通数，它们实际上是各种"流通速度"，量纲都是〔册（或件、次、份）·时间$^{-1}$〕。其他模式也一样。

流通速度又可分为"平均流通速度"和"瞬时流通速度"。设某部门 1982 年的外借流通量为 88462 册。将 88462 除以 12，得每月平均流通 7372 册，称为该年的"平均月流通速度"。如果没有逐月统计流通册数，人们只能满足于每月平均数这一指标。但如果这个部门逐月统计了流通册数如表 2.1-1 所示，那么各月就有自己的"瞬时月流通速度"，如 1 月为 9025 册，2 月为 2178 册等。进一步看，1 月份既然流通了 9025 册，可见该月的"平均日流通速度"是 9025÷31 ＝291.1 册，如果这一部门是逐日统计流通数的，那末统计所得便是"瞬时日流通速度"了。

将瞬时流通速度记为 l，又如时间 $t = a$ 和 b 时累计流通量分别为 L_a 和 L_b，则在 a 与 b 之间的瞬时流通速度 l_{ab} 应等于：

$$l_{ab} = \frac{L_b - L_a}{b - a} \tag{2.1-1}$$

表 2.1-1

年月		月流通册 数	累计流通册 数	年月		月流通册 数	累计流通册 数
1982	1	9025	9025	1982	7	10013	53152
	2	2178	11203		8	5416	58568
	3	8034	19237		9	8296	66864
	4	7912	27149		10	8014	74878
	5	7224	34373		11	6601	81479
	6	8766	43139		12	6983	88462
				1983	1	9179	97641

以后为叙述方便计,将各种"瞬时 S 流通速度"(其中 S 代表时间段落,如年、月、日等),简称为" S 流通量",记为 l_S (如月流通量记为 l 月等)。不过要注意这些 l 月、l 日、l 时等等,虽然简称为月、日、时流通量,事实上都是流通速度,与累计流通量 L 具有不同的量纲。

以月份(或日、时)为横坐标,以相应的流通量为纵坐标而绘成的曲线,称为"流通曲线"。图 2.1-1 是根据表 2.1-1 的数据绘制的。此图中有两套曲线,一是用细线绘出的阶梯形曲线,每月流通量各用一个底宽为一个单位的矩形表示,这 12 个矩形面积的总和,即全年的累计流通量 88462 册(假设从此年的元旦开始统计);它又等于大矩形 $OABC$ 的面积,其中纵坐标 OA 等于月平均流通量 7372 册。二是用粗线绘出的折线,每月流通量各用一条竖线表示,这时曲线与横坐标所包围的面积要略小于 $OABC$。图 2.1-1 的曲线称为"年分解为月的流通曲线",简写为"年→月流通曲线"。

绘制流通曲线实质上是将较长时间的流通量分解为若干个短时间的流通量的过程。图 2.1-1 将年流通量分解为 12 个月流通量,形象地暴露了那一年流通量的内部结构状态。同样,某一月

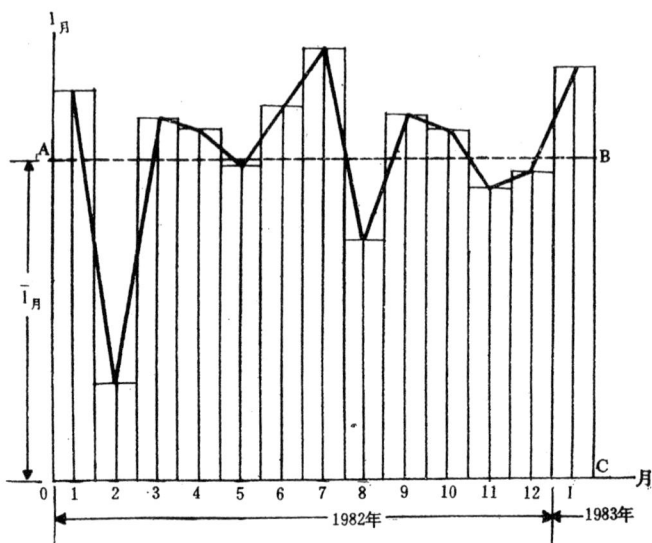

图 2.1 - 1

（日）的流通量的内部结构又可以分别用日（小时）流通曲线来显示。只要建立起合理的统计制度，严格实施，并妥善积累和保管资料，就可以视需要绘出一套流通曲线，从对它们的分析中找出决策的指导方针来。

（二）流通模式的计量单位和分类

下面分别规定每种流通模式的计量单位。

一、外借和内阅　上面已说过，这两种模式以"一册"为单位。所谓一册，包含"一位读者使用一册"这种既有人数又有册数的意义在内。至于是书还是刊，刊中是现刊还是过刊，过刊中是装订的还是不装订的，书刊的页数是多是寡，借出或阅读的时间是长是短，都忽略不论。反正流通量的数字往往以万册或十万册计，其中早已起过截长补短的作用。

20

二、视听　以"一次"为单位。一位读者借用馆藏的一种视听资料,定为一次。多人共同利用一种资料时,有若干人便算若干次,均忽略胶片或磁带的长短。

三、复制　以"一件"为单位。一位读者取馆藏一种书刊或磁带复印或复录一份,定为一件。如复制若干份,应为若干件。读者从流通部门将书刊借出,已经统计在外借或内阅流通量之中了。现在拿来复制,又计算流通量,实际上并没有重复。因为复制了一份或数份以后,这些资料的所有权就归读者所有,他又可以拿出去流通,所发挥的作用,就比藏在馆中要增加一倍或数倍,这种效益对于紧俏书刊尤为显著。至于所复制的为原书刊的全部或仅一二页,则可以不考虑,均按一件计。

当读者拿自己的资料请求复制时,图书馆本着读者和服务两观点,可以提供帮助,并收取一定的费用,但不能统计在流通量之内。

四、显缩微　亦以"一件"为单位。一位读者显微阅读一卷资料,如果对于缩微胶卷单独设立出借处的话,可定为一件。如果读者借出胶卷时,已统计过流通量,则显微阅读就不能再算了,因为读者利用显微阅读器,与利用阅览室座位原则上并无不同。读者取馆藏资料请求缩微,不论长短,均可以一份按一件计。如读者拿自己的资料请求缩微,不应视为流通量。

五、辅导　图书馆定期或不定期地举办辅导活动.其形式不妨力求多种多样和生动活泼,但目的都应该把提高本馆的流通量这一宗旨包括在内。一次名副其实的辅导活动,必然会诱发内阅或外借流通量的增长,但辅导活动本身也是一种流通,无非它采用了口头上的信息传递的形式而已,而其内容却是馆藏的一部分信息的精华和综合。所以经过辅导的读者此后从有关文献中所汲取的知识,数量上和质量上都将胜于未经辅导者之所得。因此辅导活动应该计算流通量,以"一次"为单位。一位读者参加一次辅导,定为一次。若干人同时参加,便算若干次,并忽略辅导时间的长短。

六、咨询　一位读者向图书馆工作人员提出从文献资料名称直至内容的询问,工作人员作了正确的答复,这是信息在口头上的传播,应该计算流通量,也以"一次"为单位。

七、情报　情报服务除会增加外借或内阅流通量外,它本身还是一种高浓度和高针对性的信息传播,因而应该算作流通量。下面所举的几个例子都具有把图书馆自编的文字信息向规定的读者群流通的形式:

1.定期向经过挑选的读者分送专业对口的或读者指定的新书新刊到馆通知单;

2.定期向层次较高的读者分送专业对口的或读者预订的新书新刊目录的复制件;

3.定期定点或应约向高层次的读者或读者集团分送专业对口或读者预订的文献索引;

4.与读者或读者集团订立协议,定期或应约供应专业对口的文献摘要;等等。

情报服务以"一份"为单位。一位读者或一个读者集团得到一本情报资料,即为一份。若干位读者(或集团)同时各得一本,即为若干份。

以上提出了七种流通模式,其它可以类推。至于馆际互借,本馆借给他馆,应算流通量,并归入其所属模式之中;而本馆向他馆去借,则不应算流通量。

多种流通模式可按三种角度来分类。就流通量的统计方法而言,流通模式可以分为两大类。一为其流通量可以直接统计的,二为其流通量只能间接统计的。后者为内阅一种模式,因为在这种模式下读者人数很多,又同时任意取阅书刊,少数管理人员难以点数;前者为除内阅以外的其它一切模式,因为有的要办手续,有的有充裕的时间查点,直接统计并不困难。但是,内阅模式的绝对数字很大,并随图书馆的现代化还有日益增长的趋势,不可忽视,必须采取适宜的间接方法来统计。

就信息载体的类型而言,流通模式又可分为两类。一是文字、图像和音响载体所造成的信息的传递,二是口头上的信息传播。辅导和咨询两模式属于后者,其它模式属于前者。

就是否造成其他模式的流通而言,流通模式又可分为两大类。一为只产生本模式的流通的,如外借、内阅、复制、视听等模式,二为除产生本模式的流通外,还必然连带产生别种模式的流通的,如辅导、咨询、情报等模式。以情报服务为例:某读者得到了一份情报资料,应统计为一份流通量,而这位读者利用这份情报的直接的和连续性的后果,是去外借、内阅、视听或显微部门去索取文献,至少一册或一件,多可达数十册、件,这就产生了别种模式的流通。辅导、咨询等模式也是如此。这样说来,前一种可认为是具有"初级文献开发能力"的模式,后一种可认为是具有"高级文献开发能力"的模式。目前,前一种初级的流通模式还产生着很大比重的流通量,也就是产生社会效益的潜能还很大,不能轻看;但后一种高级的模式拥有强大的生命力,尤应促其迅速发展。

§2.2　相对流通曲线及其回归方程

(一)相对流通曲线

上节讲到的流通曲线,是以时间为横坐标,流通量为纵坐标而绘成的。如果仍以时间为横坐标,却以流通量的相对比例值为纵坐标,这样绘出的曲线,称为"相对流通曲线"。现在用一个数例来说明。

表 2.2 - 1 是某一展出刊物的阅览室的一套统计资料。他们于每年春季挑选一个星期,在 6 天中,集中人力统计了从上午 7 时起,至晚 11 时止,每个小时的内阅刊物册数。这种统计工作连续进行了 5 年。

表 2.2 - 1

开放时间(点钟)	1980 年		1981 年		1982 年		1983 年		1984 年	
	6 天平均内阅刊物册数	占总数百分比(%)	6 天平均内阅刊物册数	占总数百分比(%)	6 天平均内阅刊物册数	占总数百分比(%)	6 天平均内阅刊物册数	占总数百分比(%)	6 天平均内阅刊物册数	占总数百分比(%)
7 ~ 8	15	0.841	21	1.06	36	1.55	56	1.97	62	1.99
8 ~ 9	36	2.03	37	1.86	77	3.32	101	3.55	102	3.27
9 ~ 10	79	4.45	82	4.12	100	4.31	159	5.58	173	5.54
10 ~ 11	150	8.44	166	8.35	192	8.27	234	8.22	276	8.85
11 ~ 12	131	7.38	148	7.44	202	8.70	225	7.90	280	8.97
12 ~ 13	42	2.36	40	2.01	50	2.15	71	2.49	69	2.21
13 ~ 14	69	3.89	59	2.97	71	3.06	88	3.09	78	2.50
14 ~ 15	172	9.68	174	8.75	215	9.26	246	18.64	273	8.75
15 ~ 16	203	11.43	218	10.97	248	10.68	247	8.68	302	9.68
16 ~ 17	211	11.88	233	11.72	250	10.76	269	9.46	311	9.97
17 ~ 18	108	6.08	124	6.24	135	5.81	192	6.74	183	5.87
18 ~ 19	62	3.49	70	3.52	90	3.88	133	4.67	135	4.33
19 ~ 20	134	7.55	133	6.79	140	6.03	207	7.27	231	7.40
20 ~ 21	156	8.78	196	9.86	199	8.57	224	7.87	243	7.79
21 ~ 22	142	8.00	188	9.46	203	8.74	223	7.83	234	7.50
22 ~ 23	66	3.72	97	4.88	114	4.91	172	6.04	168	5.38
共计	1776	100.00	1988	100.00	2322	100.00	2847	100.00	3120	100.00

图 2.2 - 1 以表 2.2 - 1 "6 天平均内阅刊物册数"一栏中数据为纵坐标,以小时数为横坐标,绘出了 5 套流通曲线。这是 5 套"日→小时流通曲线",它们将该阅览室春季中一日的流通量分解

为 16 个小时流通量,显示出一日之中流通的内部结构状态。拿 5 条曲线作对比,首先可以发现日流通量是逐年在增长着的,说明了工作的进步;同时又可以发现 5 条曲线的形状相当相似,揭示出日流通量内部结构确存在着某种规律性。

在这里所以要在作统计时把阅览室从清晨到深夜不间断地开放,是为了取得能全面反映读者的习惯和意向的资料。如果按日常开放时间来作统计,当然也未尝不可,不过所得的规律性不免有所逊色了。

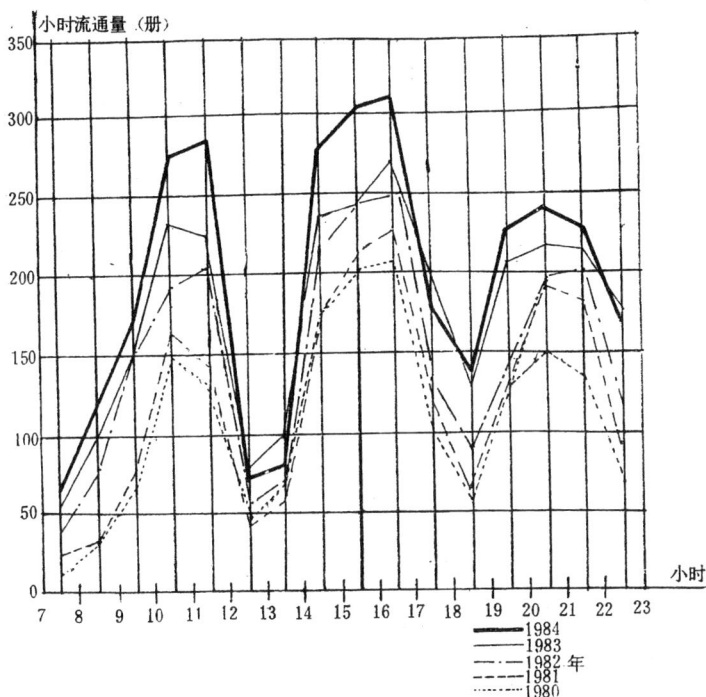

图 2.2-1

表 2.2 - 2

	上午			下午			晚间	
时间	5 年相对流通量平均数（%）	$xl_{编号}$	时间	5 年相对流通量平均数（%）	$xl_{编号}$	时间	5 年相对流通量平均数（%）	$xl_{编号}$
7 ~ 8	1.48	xl_0	13 ~ 14	3.1	xl_0	18 ~ 19	3.98	xl_0
8 ~ 9	2.81	xl_1	14 ~ 15	9.02	xl_1	19 ~ 20	7.01	xl_1
9 ~ 10	4.8	xl_2	15 ~ 16	10.29	xl_2	20 ~ 21	8.57	xl_2
10 ~ 11	8.43	xl_3	16 ~ 17	10.76	xl_3	21 ~ 22	8.31	xl_3
11 ~ 12	8.08	xl_4	17 ~ 18	6.15	xl_4	22 ~ 23	4.99	xl_4
12 ~ 13	2.24	xl_5						
小计	27.8		小计	39.3		小计	32.9	

为了更形象地显露上述规律性，将表 2.2 - 1 中的"6 天平均内阅刊物册数"一栏中数据竖直地相加，得一日流通量总数，然后分别相除，得表中"占总数百分比"一栏中的数字。这些比例值称为"小时相对流通量"，记为 xl 小时。表 2.2 - 2 列出了 5 年的相对流通量的平均数。改以这些相对流通量为纵坐标，绘成图 2.2 - 2，称为"相对流通曲线"，其中细折线上各点的纵坐标为 5 年平均数，而各年的值仅用不同符号表示。

很明显，图 2.2 - 2 的相对流通曲线要比图 2.2 - 1 的流通曲线更能反映一日流通量内部按小时分布的规律;只要平均百分比来自多年的统计，那末这个规律就是在一定程度上可以信赖的。在图中，得到 3 段连续的曲线，只有中午 12 时处和下午 6 时处属于例外，因为午餐和晚餐对读者的连续学习和阅读总不免是干扰。大多数图书馆的日→小时相对活动量(流通量、读者人数和人流、有效服务量等)曲线，势必都大体上与图 2.2 - 2 相似，呈 3 个上凸的波形，今后称为"三波曲线"。不同季节的相对流通量三波曲线的波幅当然会不相同，但形状不致有大的变化。因此，找出三波曲线的 3 个回归方程，来作为科学管理的一种定量的依据，是有益的。

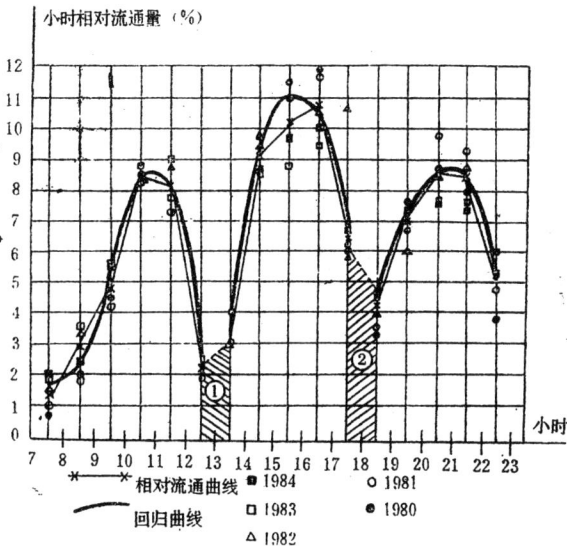

图 2.2 - 2

小时相对流通量（%）

相对流通曲线　■ 1984　○ 1981
回归曲线　□ 1983　◑ 1980
△ 1982

小时

（二）非周期性的相对流通曲线的回归方程

图2.2-2的三波曲线是"非周期性"的。还有一种"周期性"的流通曲线，到后面再讲。下面简述非周期性的回归曲线的方程式的求法。

回归方程的类型本可以根据流通曲线的形状自由挑选。根据三波曲线的形状特征，选用四次五项式或三次四项式为回归方程都可以。鉴于图书馆的业务规律未必能探求到十分精确的程度，所以采用下列三次四项式为回归方程，以简化计算：

$$xl = a + \beta t + \gamma t^2 + \delta t^3 \qquad (2.2-1)$$

其中 xl 代表相对流通量，在图2.2-2为小时流通量占日流通量的百分比，t 代表时间。在统计时，可以把时间间隔定得都相等（例如在图2.2-2中都是一个小时），这也可以使计算简化。各

27

个统计资料记为 xl_{ij}，其第一个附标记号 i 代表数据是在哪个小时统计的，取得第一个数据的时间宜定为 0 小时，以后依次为 1，2，$\cdots i, \cdots, m$ 小时；第二个附标记号 j 代表数据是哪一次的统计得来的，第一次统计记为 l（例如表 2.2 - 1 中的 1980 年的那一次），以后依次为 $2, 3, \cdots, j, \cdots, n$。如在表 2.2 - 1 的上午数据中，$xl_{01} = 0.84\%$，$xl_{34} = 8.22\%$，等等。再把 n 个同一时间的数据的平均值记为 xl_i。如在表 2.2 - 2 的上午数据中，$xl_2 = 4.80\%$，等等。xl_{ij} 和 xl_i 都是相对流通量的"实测值"。a、β、Y 和 δ 是 4 个待定系数，用最小二乘法根据众多的 xl_{ij} 决定。由（2.2 - 1）式算出的 xl，是相对流通量的"理论值"，与实测值很接近，但不全等。按（2.2 - 1）式画出的光滑曲线，以最佳的形态通过各 xl_{ij} 点群重心的附近。

这里需要强调一下，例如对于图 2.2 - 1 的上午波段，分别用 $t = 0$、1 和 2 代入（2.2 - 1）式后算出的 xl，应分别为 7 ~ 8、8 ~ 9 和 9 ~ 10 这 3 个小时相对流通量的理论值。也就是说，$t = 0$ 在图 2.2 - 2 的横坐标上相当于 7 点到 8 点这一段时间，也不妨认为 $t = 0$ 相当于这一段时间的"中点"，即 7 点 30 分，$t = 1$ 相当于 8 点 30 分，$t = 2$ 相当于 9 点 30 分，各管辖前后半小时的时间。如要知道 $t = 2.5$ 代入（2.2 - 1）式后所得的 xl 的意义，就应该这样来考虑：$t = 2.5$ 在图 2.2 - 2 的横坐标上相当于 10 点整，它的前半小时为 9 点 30 分，后半小时为 10 点 30 分，所以 $t = 2.5$ 时的 xl 为 9：30 ~ 10：30 这一个小时的相对流通量的理论值。同样，$t = 10/3$ 在横坐标上相当于 10 点 50 分，所以据它算出的 xl 为 10：20 ~ 11：20 这一个小时的相对流通量的理论值，依此类推。

在第 j 次统计中，当 $t = i$ 时的相对流通量的实测值为 xl_{ij}，依回归方程算出的理论值为 $a + bi + \gamma i^2 + \delta i^3$，两者之差为：

$$\triangle_{ij} = xl_{ij} - a - \beta i - \gamma i^2 - \delta i^3$$

根据最小二乘法，诸 $\triangle_{ij}$ 的平方和应为最小，故有：

$$S = \sum_{i=0}^{M} \sum_{j=1}^{M} (xl_{ij} - a - \beta i - \gamma i^2 - \delta i^3)^2 \qquad (2.2-2)$$

$$\frac{\partial S}{\partial a} = \frac{\partial S}{\partial \beta} = \frac{\partial S}{\partial \gamma} = \frac{\partial S}{\partial \delta} = 0 \qquad (2.2-3)$$

由上两式可以列出一个 4 阶线性方程组,从而解出 a、β、γ 和 δ 的值。

现在取 $m=6$ 为例作一次具体计算。所谓 $m=6$,就是说在三波曲线的某一波段中,含有 7 小时的时间,或包含 7 个点。将(2.2 -2)式展开,得:

$$S = \sum_{i=0}^{6} \sum_{j=1}^{n} xl_{ij}^2$$
$$+ 7na^2 + 91n\beta^2 + 2275n\gamma^2 + 67171n\delta^2$$
$$+ 42na\beta + 182na\gamma + 882na\delta + 882n\beta\gamma + 4550n\beta\delta$$
$$+ 24402n\gamma\delta - 2naA - 2n\beta B - 2n\gamma C - 2n\delta D$$

$$(2.2-4)$$

其中

$$\begin{bmatrix} A \\ B \\ C \\ D \end{bmatrix} = \begin{bmatrix} 1 & 1 & 1 & 1 & 1 & 1 & 1 \\ 0 & 1 & 2 & 3 & 4 & 5 & 6 \\ 0 & 1 & 4 & 9 & 16 & 25 & 36 \\ 0 & 1 & 8 & 27 & 64 & 125 & 216 \end{bmatrix} \begin{bmatrix} xl_0 \\ xl_1 \\ xl_2 \\ xl_3 \\ xl_4 \\ xl_5 \\ xl_6 \end{bmatrix} \qquad (2.2-5)$$

又其中的诸 xl_i,前已指出,系代表 n 个 i 号的统计数据的平均值,即运用(2.2-3)式,得到线性方程组如下:

$$xl_i = \frac{1}{n} \sum_{j=1}^{n} xl_{ij} \qquad (2.2-6)$$

运用(2.2-3)式,得到线性方程组如下:

$$\begin{bmatrix} 7 & 21 & 91 & 441 \\ 21 & 91 & 441 & 2275 \\ 91 & 441 & 2275 & 12201 \\ 441 & 2275 & 12201 & 67171 \end{bmatrix} \begin{bmatrix} \alpha \\ \beta \\ \gamma \\ \delta \end{bmatrix} = \begin{bmatrix} A \\ B \\ C \\ D \end{bmatrix} \qquad (2.2-7)$$

解得:

$$\begin{bmatrix} \alpha \\ \beta \\ \gamma \\ \delta \end{bmatrix} = \frac{1}{1512} \begin{bmatrix} 1404 & -1542 & 468 & -42 \\ -1542 & 3502 & -1368 & 140 \\ 468 & -1368 & 585 & -63 \\ -42 & 140 & -63 & 7 \end{bmatrix} \begin{bmatrix} A \\ B \\ C \\ D \end{bmatrix}$$

$$(2.2-8)$$

再与(2.2-5)式结合,最后有:

$$a = \frac{1}{42}(39xl_0 + 8xl_1 - 4xl_2 - 4xl_3 + xl_4 + 4xl_5 - 2xl_6)$$

$$\beta = \frac{1}{252}(-257xl_0 + 122xl_1 + 185xl_2 + 72xl_3 - 77xl_4 - 122xl_5 + 77xl_6)$$

$$\gamma = \frac{1}{84}(26xl_0 - 21xl_1 - 24xl_2 - 4xl_3 + 18xl_4 + 21xl_5 - 16xl_6)$$

$$\delta = \frac{1}{36}(-xl_0 + xl_1 + xl_2 - xl_4 - xl_5 + xl_6)$$

$$(2.2-9)$$

当 $m=5$ 时,用同样方法可以得到:

$$a = \frac{1}{126}(121xl_0 + 16xl_1 - 14xl_2 - 4xl_3 + 11xl_4 - 4xl_5)$$

$$\beta = \frac{1}{2268}(-2775xl_0 + 2022xl_1 + 1896xl_2 - 276xl_3$$
$$- 1617xl_4 + 750xl_5)$$

$$\gamma = \frac{1}{252}(110xl_0 - 127xl_1 - 88xl_2 + 52xl_3 + 118xl_4 - 65xl_5)$$

$$\delta = \frac{1}{108}(-5xl_0 + 7xl_1 + 4xl_2 - 4xl_3 - 7xl_4 + 5xl_5)$$

$$(2.2-10)$$

当 $m=4$ 时

$$a = \frac{1}{70}(69xl_0 + 4xl_1 - 6xl_2 + 4xl_3 - xl_4)$$

$$\beta = \frac{1}{84}(-125xl_0 + 136xl_1 + 48xl_2 - 88xl_3 + 29xl_4)$$

$$\gamma = \frac{1}{14}(9xl_0 - 15xl_1 - 2xl_2 + 13xl_3 - 5xl_4)$$

$$\delta = \frac{1}{12}(-xl_0 + 2xl_1 - 2xl_3 + xl_4)$$

$$(2.2-11)$$

当 $m=3$ 时

$$a = xl_0$$

$$\beta = \frac{1}{6}(-11xl_0 + 18xl_1 - 9xl_2 + 2xl_3)$$

$$\gamma = \frac{1}{6}(6xl_0 - 15xl_1 + 12xl_2 - 3xl_3)$$

$$\delta = \frac{1}{6}(-xl_0 + 3xl_1 - 3xl_2 + xl_3)$$

$$(2.2-12)$$

当 $m=2$ 时

$$\left.\begin{array}{l} a = xl_0 \\ \beta = \dfrac{1}{2}(-3xl_0 + 4xl_1 - xl_2) \\ \gamma = \dfrac{1}{2}(xl_0 - 2xl_1 + xl_2) \\ \delta = 0 \end{array}\right\} \qquad (2.2-13)$$

现将上面的理论应用于根据表 2.2-1 的数据绘出的图 2.2 -2 的相对流通曲线之中。经过试算,发现上午段取 $m=5$,下午和夜间两段都取 $m=4$ 时,回归曲线与统计数据吻合得较好。在 (2.2-10) 和 (2.2-11) 式中代入表 2.2-2 中的诸 xl 值,得到 3 段曲线的回归方程如下:

上午段

$$xl(\%) = 1.613 - 1.314t + 2.499t^2 - 0.4407t^3 \qquad (2.2-14)$$

下午段

$$xl(\%) = 3.218 + 6.712t - 1.342t^2 - 0.0365t^3 \qquad (2.2-15)$$

晚间段

$$xl(\%) = 3.990 + 3.346t - 0.244t^2 - 0.1323t^3 \qquad (2.2-16)$$

根据上列 3 个方程式,计算出日→小时相对流通曲线的回归曲线的各点纵坐标如下表:

表 2.2-3

上午			下午			晚间		
时间	t	$xl(\%)$	时间	t	$xt(\%)$	时间	t	$xl(\%)$
7~8	0	1.61	13~14	0	3.22	18~19	0	3.99
8~9	1	2.33	14~15	1	8.55	19-20	1	6.96
9~10	2	5.40	15~16	2	10.98	20-21	2	8.65
10~11	3	8.18	16~17	3	10.29	21~22	3	8.26
11~12	4	8.03	17~18	4	6.26	22~23	4	5.00
12~13	5	2.29						
小计		27.8	小计		39.3	小计		32.9

拿上表的数据(相对流通量的理论值)与表 2.2 - 2 的数据(相对流通量的实测值)比较一下,可以看出两者既接近又不全相等,而是有的大些有的小些。根据上列数据,画出三波曲线的回归曲线如图 2.2 - 2 中粗的光滑曲线所示,它们以最佳形态穿过众多点群间适中和恰当的地方,对日流通量按小时的分布状态,具有代表意义。

将表 2.2 - 3 中所列诸 xl 值逐个累计相加,得到表 2.2 - 4 中的诸 xL 值,它们是"累计相对流通量"。再用表中数据绘成→日小时 xL 曲线如图 2.2 - 3 所示。这一曲线可用来按流通量平均划分值班时间。例如,这个阅览室有三名管理人员,打算按每人担负 1/3 的流通量来定值班时间。为此可在图中作两条纵坐标分别为 33.3% 和 66.7% 的水平虚线,交曲线于 X 和 Y 两点。X 的横坐标为 14 点 30 分,Y 的为 17 点 50 分。因此,如第一班为 7:00 ~ 14:30,第二班为 14:30 ~ 17:50,第三班为 17:50 ~ 23:00,则三班流通量相等。至于流通以外的管理业务,可以安排第二、三班人员去完成。同样,也可以用 xL 曲线查出按时间均分的两个班或三个班所担负的流通量的比例。

表 2.2 - 4

时间	xL(%)	时间	xL(%)	时间	xL(%)
7	0	13	27.8	19	71.1
8	1.6	14	31.1	20	78.1
9	3.9	15	39.6	21	86.7
10	9.3	16	50.6	22	95.0
11	17.5	17	60.9	23	100.0
12	25.5	18	67.2		

上面以日→小时相对流通曲线为例,说明了非周期性的回归方程的计算方法。同理可以计算将周(学期或年)分解为日(月)

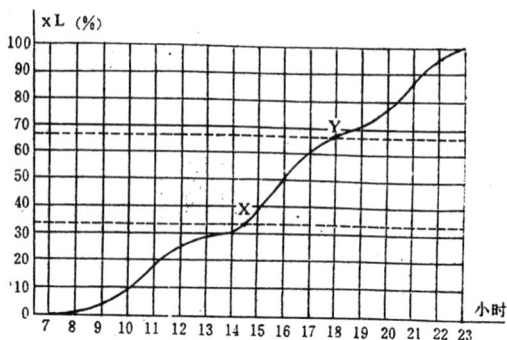

图 2.2 - 3

的非周期性的相对流通曲线的回归方程。但是,这有一个必要的前提,就是被分解的流通量的内部结构具有一种真实的和连续的规律性,而这种规律性又是建立在读者生活和学习的客观节奏的基础之上的。如果不存在上述的规律性,或者由于缺乏足够的统计资料以致还显示不出规律性来,则不能或暂时不必作回归方程的计算。

表 2.2 - 5 列出了某学校图书馆的一个借书处的统计资料。它们是学年的第一学期中各月的外借流通量,共统计了 3 个学期。观察表中数据,可以发现二月份的流通量有很大的下降,这是因为二月正值寒假和春节的缘故。因此二月这一个月与其它上课的 5 个月相比而言,具有间断或不连续的性质。如果将它算作一个点的话,则回归曲线会丧失一部分代表性。所以,在计算学期流通量和月流通量对它的比例时,将二月份略去。3 学期相对流通量的平均值列于同表的末栏中。

34

表 2.2 - 5

月份 \ 项目 学期	1982 - 1983 学年 第一学期 月流通量（册）	占学期流通量的比例（%）	1983 - 1984 学年 第一学期 月流通量（册）	占学期流通量的比例（%）	1984 - 1985 学年 第一学期 月流通量（册）	占学期流通量的比例（%）	三学期平均相对流通量 xl（%）
9	8296	21. 2	8999	20. 6	9789	20. 7	20. 8
10	8104	20. 7	9007	20. 6	10098	21. 3	20. 9
11	6601	16. 9	7584	17. 4	8010	16. 9	17. 1
12	6983	17. 8	7896	18. 1	7993	16. 9	17. 6
1	9179	23. 4	10203	23. 3	11495	24. 2	23. 6
2	(2401)		(2541)		(2764)		
小 计	39163	100. 0	43689	100. 0	47385	100. 0	100. 0

由（2.2 - 11）式，算出回归方程如下：

$$xl = 20.90 + 2.367t - 3.550t^2 + 0.7833t^3 \qquad (2.2 - 17)$$

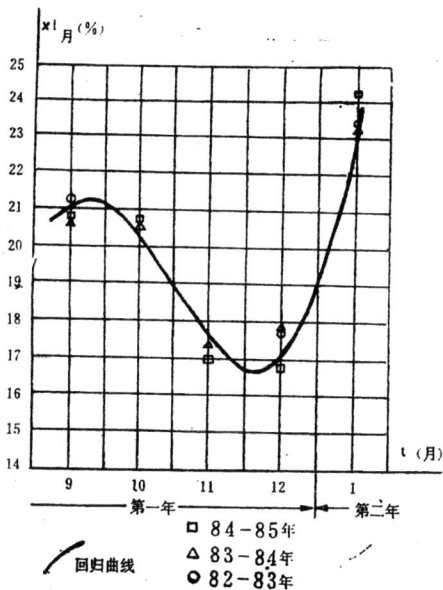

图 2.2 - 4

又用 $t=0,1,2,3$ 和 4 代入上式,得 xl 的理论值为 20.9%,20.5%,17.7%,17.2% 和 23.7%。根据上列数字,绘出学期→月相对流通曲线的回归曲线如图 2.2-4,它是相当符合学校图书馆的业务规律的。

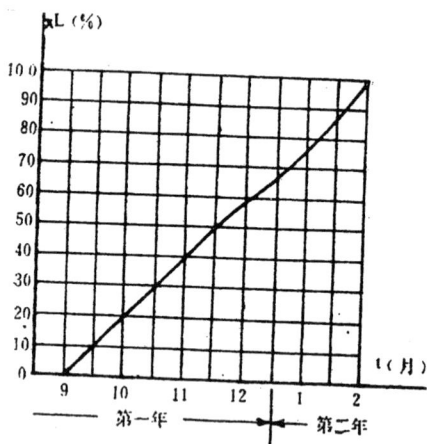

图 2.2-5

图 2.2-5 是用累计的方法得到的 xL 曲线。从图中可以看出,一个学期的 $1/2$ 流通量约在 11 月 15 日完成。这也有参考价值。

相对流通曲线的回归方程需要经常根据新得到的统计资料不断地予以修正和更新。这是因为所根据的资料愈多,它们的代表性也愈强,同时随着时间的推移,总会出现新的情况和规律,必须及时反映出来,方能用于管理中。

(三)周期性的相对流通曲线的回归方程

前面所讲的两种相对流通曲线及其回归方程的例子,都是非周期性的。还有一种周期性的相对流通曲线,具有周而复始或循

36

环的形态。例如一年不间断地开放的流通部门的年→月相对流通量就属于这种类型。表 2.2 – 6 列出了这样的一个部门一年 12 个月的外借相对流通量的实测值 xl，它们都是 5 年统计的平均值。从表中看,这个部门的相对流通曲线分别在三月份和九月份达到最高点和最低点。十二月份以后,接着是一月份,周而复始。

表 2.2 – 6

t(月份)	xl(%)		t(月份)	xl(%)		t(月份)	xl(%)	
	实测值	理论值		实测值	理论值		实测值	理论值
1	10.41	10.35	5	9.13	9.13	9	5.41	5.52
2	11.10	11.01	6	7.90	7.92	10	6.09	6.06
3	10.79	10.91	7	6.73	6.74	11	7.48	7.36
4	10.25	10.19	8	5.90	5.83	12	8.81	8.98

设定这种年→月周期性的回归曲线的方程如下:

$$xl = a \sin(b + \frac{\pi}{6}t) + c(d + \frac{\pi}{3}t) + e \qquad (2.2 - 18)$$

其中,xl 是相对流通量的理论值;t 是月份,以一月份为 1,二月份为 2…;a、c 和 e 是以百分比为单位的待定系数,b 和 d 是以弧度为单位的待定系数,均由诸 xl 的实测值决定。仿照前法,可有:

$$\Delta = xl - a \sin(b + \frac{\pi}{6}t) - c(d + \frac{\pi}{3}t) - e$$

$$S = \sum_{T=1}^{12} [xl - a \sin(b + \frac{\pi}{6}t) - b \sin(d + \frac{\pi}{3}t) - e]^2$$

将上列 S 式展开,再取 $\dfrac{\partial S}{\partial a} = \dfrac{\partial S}{\partial b} = \dfrac{\partial S}{\partial c} = \dfrac{\partial S}{\partial d} = \dfrac{\partial S}{\partial e} = 0$,解得:

$$a = \frac{1}{6}\sqrt{F_{c1}^2 + F_{s1}^2}$$

$$b = \text{arc } tg \frac{F_{c1}}{F_{s1}}$$

$$c = \frac{1}{6}\sqrt{F_{c2}^2 + F_{s2}^2}$$

$$d = \text{arc } tg \frac{F_{c2}}{F_{s2}}$$

$$e = \frac{1}{12}\sum_{t=1}^{12} xl_t = \frac{1}{12}$$

$$(2.2-19)$$

其中

$$F_{c1} = \sum_{t=1}^{12}\left[xl_t \cos(\frac{\pi}{6}t)\right]$$

$$F_{s1} = \sum_{t=1}^{12}\left[xl_t \sin(\frac{\pi}{6}t)\right]$$

$$F_{c2} = \sum_{t=1}^{12}\left[xl_t \cos(\frac{\pi}{3}t)\right]$$

$$F_{s2} = \sum_{t=1}^{12}\left[xl_t \sin(\frac{\pi}{3}t)\right]$$

$$(2.2-20)$$

$(2.2-20)$ 式还可以写成:

$$\begin{aligned}
F_{c1} &= (xl_1 - xl_5 - xl_7 + xl_{11}) \times 0.866 \\
&\quad + (xl_2 - xl_4 - xl_8 + xl_{10}) \times 0.5 - xl_6 + xl_{12} \\
F_{s1} &= (xl_1 + xl_5 - xl_7 - xl_{11}) \times 0.5 \\
&\quad + (xl_2 + xl_4 - xl_8 - xl_{10}) \times 0.866 + xl_3 - xl_9 \\
F_{c2} &= (xl_1 - xl_2 - xl_4 + xl_5 + xl_7 - xl_8 - xl_{10} + xl_{11}) \\
&\quad \times 0.5 - xl_3 + xl_6 - xl_9 + xl_{12} \\
F_{s2} &= (xl_1 + xl_2 - xl_4 - xl_5 + xl_7 + xl_8 - xl_{10} - xl_{11}) \\
&\quad \times 0.866
\end{aligned}$$

$$(2.2-21)$$

(2.2 - 19)至(2.2 - 21) 3 式中的 $xl\,t$ 是 t 月份的 xl 的实测值。将表 2.2 - 6 中的 xl_t 的数据代入(2.2 - 21)和(2.2 - 19)两式并计算,得到这一相对流通曲线的回归方程为:

$$xl(\%) = 2.744 \sin(11.17° + 30°t)$$
$$+ 0.209 \sin(34.75° + 60°t) + 8.333 \qquad (2.2 - 22)$$

再分别用 $t = 1, 2, \cdots, 12$ 代入上式,得到各月相对流通量的理论值,已列在表 2.2 - 6 中,它们就是回归曲线的纵坐标。据此绘出回归曲线如图 2.2 - 6,图中"。"符号代表实测的 5 年统计平均值。

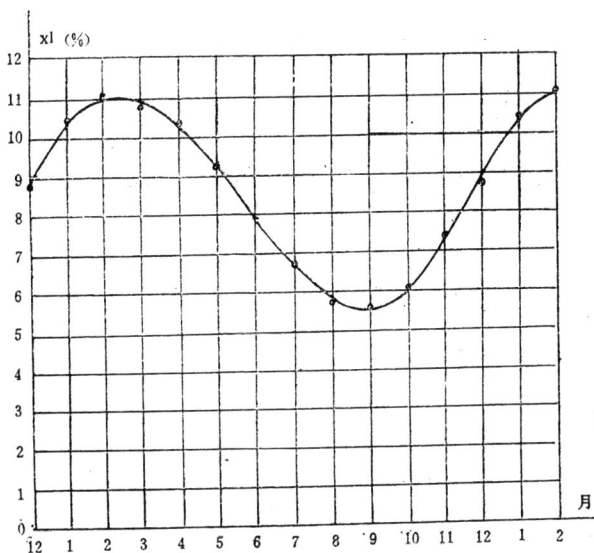

图 2.2 - 6

图 2.2 - 6 中的周期性的年→月相对流通曲线一年内有一峰一谷。对于一年内有两峰两谷的周期性曲线,也可以用(2.2 - 18)至(2.2 - 21)诸式求其回归方程。现再举一例,统计资料如表 2.2 - 7。从表中可见这一流通部门的相对流通量分别在三、九两月份和十二、六两月份达到最大值和最小值,其曲线在一年内有两

39

峰两谷。

表 2.2-7

t(月份)	xl(%)		t(月份)	xl(%)		t(月份)	xl(%)	
	实测值	理论值		实测值	理论值		实测值	理论值
1	7.01	7.37	5	7.81	7.99	9	9.58	9.64
2	9.62	9.19	6	6.84	6.75	10	8.84	9.07
3	10.19	10.35	7	7.21	7.13	11	8.00	7.52
4	9.83	9.75	8	8.62	8.63	12	6.45	6.61

经过计算,得到回归方程如下:

$$xl(\%) = 0.362\sin(-10.43° + 30°t)$$
$$+ 1.679 + \sin(260° + 60°t) + 8.333 \qquad (2.2-23)$$

据此绘出回归曲线如图 2.2-7。

如果相对流通曲线在一年内有三峰三谷,则(2.2-18)式的回归方程就需要修改,计算稍复杂些。但这种情况是罕见的。

图 2.2-8 是上面两例的累计相对流通曲线。从中可以看出,对于图 2.2-6,每年五月下旬完成全年流通量的半数;对于图 2.2-7,每年四月下旬和八月底各完成 1/3 和 2/3。

一星期不间断地开放 7 天的流通部门,其相对流通曲线也具有周期性。表 2.2-8 列出了这样的一个流通部门多年统计资料的平均值。

表 2.2-8

t(星期)	xl(%)		t(星期)	xl(%)		t(星期)	xl(%)	
	实测值	理论值		实测值	理论值		实测值	理论值
1	14.0	15.9	3	18.3	18.1	5	10.1	9.9
2	20.4	19.0	4	14.7	13.0	6	9.8	11.0
						7(日)	12.7	13.1

设定其回线方程如下:

$$xl = a\sin\left(b + \frac{2\pi}{7}t\right) + c\sin\left(d + \frac{4\pi}{7}t\right) + e \qquad (2.2-24)$$

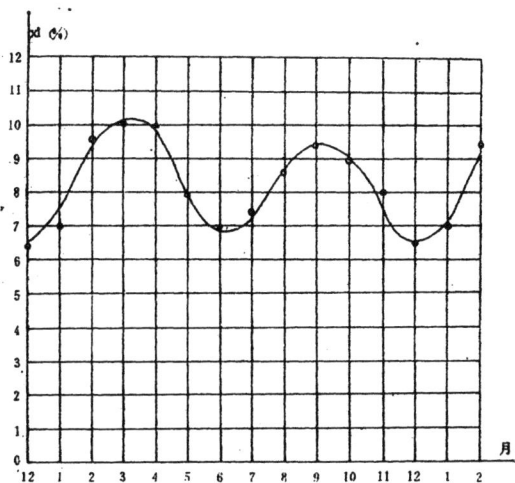

图 2.2－7

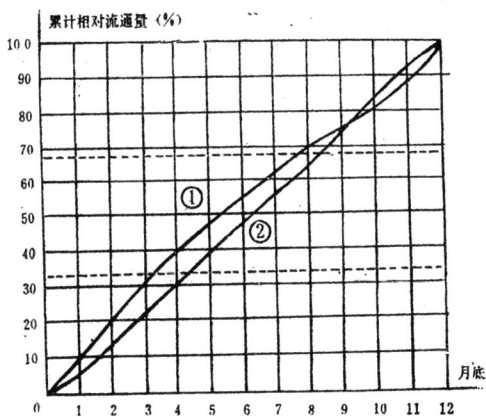

①图2.2－6，表2.2－6　②图2.2－7，表2.2－7

图 2.2－8

41

同理解得：

$$
\left.\begin{aligned}
a &= \frac{2}{7}\sqrt{F_{c1}^2 + F_{s1}^2} \\
b &= \text{arc } tg \frac{F_{c1}}{F_{s1}} \\
c &= \frac{2}{7}\sqrt{F_{c2}^2 + F_{s2}^2} \\
d &= \text{arc } tg \frac{F_{c2}}{F_s 2} \\
e &= \frac{1}{7}\sum_{t=1}^{7} xl_t = 14.286\%
\end{aligned}\right\} \qquad (2.2-25)
$$

其中

$$
\left.\begin{aligned}
F_{c1} &= \sum_{t=1}^{7}\left[xl_t\cos\left(\frac{2\pi}{7}t\right)\right] \\
F_{s1} &= \sum_{t=1}^{7}\left[xl_t\sin\left(\frac{2\pi}{7}t\right)\right] \\
F_{c2} &= \sum_{t=1}^{7}\left[xl_t\cos\left(\frac{4\pi}{7}t\right)\right] \\
F_{s2} &= \sum_{t=1}^{7}\left[xl_t\sin\left(\frac{4\pi}{7}t\right)\right]
\end{aligned}\right\} \qquad (2.2-26)
$$

还可以写成：

$$F_{c1} = (xl_1 + xl_6) \times 0.62349 + (-xl_2 + xl_5) \times 0.22252$$
$$+ (-xl_3 - xl_4) \times 0.90097 + xl_7$$
$$F_{s1} = (xl_1 - xl_6) \times 0.78183 + (xl_2 - xl_5) \times 0.97493$$
$$+ (xl_3 - xl_4) \times 0.43388$$
$$F_{c2}(-xl_1 - xl_6) \times 0.22252 + (-xl_2 - xl_5) \times 0.90097$$
$$+ (xl_3 + xl_4) \times 0.62349 + xl_7$$
$$F_{s2} = (xl_1 - xl_6) \times 0.97493 + (-xl_2 + xl_5) \times 0.43388$$
$$+ (-xl_3 + xl_4) \times 0.78183 \qquad (2.2-27)$$

对表 2.2-8 所列数据按（2.2-27）和（2.2-25）两式计算，得到这一相对流通曲线的回归方程为：

$$xl(\%) = 4.443\sin(-16.77° + \frac{2\pi}{7}t)$$
$$+ 0.922\sin(171.10° + \frac{4\pi}{7}t) + 14.286 \qquad (2.2-28)$$

绘出回归曲线如图 2.2-9 。

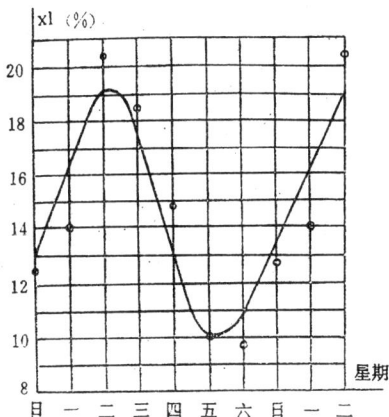

图 2.2-9

对于统计资料明显缺乏周期性的情况,不应该勉强用上述方法来求相对流通曲线的回归方程,这是工作时应加注意的。

§2.3 流通量的统计、核实和预测

(一)可以直接统计的流经通量

§2.1中讲到,除内阅一种模式外,其他流通模式如外借、视听、复制、辅导、咨询、情报等,其流通量都可以直接统计。

外借流通量是便于直接统计的。如实行闭架制度,至少在办理借阅手续处可将流通量按日(甚至按小时)统计出来。如实行开架,则在书库还能多一两道统计手续,以供校核。其它视听等模式,因流通量比外借模式小,而且极易查点,直接统计更没有问题。

如用计算机管理流通,流通量的直接统计工作,就最为便捷。各模式和各部门的流通量都应按日、周、月、学期和年累计起来,并备有若干种必要的相对流通曲线供掌握规律时参考。

流通量的统计,如仅由经办人员手工做出,就有个经常核查的问题。即使用了计算机,也要在一定时间内进行核对,避免错误。流通量既然是一项反映社会效益的指标,不经常核实无异于自欺欺人。核对的办法除不定期地抽查基层统计工作外,另一个办法是与已建立的相对流通曲线的回归方程相对照,如发现问题,就可以作进一步深入的检查。

例如,表2.2-5中所举例的那所学校图书馆的某外借部门(其外借相对流通曲线为(2.2-17)式,回归曲线为图2.2-4),1985-1986学年第一学期的头三个月的外借流通量的初步统计如表2.3-1所示。可以发现十一月份的数字或许有问题。于是检查记录,得到十一月上半月和下半月的流通量如表所载。

表 2.3 - 1

月份	月流通量（册）	上下半月	半月流通量（册）
9	11207		
10	10791		
11	13586	11 月上半月	5028
		11 月下半月	8558

表 2.3 - 2 为核对中的计算工作。在"初步统计"一栏中，列出了从表 2.3 - 1 中数字算出的"以九月份流通量为 1 时的比例数"。在"从回归方程得到的数据"一栏中，对于九、十、十一月份全月，t 显然分别应为 0、1、2，至于对于十一月份上、下半月，t 分别应为 1.75（它居于 1.5 与 2.0 的中央）和 2.25（它居于 2.0 与 2.5 的中央），以上述诸 t 值代入公式（2.2 - 17），得表列 xl 值；又因 xl 代表一个整月的流通量占全学期流通量的百分比，故对于十一月份上、下半月的流通量，其应占的百分比应该是从公式（2.2 - 17）中算出的值的一半。再以 0.209 去除各百分比，最后得到回归方程反映出来的"以九月份流通量为 1 时的比例数"。将两套比例数作对比，发现九、十两月和十一月上半月的比例两者符合得很好，唯独十一月下半月的比例，初步统计大出回归方程所规定的很多。由此可以推论出，问题必为下列两种情况之一：

1. 十一月下半月统计工作有错误；

2. 十一月下半月外借业务出现了异常情况。

表 2.3－2

初 步 统 计		从 回 归 方 程 得 到 的 数 据			
月 份	以九月份流通量为 1 时的比例数	t	xl	$\frac{1}{2}xl$	以九月份流通量为 1 时的比例数
9 月全月	1	0	0.209		1
10 月全月	0.96	1	0.205		0.98
11 月上半月	0.45	1.75	0.184	0.092	0.44
11 月全月	1.21	2	0.177		0.85
11 月下半月	0.76	2.25	0.175	0.086	0.41

对此可以先检查十一月下半月读者利用这一部门人次的统计记录,如确有异常增长,就应该分析其原因,在教学中发生了什么特别的事件;如没有,则要逐级检查基层统计记录,并确定是谁应负统计错误的责任。

有时需要预测未来的流通量。例如对于表 2.2－6 所举的全年不间断开放的流通部门,其外借流通量的年→月周期性规律已经得到,即(2.2－22)式和图 2.2－6。现在已知今年一至五月份的流通量如表 2.3－3 第②栏所列,要求估计全年流通量总数。

表 2.3－3

①月份	今年的月流通量		从回归方程所得数据		⑥估计今年流通量
	②册数	③比例	④xl（%）	⑤比例	
1	9786	1	10.35	1	94600
2	9903	1.012	11.01	1.064	89900
3	10716	1.095	10.91	1.054	98200
4	9815	1.003	10.19	0.985	96300
5	8866	0.906	9.13	0.882	97100

先计算一月份流通量为 1 时各月流通量的比例数如第③栏。第④栏是从表 2.2－6 中的理论值部分抄下来的,第⑤栏为相应的比例数。将③与⑤相比,发现今年头 5 个月流通量的增减大体上

符合回归方程的规律。计算②÷④＝⑥。最后取平均,得估计全年外借流通量约为95200册。

由上可知,掌握从历年统计得来的规律性资料(例如相对流通曲线及其回归方程)是很有用的。

(二)只能间接统计的流通量

传统的观念往往不重视内阅流通,应该说是不正确的。读者在阅览室中内阅书刊,虽然受开放时间的限制,不能一次精读完毕,但由于阅览室的环境比较优越,读者所获得的信息量一般并不小。即使浏览几本杂志,总能开卷有益;而某些读者受到刊物中片言只语的启发,因而促成重大思想的萌芽的事例,也不是极为罕见。同时,内阅流通量的绝对数值相当大,在同一时间内可达外借流通量的数至十数倍,而且还有增长的趋势。因此,图书馆不应该忽视内阅流通量。

但是,在开架的阅览室中,内阅流通量的直接统计十分困难,也不易实行自动化。一间中等规模的阅览室,至少有3,4排书架,在每排书架旁,往往有3,5位至十余位读者同时从书架上取下书刊去阅读,要作直接的统计,非有3,4名管理人员同时十分紧张地工作不可,而连续作长时间的这样的统计,更是一般人所不能胜任的。所以,对于内阅流通量只能作间接统计。这里提出两种间接统计的方法,一是利用日→小时相对流通曲线的回归方程,二是抽样统计平均阅读率。

对于第一种方法,现举§2.1和§2.2所述的阅览室为例。这个阅览室根据5年来来所积累的统计资料(表2.2－1)已求出了春季的3段日→小时相对流通曲线的回归方程的公式(2.2－14)至(2.2－16)。现在管理人员于1985年4月某日,作了3次短时间的跟踪统计(因为时间短,一两个人是能胜任的),得到资料如下:

1. 上午 11：15 至 11：45……内阅刊物 141 册；

2. 下午 15：10 至 15：47……内阅刊物 202 册；

3. 夜间 20：07 至 20：33……内阅刊物 109 册。

这实际上是举行了一次抽样调查。下面据以作日流通量的估算。

上午 11：15 至 11：45，时间间隔为 0.500 小时，其中点是 11：30，在图 2.2 - 2 的三波曲线的上午段中，相当于 $t = 4.00$，代入（2.2—14）式，得

$$xl = 8.03\%$$

这是以 11：30 为中点的那一个小时的流通量占日流通量的比例的理论值。对于时间间隔为 0.500 小时，这个比例是

$$0.500 \times 8.03\% = 4.01\%$$

由此算出该日流通量的第一个估计值是

$$xl_{日1} = \frac{141}{4.01\%} = 3516 \text{ 册}$$

下午 15：10 至 15：47，时间间隔为 37 分，即 0.617 小时，其中点是 15：28.5，在三波曲线的下午段，相当于 $t = 1.975$，代入（2.2 - 15）式，得

$$xl = 10.96\%$$

对于时间间隔 0.617 小时，比例是

$$0.617 \times 10.96\% = 6.76\%$$

因此日流通量的第二个估计值是

$$xl_{日2} = \frac{202}{6.76\%} = 2988 \text{ 册}$$

夜间 20：07 至 20：33，时间间隔为 26 分，即 0.433 小时，其中点为 20：20，在三波曲线的夜间段，相当于 $t = 1.833$，代入（2.2 - 16）式，得

$$xl = 8.49\%$$

对于时间间隔 0.433 小时,比例是

　　0.433 X 8.49% = 3.6800

因而第三个估计值是

$$xl_{日3} = \frac{109}{3.68\%} = 2962 \text{ 册}$$

三次日流通量估计值的平均值是

$$\overline{xl_日} = 3155 \text{ 册}$$

其抽样误差可用下式计算:

$$\mu = \frac{\sqrt{\sum_{i=1}^{3}(\overline{xl_日} - xl_{日\,i})^2}}{3} \qquad (2.3-1)$$

得 147 册。所以,这一天的日流通量可能位于 3155 - 147 = 3008 册与 3155 + 147 = 3302 册之间。但是,公式(2.2 - 14)至(2.2 - 16)是凭部分资料推演出来的,其中又包含着相当程度的误差,所以日流通量的估计值的实际误差将更大些。因此,不妨取圆整数字,定为 3200 册。

　　关于上例中由三次抽样统计时分换算为 t 值的形象说明,可参看图 2.3 - 1。这里一个关键问题是,在相对流通曲线图中某一小时的相对流通量的纵坐标,是建立在横坐标上这一个小时的中点之上的。

　　由上可知,从间接统计得来的内阅流通量是一个近似值。从某种角度看来,它相当不准确。但是,在我们把流通量当作图书馆管理中的一项重要指标的同时,并不要求(也没有必要去要求)它准确到百位、甚至十位数字上。一所中等规模的图书馆,如果树立了读者观点和流通观点,它的月内阅流通量,一般说也得超过十万册。只要统计误差在上例所示的数量级以内,对阅览室的业务量就有足够明确的概念了。需要注意的是,这种统计最好在三波曲线的峯值(参看图 2.2 - 2)附近的时间举行,并且时间间隔不宜太

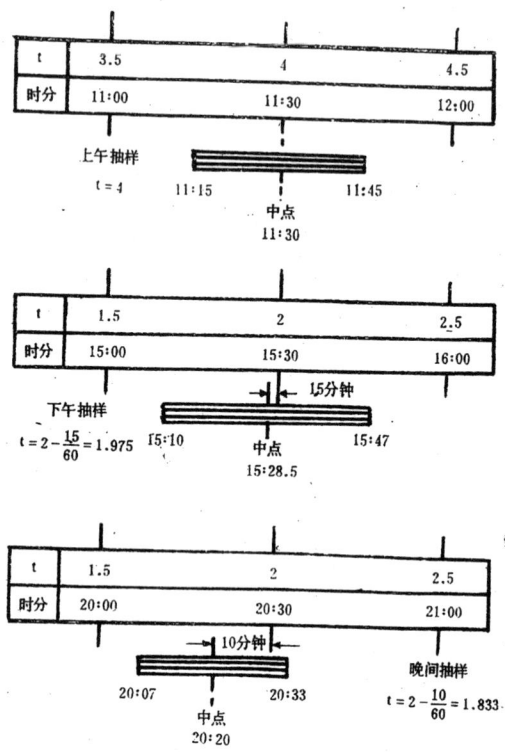

t	3.5	4	4.5
时分	11:00	11:30	12:00

上午抽样

$t=4$ 11:15 11:45

中点
11:30

t	1.5	2	2.5
时分	15:00	15:30	16:00

下午抽样

←15分钟

$t=2-\dfrac{15}{60}=1.975$ 15:10 15:47

中点
15:28.5

t	1.5	2	2.5
时分	20:00	20:30	21:00

←10分钟←

20:07 20:33

晚间抽样

$t=2-\dfrac{10}{60}=1.833$

中点
20:20

图 2.3－1

短。

另一种估算内阅流通量的方法是利用"平均阅读率"。在某一段时间（如一个月）内,从每位读者每次进入阅览室之时起,至他离室之时止,他所阅读的书刊册数的平均值,称为这一时间的"平均阅读率"。平均阅读率与该时间内读者利用人次的乘积,等于内阅流通量。

读者利用人次是易于直接统计的。如果阅览室装有读者自动

50

计数器,这项工作就十分简便。如暂时没有这种设备,则凭一名管理人员手工统计,也并不繁重。因此,需要研究的,就是怎样求平均阅读率。

平均阅读率可以用抽样的方法来获得。例如,某阅览室规定管理人员在每个月内对50名读者作阅览刊物册数的抽样调查,表2.3-4是其某一月(这个月共有31天)的记录,是按日和单元(每3~4小时为一单元,一日分5个单元)分列的。被抽样的读者在50人中并非绝无重复的可能,但这位读者在两次抽样时的思想状态和可供支配的时间一般不会相同,因而这种统计可以认为是一种不重复的抽样。

表2.3-4

星 期		抽 样 阅 读 册 数				
		7~10时	10~13时	13~16时	16~19时	19-23时
1	三	7				
	四		12	3		
	五				5	
	六				10	8
2	日		9	13		
	一				2	4
	二	5	4			
	三			13		
	四			12	13	
	五				6	10
	六	11	2			
3	日			9		
	一				11	10
	二	2	3			
	三			5		
	四				8	11
	五	12				
	六		4	10		

(续表)

星 期	抽 样 阅 读 册 数				
	7~10 时	10~13 时	13~16 时	16~19 时	19~23 时
4 日		12	9		
一			7	8	
二					10
三	5				
四		4	7		
五				13	9
六		8			
5 日		9			
一			11		
二			10	14	
三					13
四	2	2			
五			11	8	

抽样的代表性在很大程度上依赖于它的随机性。要告诫管理人员不要专挑阅读少(或多)的读者来抽样,更不要夹杂个人好恶情绪在内,而应当尽量做到随意,碰上谁就抽谁。此外,为了保证随机性,所规定的每月抽样个数应该足够的多(表2.3-4中为50个),并最好不是一日内时间单元数和7的公倍数。还可以对一个月中的抽样个数作如表2.3-5的归纳,以考察本次抽样是否有什么偏向。

表2.3-5

星 期	一 月 中 抽 样 人 次					共计人数
	7~10 时	10-13 时	13-16 时	16-19 时	19-23 时	
日		3	3			6
一			2	3	2	7
二	2	2	1	1	1	7
三	2		2		1	5
四	1	3	3	2	1	10

星　期	一　月　中　抽　样　人　次					共计人数
	7～10时	10－13时	13－16时	16－19时	19－23时	
五	1		1	4	2	8
六	1	3	1	1	1	7
共计人数	7	11	13	11	8	50

令 d_i 代表每次内阅册数的抽样值，$\bar{d}$ 表它们的平均值，即平均阅读率，u 代表抽样误差，则

$$\mu = \frac{\sqrt{\sum\limits_{i=1}^{n}(\bar{d}-d_i)^2}}{n} \qquad (2.3-2)$$

对于表2.3-4所列的抽样值，得到

$$\bar{d} = 8.12 \qquad \mu = 0.504$$

也就是说，真正的平均阅读率很可能在8.62与7.62之间。

又，这个阅览室本月读者利用人次经直接统计为12097人，所以这个月的内阅流通量的估计值是

$$12097 \times 8.12 = 98228 \text{ 册}$$

上列估计值的误差可能是 $\pm 98228 \times (0.504/8.12) = \pm 6097$ 册，因而真正的内阅流通量很可能是在 104000 册与 92000 册之间。在这里没有把读者利用人次的统计误差考虑在内，因为它一般比较小。于是，可以认为该室本月的内阅流通量为98000册。

前面说过，内阅流通量的绝对值是很巨大的，即使经过折算（详见§2.4），也会在全馆总流通量中占有相当的比重。如果以抽样统计平均阅读率的办法来估算内阅书刊流通量的话，则对于平均阅读率这个指标，实有经常核对和严格控制的必要，不然有可能损害管理的科学性。这种核对和控制，除了依循第一章所述的建立严格的统计制度外，还有一个有效的途径，即积累和分析历年来的资料，从中找出有指导意义的规律来。

表 2.3-6 列出了一所图书馆中 8 间阅览室一年各月的平均阅读率数字。这 3 间阅览室都是展出期刊的，其中甲、乙、丙分别展出自然和技术科学、社会科学和文学艺术刊物。表中还列出甲、乙、丙三室一年 12 个平均阅读率的平均值 $\overline{\overline{d}}$ 及其标准差 σ 的数值，其中 σ 的什算公式是

$$\sigma = \frac{\sqrt{\sum\limits_{i=1}^{n}(\overline{\overline{d}} - \overline{d_i})^2}}{n} \qquad (2.3-3)$$

表 2.3-6

月　　份	平　均　阅　读　率 $\overline{d}$			
	甲	乙	丙	三室合计
一	4.76	8.33	8.78	21.87
二	5.03	7.28	9.03	21.34
三	3.78	5.96	12.49	22.23
四	5.34	8.12	7.38	20.84
五	6.65	8.24	8.11	23.00
六	6.12	8.06	8.02	22.20
七	3.96	10.18	7.43	21.57
八	5.29	7.13	8.46	20.88
九	5.33	6.22	10.71	22.26
十	4.17	7.08	12.11	23.36
十一	4.03	10.34	7.04	21.41
十二	5.96	8.29	8.72	22.97
全年平均值 $\overline{\overline{d}}$	5.04	7.94	9.02	21.99
标准差 σ	0.887	1.288	1.729	0.792
相对标准差	17.600	16.2%	19.2 %	3.600

在表 2.3－6 中 n 为 12。表中末行是"相对标准差"，等于 σ 在 $\bar{\bar{d}}$ 中所占的比例。图 2.3－2 是一年中 3 室的月平均阅读率曲线。

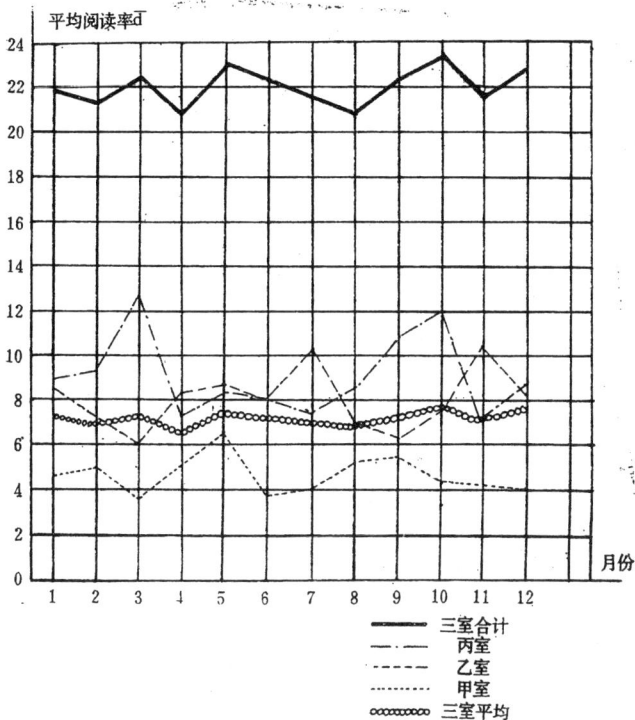

图　2.3－2

从图 2.3－2 可以看出，平均阅读率并不显著地随季节而变化。开放时间的长短与平均阅读率也无明显的关系。影响平均阅读率的因素大体上有下列 4 方面：

1. 读者结构　文化素养较高的读者比重较大，平均阅读率也较高；

2. 阅读环境　对于环境和服务较好的阅览室,平均阅读率也较高;反之,或在座位少而拥挤的阅览室则较低;

3. 流通方式　开架时平均阅读率高而闭架时低;

4. 书刊的类别、质量和数量　书的平均阅读率比刊低;书刊的质量较好及品种数量较多时,平均阅读率也会增高。

如果上列 4 项因素在一年中保持稳定,尽管平均阅读率不可能是恒定的数值,但是 3 室的平均阅读率之和随月份相对变动幅度一定要比各室单独的变动小得多。这是因为,读者群体尽管在微观上千差万别,但在宏观上,对于把一所图书馆当作整体来利用却是一致的。换句话说,只要甲、乙、丙 3 室位于同一幢建筑之中,那么某一月读者在甲、乙两室阅读的刊物少了若干,他们在丙室阅读的也将大体上多出若干来。当然,这必须以前面 4 项因素均不变为前提。

为了说明上述思想,表 2.3 - 6 又列出了 12 个月的 3 室平均阅读率的和数、它们的平均值、标准差和相对标准差。表中给出甲、乙、丙 3 室的相对标准差分别为 17.6%,16.2% 和 19.2%,而 3 室和数的相对标准差却只有 3.6%,确是小了一个数量级。图 2.3 - 2 又绘出了 3 室和数的曲线和平均值曲线,其中后者比 3 室各自的曲线平坦得多。

因此,如果一所图书馆拥有若干间性质相类似的阅览室,可以在一个长时期中将这些阅览室各月的平均阅读率的和数的相对标准差,是否远小于各室各自的相对标准差这一点,当作衡量这一长时期中平均阅读率的抽样调查是否确实合乎实际的准绳。只要平均阅读率大体上是真实的,那么据之而估出的内阅流通量也就是可信的了。

目前开架展出书籍的阅览室已受到重视。它的内阅流通量既可以直接统计,也可以用平均阅读率来估计。对平均阅读率真实

56

程度的核查,也可以同法进行。

由用日→小时相对流通曲线的回归方程和用平均阅读率两种方法估计出来的内阅流通量,如果互相符合,则内阅流通量的间接统计,已经走上了健全的轨道了。

内阅流通量的统计资料,经过一段时间的积累,也可据以绘出月→学期或月→年等相对流通曲线,并求出回归方程,用在核实和预测等管理工作中,方法与上一小节相同,不再重复。

在以后的一些章节中,将讲到各种模式的流通量还应分学科统计,才能进行某些指标的计算。不论直接地或间接地统计流通量,分学科将是要费点事的工作;而对于内阅流通量,分学科的工作也将是间接的。

§2.4　流通量的折算

一所图书馆设有若干个流通部门,每个流通部门实行一种或多种流通模式。每个流通部门对其所实行的那些模式的流通量作直接的或间接的统计,到了每月月底(或每周周末)便可以得到各模式的月(周)流通量,到年底又可汇总成该部门的各模式的年流通量。然后图书馆把各部门的数字再作一次汇总,得到了全馆的各模式的年流通量。再进一步,人们就希望能用一个合计的数字来代表这些不同模式的年流通量的总和,或来反映一年中流通方面的总社会效益,但又同时会发现,不同模式的流通量不能通直相加。例如,以目前暂占较大比重的外借流通量和内阅流通量而言,在计算全馆的总流通量时,就不应该将两者还直相加。因为就平均而言,读者内阅一册书刊,所获得的对他有用的信息量,目前总比外借一册回家要少些。其次,管理人员为使读者内阅一册所付出的劳动,以及馆方为此所付出的成本,目前也比外借一册要少得多。再者,如以径直相加数为总流通量,则全馆的业务量将完全由内阅流通量所左右,这当然是不现实的,也难以为大部分工作人员所接受。因此,有必要为内阅模式定一个"折算系数"。前已说明,本书所说的流通是广义的,除外借和内阅外,其他许多流通模式,都有月和年流通量,在计算全馆总流通量时,都有定出折算系数,以便进行最后汇总的问题。当然,这种折算和汇总,在全馆一年进行一次就行了。

各种不同模式的流通量间的互相折算,虽然从理论上来说很有意义,但在实践上却有局限和困难。首先是这种折算,由于统计资料远不够广泛和深入,基础薄弱,只能是粗略的,具有在本馆范围内约定俗成的性质。它只能作纵向比较之用,即以本年的折算总流通量与上年的折算总流通量相比较,以分析本馆工作和社会、经济等效益的进步或退步;而不能用在横向比较上,如用折算后的两种模式的流通量相比,来判断两个实行不同模式的流通部门成绩的优劣;更不具备供两所图书馆间互相评比的性能。此外,这套折算系数要随时间的推移而在必要时加以修正,其稳定的时间不可能很长。

下面提出关于流通量折算的设想。先要规定各种流通模式向之折算的那一种标准模式。这里选择"长期外借书籍"这一传统的、历史悠久的模式为基准,别的模式都向它折算。其统一单位称为"折算册"。

前在§2.1中已讲到,(1)外借和内阅,(2)视听、辅导和咨询,(3)复制和显缩微,以及(4)情报等模式的流通量,分别以(1)册,(2)次,(3)件以及(4)份为单位。现在要解决的是,每一种流通模式的一个单位的流通量,应该折算为多少册,即它们的折算系数各等于多少的问题。从纯理论上说,某流通模式的折算系数应等于该模式一个单位的流通量所产生的社会效果与基准模式(长期外借)流通一册所产生的社会效果之比。事实上,这是极难作具体计算的。所以,我们只好从侧面来接近它。可以看到,读者使用信息的效果,从宏观上看(混合了读者和信息本身微观上的差异),总与(1)图书馆所支出的成本,和(2)读者所花的时间成正比。关于后者,本书将在第二大类社会效益—服务量的折算时考虑。这里讲的是第一大类社会效益—流通量的折算,就以前者为根据。下面是计算折算系数的公式:

$$Z_k = \frac{C_k/N_k}{C_0/N_0} \cdot \zeta_1 \cdot \zeta_2 \qquad (2.4-1)$$

其中　C_0——基准模式(长期外借)一年的支出;

N_0——基准模式一年的读者利用人次;

C_k——k 号流通模式一年的支出;

N_k——k 号流通模式一年的读者利用人次;

k——流通模式号;

ζ_1——开发能力附加系数;

ζ_2——激励附加系数;

Z_k——k 号流通模式流通量的折算系数。

现在稍加解释。C_0/N_0 是图书馆为每一次利用长期外借流通模式的读者所支付的成本,C_k/N_k 则是图书馆为每一次利用 k 号流通模式的读者所支付的成本。N 由日常统计累计而得。C 包括一年内工作人员的工资、福利和培训费用,付给馆外专家的酬劳、添置的图书和设备费用,以及各项维持费用。本来 C 中还应把馆舍的折旧包括进去,并用图书设备的折旧来代替本年度的图书设备购置费,但目前在我国要计算折旧还相当困难,所以暂可不必。如果几个流通部门同实行一种流通模式,则 C 和 N 都要合并计算。如果一个部门同时实行多种模式,则要把 C 和 N 大体上分开。再则,外借、内阅和视听 3 种模式,其 C 中包括图书资料经费;而辅导、咨询和情报 3 种模式,一般是利用前 3 种模式的图书资料,很少自己购买图书,因而后 3 种模式的 C 中比前 3 种少图书经费一项;不过后 3 种的 N,比前 3 种也要少。总之,对 C 的估算只要大致符合实际情况就行,不必也不可能非常准确。

从(2.4-1)式可以看出,折算系数与成本成正比。也就是说,图书馆为某种模式付出的成本愈多,这种模式的折算系数也愈大。这从馆方的立场来看是自然的,因为馆方付出了钱,当然希望收到同等程度的效益。也会发生多花了钱而少收到效益的事,不过这只能总结经验教训,不宜放在折算中来考虑。从同式又可以看出,折算系数与读者利用人次成反比。也就是说,一年中读者利用某种模式的次数愈多,这种模式的折算系数也愈小。这一点用数例来解释比较清楚。例如有两个流通部门,一个实行外借模式,另一个实行内阅模式,两者的年支出都是 1 万元,年流通量都是 10 万册,只有年读者利用人次不同,前者为 5 万人,后者为 1 万人。可见在外借部门,读者每利用一次平均外借 2 册,在内阅部门,读者每利用一次平均内阅 10 册。这个差异说明,如忽略其它因素,读者外借一册书从中汲取的信息量平均为内阅一册书所汲取的 5 倍。所以,从读者受益的角度来看,上述内阅部门的折算系数应该是 1/5,即折算系数与读者利用人次成反比。对于其它模式也可以作同样的分析。

(2.4-1)式中的 ζ_1 和 ζ_2 两个系数是为了使折算系数的结构更趋合理而在公式中起调节作用的。对于只具有初级文献开发能力的流通模式,应取开发能力附加系数 $\zeta_1 = 1$;对于具有高级文献开发能力的模式,可取大于 1 的 ζ_1。这是因为后者所传递的信息质量较高,浓度较大的缘故。至于激励附加系数 ζ_2,对于传统的流通模式,应取为 1;对于新兴的,或在本馆应促其迅速发展的模式,可取大于 1 的 ζ_2。这是为了激励后者并提高其在流通模式中的地位。乘上大于 1 的 ζ_1 和 ζ_2 后,折算系数加大了,也就是说,对于具有高级文献开发能力的、新兴的、需加扶植使之加快发展的少数流通模式,在流通量折算上给予优待,以适应图书馆现代化的步

60

伐。ζ_1 和 ζ_2 由馆长听取了有关人员的意见以后决定。不过 ζ_1 和 ζ_2 宜过大(譬如说不大于 5)。

每年年终,馆长要定出一套各种流通模式的折算系数表。计算不要求十分精确,但要取得大家的同意,这就是"约定俗成"的意思。特别要指出的,内阅模式的折算系数目前总小于 1,将来随着它的 C 的增加,有逐渐变大的趋势。

下一步计算是:
$$zl_k = k_{k年} \cdot Z_k \qquad\qquad (2.4-2)$$
其中,$l_{k年}$ 是 k 号流通模式一年的流通量,zl_k 是它的折算年流通量。最后,有:
$$\mathscr{L} = \Sigma zl_k \qquad\qquad (2.4-3)$$
$\mathscr{L}$ 是全馆一年中所有流通模式的折算年流通量的总和,称为"折算年总流通量",是流通社会效益的定量化,也是在一般图书馆的定量管理中的一项核心的指标。

表 2.4-1 列出了一所图书馆 1984 年各种流通模式的 $\dfrac{C_k/N_k}{C_0/N_0}$ 值的计算过程。表 2.4-2 继续计算各种模式的 Z_k 和此馆一年的各个 Zl_k,最后汇总成 $\mathscr{L}$,为 342244 折算册,还列出了各种模式所占的比重。当然,这是与本馆自己约定的折算办法相联系着的,不能拿来与别的图书馆作直接的比较。如果将来国家的领导部门根据丰富的统计资料以及已成熟的理论制订出了统一的流通量折算办法,那么各业务性质相近的图书馆之间就有具体的指标可供较量了,但是现在还不行。在表中还能看出,第 10 至 15 项的折算流通量在 $\mathscr{L}$ 中所占比重较小,这并不等于说辅导、咨询和情报等模式没有贡献,因为前已指出,不能拿 zl 作馆内各部门横向评比的依据。此外表中 1 至 7 项的 zl 之中,都包含着它们所产生的效果。不过也能看到,它们的工作开展得还很不够,必须从人才和智力方面予以加强。

表 2.4 - 1

k	流通模式	C(元)	N(人次)	C/N	$\dfrac{C_k/N_k}{C_0/N_0}$
0	长期外借书籍	115800	56782	2.039	1.000
1	短期外借书籍	23000	20748	1.109	0.544
2	外借过刊合订本	4350	5944	0.732	0.359
3	内阅借刊	36050	96754	0.365	0.179
4	内阅书籍	46800	18229	2.567	1.259
5	视 听	34400	41148	0.836	0.410
6	复制、显缩微	14080	23906	0.589	0.289
7	辅 导	10980	4328	2.537	1.244
8	咨询、情报	11250	4403	2.555	1.253
	共 计	296710			

表 2.4 - 2

编号	流通部门和模式	l 年	$\dfrac{C_k/N_k}{C_0/N_0}$	ζ_1	ζ_2	Z_k	zl（折算册）	比重（%）
0 - 1	基本书库长期外借书籍	101388 册	1.000	1	1	1.000	101388	29.62
1 - 2	各室短期外借书籍	29477 册	0.544	1	1	0.544	16035	4.69
2 - 3	外借过刊合订本	6090 册	0.359	1	1	0.359	2186	0.64
3 - 4	甲室内阅自然科学现刊	130700 册	0.179	1	1	0.179	23395	6.84
3 - 5	乙室内阅社会科学现刊	312600 册	0.179	1	1	0.179	55955	16.35
3 - 6	丙室内阅文学艺术现刊	341300 册	0.179	1	1	10.179	61093	17.85
4 - 7	丁戊己三室内阅书籍	35546 册	1.259	1	1	1.259	44752	13.08
5 - 8	视听	40512 次	0.410	1	1	0.410	16610	4.85
6 - 9	复制、显缩微	25987 件	0.289	1	1	10.289	7510	2.19
7 - 10	一般辅导活动	2530 次	1.244	1	1.5	1.866	4721	1.38
7 - 11	质量较高的辅导活动	474 次	1.244	1.5	1.5	2.799	1327	0.39
8 - 12	向81人分送新书到馆通知	1944 份	1.253	1	1	1.253	2436	0.71
8 - 13	回答读者的咨询	672 次	1.253	1.5	1	1.880	1263	0.37
8 - 14	向57人分送文献索引	684 份	1.253	2.0	1.5	3.759	2571	0.75

编号	流通部门和模式	l 年	$\dfrac{C_k/N_k}{C_0/N_0}$	ζ_1	ζ_2	Z_k	zl （折算册）	比重 （%）
8–15	向 5 个团体提供文献摘要	160 份	1.253	2.5	2.0	6.265	1002	0.29
						共计 $\mathscr{L}=$	342244	

折算年总流通量 $\mathscr{L}$ 的用途有下列 3 种：

1. 回顾过去的发展过程和寻找其中的规律；

2. 预测明年的前景，并规定各部门的目标任务；

3. 估算全馆的经济效益，以提供研究改进管理的依据。

这 3 个问题将在下两节讨论。

§2.5 折算流通量的增长和预测

§1.2 中说明了：图书馆的流通量应该每年增加，其年增长率至少应大于第一临界值，最好大于第二临界值，才能有利于人才开发。不过，§1.2 中所称的"流通量"，经过以前各节的讨论，现在已知应该是折算年总流通量 $\mathscr{L}$。流通观点要求图书馆上下一心地给流通以极大的重视，具体来讲就是要认真分析每年年终时折算和汇总出来的 $\mathscr{L}$ 够不够大，比起上年的 $\mathscr{L}$ 来其年增长率是否超过临界值。还要根据历年来的 $\mathscr{L}$ 的统计资料和其它资料，对来年的 $\mathscr{L}$ 进行预测，以便作目标管理，改传统的微观调节为科学的宏观控制。正如企业对产品的产量要综合、分析和预测一样，图书馆对流通量也要做同样的工作；在这个意义上不妨说，"图书馆是制造流通量的工厂"，它的年产量就是 $\mathscr{L}$。

(一)单自变量预测法

表2.5-1

年度	$\mathscr{L}$(折算册)	年增长率 nz
980	159668	
1981	180776	13.2%
1982	217564	20.4%
1983	266780	22.6%
1984	342244	28.3%
		平均值21.1%

表2.5-1列出了一所图书馆自1980年至1984年5年的折算年总流通量的统计数字,其1984年的$\mathscr{L}$,与§2.4表2.4-2中所算出的相同。命t年的折算总流通量为$\mathscr{L}_t$,t年与$t+1$年间的年增长率为nz_{t+1}(nz等于§1.2中的e^a-1),则

$$nz_{t+1} = \frac{\mathscr{L}_{t+1} - \mathscr{L}_t}{\mathscr{L}_t} \qquad (2.5-1)$$

各年的增长率也已在表中列出。

图2.5-1中的细线折线是由表2.5-1中所列数据绘成的。如果想要从这些数据预测1985年的折算总流通量,最简单的方法是先把4个nz取算术平均值,得21.1%,再将1984年的$\mathscr{L}$与1.211相乘,得41400折算册。这个预测值在图2.5-1中用细直线与1984年的$\mathscr{L}$数据点相连。这个预测方法的缺点之一是,末一年(1984年)的$\mathscr{L}$所起的作用过大。由于1983-1984年之间$\mathscr{L}$增长幅度较大,故这个预测值就有偏大的可能。

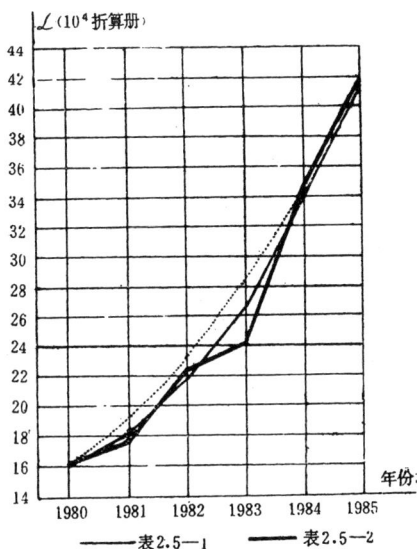

图 2.5-1

表 2.5-2

年度	$\mathscr{L}$(折算册)	年增长率 nz
1980	160497	
1981	176233	9.8%
1982	176233	25.4%
1983	241198	8.3%
1984	344204	42.7%
		平均值 21.8%

　　表 2.5-2 列出了另一所图书馆 5 年中的 $\mathscr{L}$ 值(在图 2.5-1 中用粗线折线表示),它至少有两年的年增长率超过了第二临界值。它的 1980 和 1984 两年的 $\mathscr{L}$,与表 2.5-1 所列相差无几,但其中间 3 年则颇为不同,集中反映在 4 个 nz 之值不像表 2.5-1 那样持续稳定地增加,而是有较大的起伏,但 nz 的算术平均值仍

为 21.8%，与表 2.5 - 1 的 21.1% 无大出入。用同法简单预测此馆的 1985 年的折算总流通量，为 419000 折算册，在图 2.5 - 1 中为最右的一段粗线的终点。由于此馆历年来 $\mathscr{L}$ 的增长很不稳定，1985 年出现较低增长率的可能性增大，所以上列增长值更有偏大的危险。上述预测方法又有对中间几年的变化不够重视的缺点，因而不甚理想。

还有一个计算年增长率的几何平均值（记为 $\overline{nz}$）的方法，公式是：

$$\overline{nz} = \sqrt[n-1]{\frac{\mathscr{L}_{n-1}}{\mathscr{L}_0}} - 1 \qquad (2.5-2)$$

其中 n 为统计年数，$\mathscr{L}$ 的附标记号为年代 t，$t=0$ 指统计开始的那一年，$t=n-1$ 指今年，对于表 2.5 - 1 和表 2.5 - 2，$n-1=4$。由公式（2.5 - 2）都算得 $\overline{nz}$ 等于 21.0%，其所对应的 $\mathscr{L}$ 增长规律在图 2.5 - 1 中用点线表示。由它预测的 1985 年的 $\mathscr{L}$ 值大体与前面所估的相同，因而这个方法仍有前述的两个缺点。

下面讲一个较好的预测方法。从图 2.5 - 1 看；$\mathscr{L}$ 是 t 的一个持续上升、并且增长率大体上也在增加着的函数，所以可以设法建立一个"$\log\mathscr{L} - t$"曲线的回归方程。表 2.5 - 3 列出了表 2.5 - 1 和 2.5 - 2 中各个 $\mathscr{L}$ 的常用对数值，又在图 2.5 - 2 中画出了相应的点子。可以发现，"$\log\mathscr{L} - t$"曲线不妨用直线来近似。

命"$\log\mathscr{L} - t$"曲线的回归方程为：

$$\log\mathscr{L}_t = a + bt \qquad (2.5-3)$$

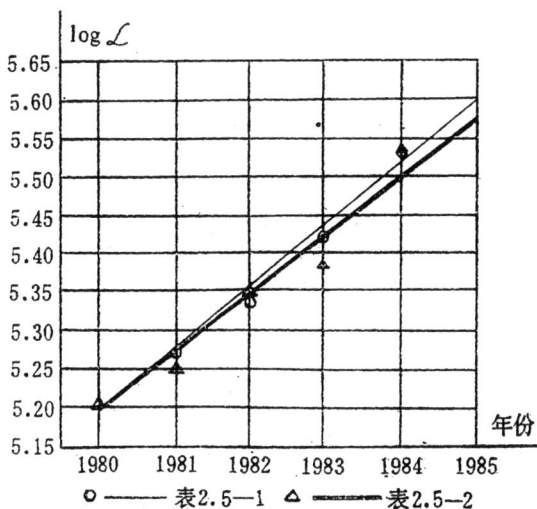

图 2.5 - 2

表 2.5 - 3

年度	t	$\log \mathscr{L}_t$	
		表 2.5 - 1	表 2.5 - 2
1980	0	5.203	5.205
1981	1	5.257	5.246
1982	2	5.338	5.348
1983	3	5.426	5.382
1984	4	5.534	5.537

其中 a 和 b 为待定系数。

命 Δ 为 $\log \mathscr{L}_t$ 的统计值与由回归方程得来的理论值之差,可得: $S = \sum_{t=0}^{n-1} \Delta^2$, 根据 $\frac{\partial S}{\partial b} = \frac{\partial S}{\partial b} = 0$, 可得:

$$a = \frac{2[(2n-1)A - 3B]}{n(n+1)} \qquad (2.5-4)$$

$$b = \frac{6[-(n-1)A + 2B]}{(n-1) \cdot n \cdot (n+1)} \qquad (2.5-5)$$

其中

$$A = \sum_{t=0}^{n-1} (\log\mathscr{L}_t) \qquad (2.5-6)$$

$$B = \sum_{t=0}^{n-1} (t \cdot \log\mathscr{L}_t) \qquad (2.5-7)$$

对于前两例,n=5。依(2.5-6)和(2.5-7)两式,算出:

　　表2.5-1: 　　　A=26.758, 　　　B=54.347;

　　表2.5-2: 　　　A=26.718, 　　　B=54.236。

再将上列 A 和 B 代入(2.5-4)和(2.5-5)两式,得到回归方程如下:

　　表2.5-1: 　　　$\log\mathscr{L}_t = 5.1854 + 0.0831t$ 　　(2.5-8)

　　表2.5-2: 　　　$\log\mathscr{L}_t = 5.1836 + 0.800t$ 　　(2.5-9)

　　画出回归曲线如图2.5-2中的细直线和粗直线,它们各以最佳的形态通过各自的数据点附近,有的比点子稍上些,有的稍下一些。同时用 $t=5$ 代入(2.5-8)和(2.5-9)两式,算得1985年的预测值为:

　　表2.5-1: 　　　$\mathscr{L}_5 = 399000$ 折算册,

　　表2.5-2: 　　　$\mathscr{L}_5 = 383000$ 折算册。

如果上列预测值经过全馆的一致努力而实现了,1985年的流通量增长率将超过第二临界值。

　　表2.5-1和表2.5-2所列两套 $\mathscr{L}$ 的数据,虽然初始值和终了值都很接近,但后者中间几年的增长率起伏很大,不如前者平稳,也就是说在1985年中,后者出现低增长率的可能性要比前者大,因而后者 $\mathscr{L}_5$ 的预测值应比前者小些才合理。从上列两个结果及图2.5-2中细线在粗线之上的形象来看,都符合这个设想。

　　对于不是全馆性的,而是某一模式或某一部门的年流通量,也可以用上法根据多年的统计资料预测来年的数值。

上面所述的预测方法规定，$\mathscr{L}$ 的回归方程中只有一个自变量 t，所以称为"单自变量预测法"。对它的使用有一个必要条件，就是统计年代数至少应该是 3 年。

（二）多自变量预测法

事实上，影响折算年总流通量的因素，除年代（代表逐年提高着的效率以及人员的素质和积极性）外，还有读者人数，图书经费数额，藏书总册数（当原来藏书数量很少，以后逐年有较大幅度增加时，它对流通的增长有一定的影响，当数量已较大并稳定后，其影响就要减少下去），座位和有效折算座位数（详见第五章）等。当年代以外的因数也逐年变化时，$\mathscr{L}$ 就是年代和"年代外因素"等多个自变量的函数。如年代外因素有逐年的统计值，则一般用多自变量预测法可得到较为满意的结果。

应用下述多自变量预测法时，其必要条件是：

n（即统计年数）> 年代外因素数目 +2 　　　　（2.5 - 10）

当年代外因素只有 1 个时，记为 x_t，设其回归方程为：

$\mathscr{L}_t = a + bt + cx_t$ 　　　　（2.5 - 11）

这里等号左边不再用 $\log\mathscr{L}_t$，是因为既然自变量增成 2 个，等于把促进流通量增长的因素多考虑了 1 个，如再用对数的形式来模拟 2 的增长，会使预测值偏高。下面讲到自变量更多时尤为如此。现仍令 Δ 为 $\mathscr{L}_t$ 的统计值与由回归方程得来的理论值之差，$S = \sum_{t=0}^{n-1} \Delta^2$，由 $\dfrac{\partial S}{\partial a} = \dfrac{\partial S}{\partial b} = \dfrac{\partial S}{\partial c} = 0$，可得到以回归方程的系数为未知数的线性方程组如下：

$$
\begin{bmatrix}
3 & \sum t & \sum x_t \\
\sum t & \sum t^2 & \sum(t \cdot x_t) \\
\sum x_t & \sum(t \cdot x_t) & \sum x_t^2
\end{bmatrix}
\begin{bmatrix}
a \\ b \\ c
\end{bmatrix}
=
\begin{bmatrix}
\sum \mathscr{L}_t \\
\sum(t \cdot \mathscr{L}_t) \\
\sum(x_t \cdot \mathscr{L}_t)
\end{bmatrix}
$$

（2.5 - 12）

式中"$\sum$"为"$\sum\limits_{t=0}^{n-1}$"的简写,下同。

当年代外因素有 2 个,并记为 x_t 和 y_t 时,回归方程是:

$$\mathcal{L}_t = a + bt + cx_t + dy_t \qquad (2.5-13)$$

并有:

$$
\begin{bmatrix}
4 & \sum t & \sum x_t & \sum y_t \\
\sum t & \sum t^2 & \sum(t \cdot x_t) & \sum(t \cdot y_t) \\
\sum x_t & \sum(t \cdot x_t) & \sum x_t^2 & \sum(x_t \cdot y_t) \\
\sum y_t & \sum(t \cdot y_t) & \sum(x_t \cdot y_t) & \sum y_t^2
\end{bmatrix}
\begin{bmatrix}
a \\ b \\ c \\ d
\end{bmatrix}
=
\begin{bmatrix}
\sum \mathcal{L}x_t \\
\sum(t \cdot \mathcal{L}_t) \\
\sum(x_t \cdot \mathcal{L}_t) \\
\sum(y_t \cdot \mathcal{L}_t)
\end{bmatrix}
$$

$$(2.5-14)$$

当年代外因素有 3 个,并记为 x_t, y_t 和 z_t 时,回归方程是:

$$\mathcal{L}_t = a + bt + cx_t + dy_t + ez_t \qquad (2.5-15)$$

并有:

$$
\begin{bmatrix}
5 & \sum t & \sum x_t & \sum y_t & \sum z_t \\
\sum t & \sum t^2 & \sum(t \cdot x_t) & \sum(t \cdot y_t) & \sum(t \cdot z_t) \\
\sum x_t & \sum(t \cdot x_t) & \sum x_t^2 & \sum(x_t \cdot y_t) & \sum(x_t \cdot z_t) \\
\sum y_t & \sum(t \cdot y_t) & \sum(x_t \cdot y_t) & \sum y_t^2 & \sum(y_t \cdot z_t) \\
\sum Z_t & \sum(t \cdot z_t) & \sum(x_t \cdot z_t) & \sum(y_t \cdot z_t) & \sum z_t^2
\end{bmatrix}
\begin{bmatrix}
a \\ b \\ c \\ d \\ e
\end{bmatrix}
=
\begin{bmatrix}
\sum \mathcal{L}x_t \\
\sum(t \cdot \mathcal{L}_t) \\
\sum(x_t \cdot \mathcal{L}_t) \\
\sum(y_t \cdot \mathcal{L}_t) \\
\sum(z_t \cdot \mathcal{L}_t)
\end{bmatrix}
$$

$$(2.5-16)$$

当年代外因素数目更多时,线性方程组的公式可以类推而得。不过,年代外因素只能择重要的和影响明显的来考虑,不宜罗列过多,以免不必要地多花时间,并反而损伤了预测结果的合理性。

设有一所图书馆,其过去 5 年的折算年总流通量的统计值仍如表 2.5-1,同时有两项与流通量增长密切相关的年代外因素:一为读者人数,记为 x_t,二为图书经费数,记为 y_t,《》它们过去 5 年的统计资料和来年的估计值如表 2.5-4。现在用多自变量预测法预测来年的 $\mathcal{L}$。

表 2.5 – 4

t	读者人数 x_t(千人)	图书经费 y_t(十万元)	说　明
0	2.72	1.19	
1	2.88	1.25	
2	3.22	1.52	过去 5 年统计资料
3	3.47	1.58	
4	4.09	1.79	
5	4.49	2.04	来年估计值

先计算线性方程组(2.5 – 14)的各项系数如下:根据表 2.5 – 4,得:

$$\sum t = 10 \qquad \sum y_t = 7.33$$

$$\sum(t \cdot x_t) = 36.09$$

$$\sum t^2 = 30 \qquad \sum x_t^2 = 54.83$$

$$\sum(t \cdot y_t) = 16.19$$

$$\sum x_t = 16.38 \qquad \sum y_t^2 = 10.99$$

$$\sum(x_t \cdot y_t) = 24.53$$

又根据表 2.5 – 1(其中 $\mathscr{L}_t$ 改用十万折算册为单位)和表 2.5 – 4,得:

$$\sum \mathscr{L}_t = 11.67 \qquad \sum(t \cdot \mathscr{L}_t) = 27.85$$

$$\sum(x_t \cdot \mathscr{L}_t) = 39.81 \qquad \sum(y_t \cdot \mathscr{L}_t) = 17.81$$

再按(2.5 – 14)式建立方程组如下:

$$\begin{bmatrix} 5 & 10 & 16.38 & 7.33 \\ 10 & 30 & 36.09 & 16.19 \\ 16.38 & 36.09 & 54.83 & 24.53 \\ 7.33 & 16.19 & 24.53 & 10.99 \end{bmatrix} \begin{bmatrix} a \\ b \\ c \\ c \end{bmatrix} = \begin{bmatrix} 11.67 \\ 27.85 \\ 39.81 \\ 17.81 \end{bmatrix}$$

解得 $a = -1.2703$ $b = +0.1109$ $c = +1.4321$ $d = -0.8929$

所以回归方程是：

$$\mathscr{L}_t = -1.2703 + 0.1109t + 1.4321x_t - 0.8929y_t \quad (2.5-17)$$

用 $t = 5$，$x_t = 4.49$，$y_t = 2.04$ 代入上式，得到来年 $\mathscr{L}$ 的预测值为 3.89 十万折算册，即 389000 折算册。与前面用单自变量预测法所得的 399000 折算册相比，很为接近。

如果过去 5 年 $\mathscr{L}$ 的统计值用表 2.5 - 2 中的数字（也改用十万折算册为单位），而 x_t 和 y_t 的统计值和估计值仍如表 2.5 - 4，同法得到回归方程如下：

$$\mathscr{L}t = -3.6976 - 0.2225t + 1.8479x_t + 0.2582y_t \quad (2.5-18)$$

预测值为 401000 折算册。这个数字比用单自变量预测法所得的 383000 折算册略大，主要是因为 x_t 和 y_t 的持续增长部分地抵消了 $\mathscr{L}$ 增长中的不均衡性的影响的缘故。

如再用表 2.5 - 4 中过去 5 年的 t, x_t 和 y_t 的统计值分别代入 (2.5-17) 和 (2.5-18) 两式，所得 5 个 $\mathscr{L}$ 的理论值都分别与表 2.5 - 1 和表 2.5 - 2 所列各统计值接近，或稍大些，或稍小些。不过因为这是一个多维的问题，所以画不出简明的回归曲线来。

一个流通部门也可以用本法预测它自己的年流通量。

（三）预测的 $\mathscr{L}$ 用于目标管理

设表 2.4 - 2 为表 2.5 - 1 所代表的那所图书馆 1984 年的折算年总流通量 342244 折算表 2.5 - 4

册的折算和汇总过程，它的两项年代外因素的 5 年统计值和来年估计值又如表 2.5 - 4 所示，则这所图书馆 1985 年的 $\mathscr{L}$ 可以预测为 389000 折算册。在制订 1985 年的业务工作计划时，可先将表 2.4 - 2 中"比重"一栏内所列的百分比，根据 4 项指导思想和业务上的新形势新要求加以调整，然后分别乘以 389000 的总数，再对各模式和部门的 zl 取圆整的数字，得到来年下达给各部

72

门的目标任务,并据以配备人力和财力。表2.5-5是其数例,可参阅。这样做,馆长对于一年的业务,就能掌握住全面而明确的轮廓,用以进行目标管理,而不是在若明若暗的环境中摸索,随大溜地或游击式地应付工作了。他对于来年应抓的重点模式和部门,当然不妨深入领导,而对于其它模式和部门,因为有了目标任务,只需要一年中检查若干次完成的情况,也就有了控制的手段,而不至放任自流。这是本书强调的改微观调节为宏观控制之一例。

表2.5-5

模式编号	流通模式和部门	1984年统计值		1985年目标值		
		zl（折算册）	比重（%）	zl（折算册）	比重（%）	与1984年比重值相比较
0	基本书库长期外借书籍	101388	29.62	100000	25.70	降
1	各室短期外借书籍	16035	4.69	25000	6.43	升
2	外借过刊合订本	2186	0.64	4000	1.03	升
3	甲室内阅自然科学现刊	23395	6.84	32000	8.22	升
	乙室内阅社会科学现刊	55955	16.35	55000	14.14	降
	丙室内阅文学艺术现刊	61093	17.85	52000	13.37	降
4	丁戊己室内阅书籍	44752	13.08	60000	15.42	升
5	视听	16610	4.85	25000	6.43	升
6	复制、显缩微	7510	2.19	8000	2.06	降
7	一般辅导活动	4721	1.38	8000	2.06	升
	质量较高的辅导活动	1327	0.39	3000	0.77	升
8	分送新书到馆通知单	2436	0.71	5000	1.29	升
	回答读者的咨询	1263	0.37	2000	0.51	升
	文献索引	2571	0.75	7000	1.80	升
	文献摘要	1002	0.29	3000	0.77	升
	合计	$\mathcal{L}=$ 342244	100.00	$\mathcal{L}=$ 389000	100.00	

人们可以期望,经过若干年的目标管理以后,具有高级文献开发能力的、新兴的和有生命力的流通模式的折算流通量,在全馆折

算年总流通量中所占的比重会一步步上升,达到举足轻重的地位。但如要求它们在可预见的未来超过外借和内阅等传统的模式,似乎是不现实的。本着图书馆提高全体人民的思想和文化素质的这一总目标,它既要为高层次的读者服务,也要为人数更多的中低层次的读者服务,对读者一视同仁,则对哪一种模式都不能忽视。

实行了一年目标管理以后,可以将实现了的 $\mathscr{L}$ 与其预测值相比较,分析原因,检讨工作。这时在 2 的统计资料中又多了一年。在预测又下一年的 $\mathscr{L}$ 时,要重新建立回归方程。

对于我国大多数的图书馆,在目前各方面工作质量比起世界先进国家来还相当落后的条件下,折算年总流通量是能够逐年增长的,其年增长率也是可以超过临界值的。当然,这个增长,要在读者观点、流通观点、服务观点和教育观点等 4 个基本思想指导下,不断改进工作,经过努力后才能取得。这已被许多事实证明过了。不过,如放任自流,听凭缺点发展又不纠正,则总流通量下降的危险也确实存在着。

事物的辩证运动规律预示:总流通量持续增长了一段时间以后,将出现呆滞阶段。直到发生了某种重大的突破,如采用了新的流通模式,服务质量有了跃进,扩大了馆舍,扩充了设备,实行了管理体制上的大胆革新等,总流通量又会再次持续增长。

§2.6 流通量和经济效益

馆藏书刊尽管数以十万甚至百万册计,但它们在流通前都是死信息。为人所需要并加以使用的信息,才是活信息。因此,流通起着激活信息的作用。从此出发,前面 4 节逐步建立了折算年总流通量的概念。它是反映大多数图书馆业务量的一项综合性指标。它的起伏在定量上显示出全馆业务的盛衰。既然如此,应取

折算年总流通量 $\mathscr{L}$ 为考察图书馆经济效益的依据。

"第一流通经济效益指标"（记为 J_1）为每流通一折算册所摊到的工作人员的货币和物质报酬。命 W_1 为一年内全馆人员的工资、奖金和福利等项费用的总数，I 为一年内全馆自创的收入（不包括与图书信息业务无关的收入），则

$$J_1 = \frac{W_1 - I}{\mathscr{L}} \qquad\qquad (2.6 - 1)$$

表 2.6 – 1 列出了表 2.5 – 1 所代表的那所图书馆自 1930 年至 1984 年的折算总流通量 $\mathscr{L}$、全体人员的货币和物质报酬 W_1 以及第一流通经济效益指标 J_1 的数字。那几年图书馆还没有值得一算的收入，所以 I = 0。从中可以看出，虽然 5 年来 $\mathscr{L}$ 有了持续的大幅度的增长，但 J_1 却总在 0.19 元至 0.23 元的范围内上下徘徊。分析起来，首先应该看到职工工资增加较快、福利待遇有所改善这一重要原因。其次，人员队伍逐年扩充和物价上涨的影响也不能忽视。正因为有了这些因素，所以对 J_1 计算年降低率或预测来年指标等或许是不必要的。但是，从表 2.6 – 1 至少可以发现两点基本的情况：

表 2.6 – 1

年　　度	$\mathscr{L}$（折算册）	W_1（元）	J_1（元/折算册）
1980	159668	31276	0.196
1981	180776	39744	0.220
1982	217564	45552	0.209
1983	266780	61104	0.229
1984	342244	70955	0.207

一、总的说来，J_1 没有实质性的下降或改善，说明劳动生产率迫切有待于提高；

二、每流通一折算册,从外行看来,不过是一举手之劳,这当然是不明真相,但为此毕竟得支付人民币两角之多,不能不承认存在着某种程度的浪费。

目前在一部分图书馆中,编制不断扩大而又未能加以科学的组织;接纳人员片面强调高

学历而又忽视解决实际问题的能力,致使不少高薪人员只能担任低级的工作;虽经多年的探索,仍未能找到既合理又简易可行的按劳付酬的办法,而"定额管理"有时却增加了内耗;吃大锅饭难以清除等现象相当突出。为了使人们对这些当务之急有一个定量的认识,所以在 J_1 这个流通经济效益指标之上冠以"第一"二字,以冀引起重视。

事实上,在图书馆的年度支出中,人员的报酬 W_1 只占较小的比重。表 2.6 - 2 列出了同一所图书馆 1984 年度支出的粗略的结算数字。虽然用了相当低的折旧率,一年开支已达 29 万余元之谱,其中 W_1 仅占 24%。

表 2.6 - 2

项 目	计 算 方 法	金额(元)
馆舍折旧	馆会基建投资 2800000 分,按 2% 折旧	56000
设备折旧	设备投资 750000 元,按 4% 折旧	30000
藏书折旧	书刊平均按 10 年下架计,10 年内书刊购置费为 1250000 元,按 10% 折旧	125000
水电和房舍维修费用		9200
办公费用		3500
人员货币和物质报酬		71000
	合计	294700

"第二流通经济效益指标"(记为 J_2)为每流通一折算册所摊到的年度支出 W(包括 W_1 在内)数,即

$$J_2 = \frac{W - I}{\mathscr{L}} \qquad\qquad (2.6 - 2)$$

根据表2.6-2,这所图书馆1984年的第二流通经济效益指标为0.86元。如此高昂的J_2,实有努力降低的必要。

按照我国目前图书馆界的现实来看,J_2的计算或许是不急之务,但是每一所馆都不妨计算一下J_1,先作为本馆历年流通经济效益的纵向比较之用。等到有关领导部门有了统一的计算规范以后,还可以用在业务性质相近的各馆的横向比较中。

还可以举出一些其他的效率指标,它们都是以$\mathscr{L}$为分子,以另一量为分母相除而得的数字。如果分母是读者人数,便得到了人均流通量,它综合反映了图书馆人员的工作和读者的学习两方面的积极性。如用全年到馆人次为分母,就成了一种广义的平均阅读率了。如分母是管理人员数,便得到了反映人员劳动量大小的指标。这些效率指标都有参考价值,但意义不如J_1和J_2深远。如将座位或有效折算座位个数为分母去除$\mathscr{L}$,所得的是每一广义的设备单位所摊到的年折算流通量,值得重视和研究,详见第五章。

要改善流通经济效益,即降低J_1和J_2,有两条路可走。一是减少(2.6-1)和(2.6-2)两式中的分子W_1和W,这是节流的方法,目前潜力不大。二是增加分母$\mathscr{L}$,这是开源的方法,也是积极的方法。至于增加I,也可以改善J_1和J_2,但在正常情况下I与W相比属于甚小,难起较大的作用。增加$\mathscr{L}$的方法将在第三、四、五等章详细讨论。

第三章　流通量的分布

§3.1　学科及其划分

图书馆所藏书刊数量很多,即使一个流通部门也拥有不少书、刊和资料,其每年(月、周)的流通量和各种业务量也很大。如只知道一个总数(数千、万、十万种或册等等),就难以深入了解全面的情况。因此,必须将书刊按其内容归属划分为若干个部分,称作"学科",来展示各项业务成果的内部结构状态。如按《中图法》类目来机械地划分学科,其显示出来的流通量和业务量的内部结构,有时会失于过稀,有时会失于过密,反映不出整体的面貌,难用以改进工作。因此学科的划分,固然要参考《中图法》,更要结合本单位和本馆的具体实际。划分以后,凡以书、刊和资料为对象的各项管理业务,都应按照划分好了的学科系列来分项统计、考察、规划和执行。

具体来说,图书馆对所藏展的书刊作学科的划分,有下列 7 点必要性:

一、流通量按学科划分以后,才能知道哪些部分书刊流通率高,哪些偏低,每个部门以至全馆的流通情况在学科上的分布均匀程度如何。如果分布得不均匀,说明存在积压或浪费,应加改进。

二、藏书量按学科划分以后,才能知道哪些部门藏书质量高,哪些偏低;才能把握住现有藏书的质量结构和复本结构状态,然后针对现实分学科制订提高和改善的长短期规划,争取用较少的图书经费和耗费较少的人力而达到较高的指标。

三、得到藏书量、流通量、拒绝次数……等等按学科划分的统计资料以后,才能对每个部门或全馆的藏书数量结构(即各学科藏书数量的比例符合读者需要的程度)的优劣进行分析,制订未来的改善方案,以逐步达到建成具有本单位特色的藏书体系的目标。

四、有了分学科的改进藏书的质量和数量结构的规划以后,才能逐年对采购工作提出明确具体的指导方针来,既节约经费,又增加实效,同时还便于作监督检查。

五、明确划分了学科以后,对于分编工作中的统计、分工、人才培训等项业务有好处,对查重也会增加方便。

六、有了明确划分的学科,书刊的流通保管部门多了一项便于本单位读者查找的分类标准,与《中图法》相辅而行,更为便捷。

七、对于视听、辅导、咨询、情报等新型的、高层次的服务项目,全馆统一的学科划分能帮助它们建立起面向大多数读者的观点,养成竞争能力,加快发展。

现在提出学科的定义如下:为了科学管理,图书馆有必要将所藏书刊划分为若干个部分。这种划分要密切结合本单位的特色,所以与《中图法》并不等同,但也不能与《中图法》矛盾和交叉。这种具有鲜明的本单位特色的划分出来的部分,称为"学科"。

划分学科时要考虑下列几点原则:

一、要紧密结合本单位和本馆的现实情况。

首先,要研究目前或可见的未来的读者结构所反映出来的"潜在的阅读能力"。例如在高校图书馆,这大体上由专业设置、各专业师生人数、各专业的教学和科研计划,以及鼓励学生汲取非本专业知识的方针和分寸所决定。总之,应使划分出来的各个学科的潜在的阅读能力都属于同一数量级。其次,要研究历年来的流通、拒绝、紧俏、呆滞等方面的统计所反映出来的"读者实际需求密度"。如过去的这些统计没有分学科，可以进行抽样调查。应该让划分出来的各个学科的读者实际需求密度也属于同一数量级。最后，从统计的角度看，各学科的藏书量以接近相等最为理想。鉴于每年图书经费和可用人力都有限，一馆藏书总数短期内大量增加或结构上的大幅度改观是不可能的，所以多数学科的现有藏书册数应比较接近，或同属于一个数量级。

二、学科数目不宜过少，也不宜过多。

学科数目不宜过少（如少于 10 个），因为这会影响到某些指标的精确性。另一方面，学科数目也不宜过多（如多于 40 个）。多了时第一个缺点是不便统计计算。这个缺点是可以用计算机来克服的，但对于下述第二个缺点计算机却无能为力：那就是学科分得多了管理工作会陷于繁琐，以致反而妨碍有效的宏观控制，干扰对大事的决策。

三、学科与《中图法》类目间的关系。

学科的划分不能与《中图法》相矛盾或相交叉，划分以后学科的顺序也必须与《中图法》的顺序完全一致。这样既便于保管工作，又便于利用现有的目录体系。事实上，学科的划分就是把《中图法》"简表"中的一长串类目系列截割成为若干个子系列，并保持原来的顺序。设学科数为 n，则这样的分割线有 $n-1$ 条。这些学科分割线的位置应该在《中图法》简表中的字母或字母下第一个阿拉伯数字的下面。有时从本单位读者结构的具体情况出发，会发现在某一两处地方打乱《中图法》的顺序来划分学科更方便些，但从工作的整体利益来衡量，还是不宜这样做。至于学科的命名，也应尽可能与《中图法》和《汉语主题词表》相一致。

四、大学科。

若干个相邻学科合在一起称为"大学科"，数目可以在 10 个左右。学科数目本来不多时，也可以不分大学科。

五、谨慎细致。

划分学科要谨慎细致,要经过多次讨论研究后再投入使用。制订出来以后,要多年连续用下去,不能轻易更改,以免造成混乱。这里又有预留将来新出现的学科位置的问题。

在学科划分后的使用方面,首先要编制"学科编号——学科名——《中图法》标记符号对照表",作为一项规章制度,全馆人员都要能够背诵。其次,全馆各部门的业务统计和管理,要一律统一按规定了的学科划分办理,不能自行其是,藏书较少的部门可以按大学科分。流通部门架上书刊的排列,也应以学科为单位。

§3.2 流通率

以藏书数量为分母,以流通量为分子,相除得到一个利用效率指标,称为"流通率"。流通率不是全馆性的指标,而是流通部门一级的指标;其中有全部门的流通率,又有部门的藏书中各个学科的流通率。

设在某一流通部门的藏书中,有某一学科的同时入藏的书籍 1000 册,在架 10 年期间,这批书的累计流通量经统计为 13479 册,那么这一学科的平均累计流通率为:13479/1000 = 13.479,其量纲是不名数,意义是 10 年中平均每册流通了 13.479 次。将 13.479 被 10 年除,得到 1.3479,意义是平均每年中每册流通了 1.3479 次,这时这个流通率的量纲便是〔年$^{-1}$〕了。本书所讲流通率,大多是由日、周、月(或年)流通量册数(都是流通速度)被藏书册数所除而得,所以都以〔时间$^{-1}$〕为量纲。再从另一方面看,并不是所有流通模式都有流通率。外借、内阅、视听等模式,既有流通量册(次)数,又有藏展书刊册(件)数,所以是可以计算流通率的;而复制、显微、辅导、咨询、情报等模式,只有流通量而无藏书量,因而没有流通率。为此,只是实行着外借、内阅和视听等模式的流通部门,才有流通率这一项指标,全馆则不可能有这项指标。虽说如此,因为上述 3 种模式拥有很大的流通量,故流通率的计算仍有相当大的意义。

前例是平均年流通速度与藏书数量相除,得到的是平均年流通率。本书中用得较多的,是瞬时流通速度被藏书数量除后所得的瞬时流通率。例如,某馆有 4 个展出现刊的阅览室,其展出量共3852 册,某日内阅流通量 4 室共计为 3772 册,则此馆内阅现刊的瞬时日流通率为 3772/3852 = 0.979/日。又有展出书籍共 20072 册的另一阅览室某周流通量为 1106 册,则此室内阅书籍的瞬时周流通率为 1106/20072 = 0.05510/周。(上两例,分学科的流通量数据分别见表 3.2 - 1 和表 3.2 - 2)。一般来说,命 i 部门或学科的藏书册数为 v_i,它的流通量为 l_i,相应的流通率为 γ_i,则

$$\lambda_i = \frac{l_i}{v_i} \qquad\qquad (3.2 - 1)$$

表 3.2 - 1

① 室名	② 大学科代号	③ 展出期刊册数	④ 日流通量	⑤ 日流通率 ($\lambda_i = \frac{l_i}{v_i}$)	⑥ 平均流通率	⑦ 排队号
甲	A	672	249	0.371		10
	B	345	412	1.194		6
	C	512	134	0.262		12
	D	209	98	0.469		9
	E	213	27	0.127		13
	小计	1951	920		0.472	

82

① 室名	② 大学科代号	③ 展出期刊册数	④ 日流通量	⑤ 日流通率 ($\lambda_i = \dfrac{l_i}{v_i}$)	⑥ 平均流通率 ($\bar{\lambda}$)	⑦ 排队号
	F	194	63	0.325		11
	G	103	52	0.505		7
乙	H	212	378	1.783		5
	I	244	499	2.045		3
	小计	753	992		1.317	
	J	277	562	2.029		4
丙	K	408	876	2.147		2
	L	97	246	2.536		1
	小计	782	1684		2.153	
丁	M	366	176	0.481	0.481	8
	合计	3852	3772		0.979	

表 3.2—2

① 学科代号(i)	② 展出册数(v_i)	③ 周流通量(l_i)	④ 周流通率(λ_i)	⑤ 排队号
1	1276	37	0.0290	15
2	1109	82	0.0739	4
3	1314	87	0.0662	6
4	1253	43	0.0343	14
5	1279	56	0.0438	12
6	1188	56	0.0471	9
7	1173	86	0.0750	3
8	1235	56	0.0453	10
9	1306	16	0.0123	16
10	1263	52	0.0412	13

① 学科代号(i)	② 展出册数(v_i)	③ 周流通量(l_i)	④ 周流通率(λ_i)	⑤ 排队号
11	1250	68	0.0544	7
12	1338	60	0.0448	11
13	1347	67	0.0497	8
14	1196	104	0.0870	2
15	1236	139	0.1125	1
16	1309	95	0.0726	5
合计	20072	1106	$\bar{\lambda} = 0.05510$	

一个流通部门的社会效益,固然可以用流通量来代表其主要的方面,但是其流通质量的优劣和效率的高低,还需要有一些辅助指标来补充,流通率就是其中的一个。

就上面两例来看,表3.2-1中的日流通率为0.979,相当于此馆展出一册刊物每日平均只有一位读者来取阅,属于偏低的水平。表3.2-2中等于0.05510的周流通率就更小了。因此,对于这两例,都要切实研究提高流通率的措施。

实践表明:对于流通部门只计算一个流通率数字是不够的,有必要对其藏书中各个学科分别计算流通率,以分析哪一些学科受到读者欢迎,而哪一些学科受到冷遇。在表3.2-1中,把4个供内阅刊物的阅览室(分别记为甲、乙、丙、丁)中所展的刊物分为13个大学科(代号分别为A、B、C、……、M),各列出其展出册数,如表中第①、②、③栏所示。至于第④栏"日流通量"的统计,则非少数管理人员跟踪能力之所能及,其数字是组织人力用若干天的时间调查得来的。

表中第⑤栏"日流通率"($\lambda_i = l_i/v_i$)中,有的比0.979高得多(如$\lambda_L = 2.536$等),有的却低得多(如$\lambda_E = 0.127$等),说明各个大学科的刊物的流通率是极为参差不齐的,0.979只不过是13个大学科的 13 个流通率的加权平均值（以 v_i 为权）而已，所以它是一个"平均流通率"，今后记为 $\bar{\gamma}$。同时，甲、乙、丙 3 室也各有其平均流通率（$\bar{\lambda}_{甲} = 0.472$，$\bar{\lambda}_{乙} = 1.317$，$\bar{\lambda}_{丙} = 2.153$），其内部各大学科的刊物的流通率也有高有低。从此表看，这所图书馆各类刊物的流通分布情况还远称不上"均匀"。表中第⑦栏是各大学科的流通率按其大小顺序从大到小的排队号。

表 3.2 - 2 也一样，它把所展出的书籍分为 16 个学科（代号分别为 1、2、3、……、16），分展在不同的地方，从而统计出 16 个学科的周流通量（l_i）。这项统计工作对于一、两位青年管理人员一般是能够胜任的。第④栏"周流通率"（$\lambda_i = l_i / v_i$）也相当不整齐，如有大至 0.1125 的（λ_{15}），有小至 0.0123 的（λ_9），因此，这所阅览室各学科藏书的流通分布情况很不均匀。第⑤栏是各学科流通率从大到小的排队号。

§3.3　过中率

（一）过中率的概念和计算方法

流通率低下，表明图书馆所购置的书、刊、资料被利用得不够，而大多数图书又是会失去时效的，这当然是对图书经费的一种积压和浪费，需要加以改进；至于流通分布情况的不均匀，则表明一部分藏书相对"紧俏"，另一部分藏书相对"呆滞"，仍旧是资金的积压和浪费，也需要努力改善。因此，有必要建立一个反映流通分布均匀性的定量指标，作为比较和分析的依据。

先把表 3.2 - 1 中"旧流通率（λ_i）"一栏中所列数值按大小排队，先大后小，得到各学科的 λ_i 的排队号，列入表的第⑦栏之中。然后绘制图 3.3 - 1 所示的 λ_i—v_i 阶梯形曲线，其每一阶梯的横向宽度为v_i,纵向高度为λ_i,依各学科λ_i的排队号自左向右顺次画出。再将各阶梯顶部中点用折线连结,以求醒目。这条曲线直观地反映了该馆内阅各大学科刊物流通率的不均匀情况。以后称这一曲线为"λ_i-v_i曲线"。严格讲来,i号大学科那个阶梯的右缘的横坐标并不等于v_i,而是其流通率大于或等于λ_i的各大学科藏书量之和,今后为求简便,仍称"λ_i-v_i曲线"。再在图中画一条水平虚线,其纵坐标等于平均流通率,即$\bar{\lambda}=0.979$。这条虚线交λ_i-v_i曲线于B学科阶梯的右缘,意味着B之左(连同B)6个大学科(即L、K、I、J、H、B)的流通率超过了平均流通率。这6类刊物的展出数之和,也就是水平虚线交阶梯形曲线的交点的横坐标是:

$$v_L + v_K + v_I + v_J + v_H + v_B$$
$$= 97 + 408 + 244 + 277 + 212 + 345$$
$$= 1583(册)$$

这个和数占全部展出刊物总数(也就是λ_i-v_i曲线最右端的横坐标)的比例是:

$$\frac{1583}{3852} = 41\%$$

这是一个相当简单明了的、反映流通均匀程度的指标,计算也很简易,今后称之为"过中率",其定义是流通率超过或等于平均流通率的诸学科书刊册数之和在藏书总册数中所占的比例。如以g代表过中率,则有:

$$g = \frac{\sum v_i(\lambda_i \geq \bar{\lambda}\ \text{部分})}{\sum v_i(\text{全部})} \qquad (3.3-1)$$

g的几何意义是,纵坐标等于$\bar{\gamma}$的水平线与λ_i-v_i阶梯形曲线的交点的横坐标与全部曲线的横坐标之比。

　　过中率较大,说明流通分布较均匀,即较好;过中率较小,说明流通较不均匀。上例过中率为41%,在科学管理已上轨道的馆

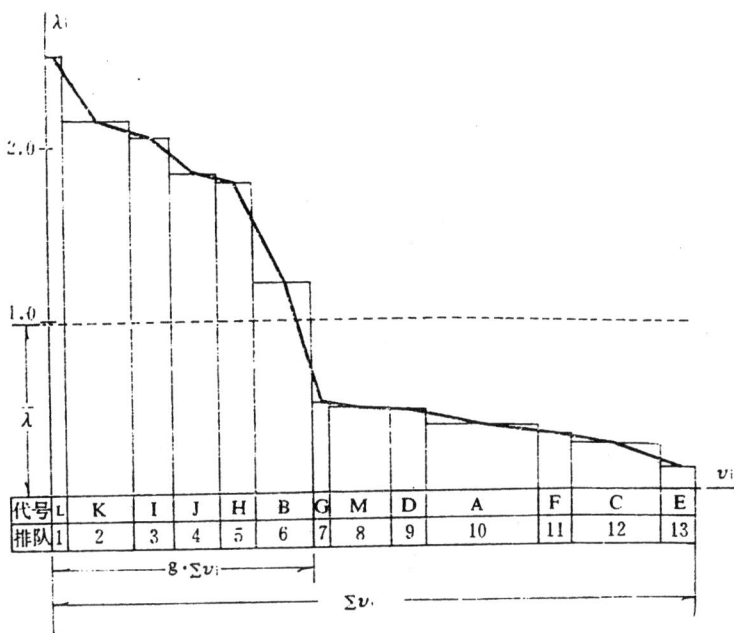

图 3.3 - 1

（据表 3.2 - 1 所列资料）

中,可以认为属于中等。

现在把表 3.2 - 2 中的周流通率 γ_i 的资料按同法绘成 $\gamma_i - v_i$ 阶梯形曲线如图 3.3 - 2。这条曲线的形状大体上与图 3.3 - 1 相仿。纵坐标为 $\bar{\gamma} = 0.5510$ 的水平虚线与学科代号为 3、排队号为 6 的阶梯右缘相交,因而其过中率是:

$$g = \frac{1236 + 1196 + 1173 + 1109 + 1309 + 1314}{20072} = 37\%$$

这个数值说明该阅览室内阅书籍的流通分布情况也属于中等。

为了使本书读者对过中率的计算多一些感性认识,特制备了

87

表 3.3－1。这个表中的各学科藏书册数 v_i 仍与表 3.2－2 相同,周流通量总数仍为 1106 册不变,只是流通分布情况属于两个极端。表中"B"部分是流通极端不均匀的例子,据之绘成了图 3.3－3,其中 $\lambda_i - v_i$ 曲线呈极度下凹形状,因而使 λ_i 超过 $\overline{\lambda}$(仍等于 0.0551)的,仅有 7、3 和 14 的三个学科。它的过中率是:

$$g = \frac{1173 + 1314 + 1196}{20072} = 18\%$$

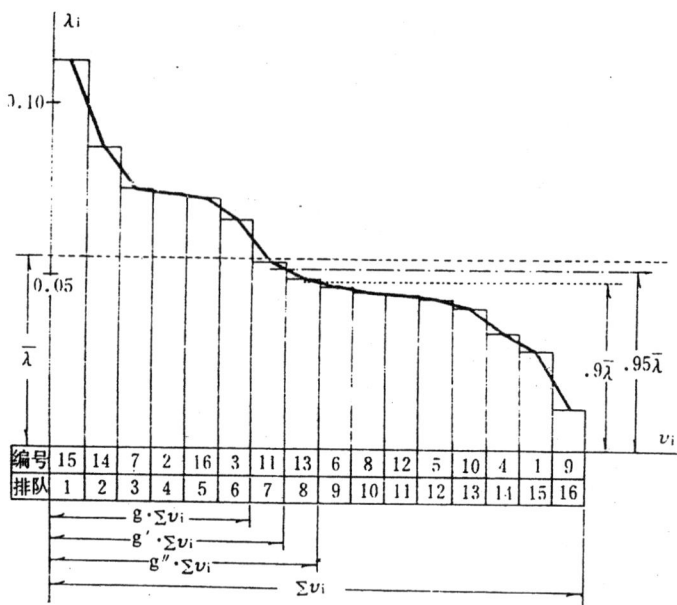

图 3.3－2

(据表 3.2－2 所列资料)

88

表 3.3 - 1

学科代号(i)	展出册数(v_i)	B			C		
		周流通量(l_i)	周流通率(λ_i)	排队号	周流通量(l_i)	周流通率(λ_i)	排队号
1	1276	33	0.0259	5	72	0.05643	9
2	1109	1	0.0009	11	67	0.06041	2
3	1314	275	0.2093	2	75	0.05708	7
4	1253	0	0	15	74	0.05906	5
5	1279	5	0.0039	8	71	0.05551	13
6	1188	1	0.0008	12	73	0.06145	1
7	1173	552	0.4706	1	65	0.05541	14
8	1235	2	0.0016	10	58	0.04696	15
9	1306	1	0.0008	13	75	0.05743	6
10	1263	9	0.0071	7	38	0.03009	16
11	1250	0	0	16	74	0.05920	4
12	1338	3	0.0022	9	75	0.05605	10
13	1347	1	0.0007	14	75	0.05568	12
14	1196	136	0.1137	3	71	0.05936	3
15	1236	18	0.0146	6	69	0.05583	11
16	1309	69	0.0527	4	74	0.05653	8
合计	20072	1106	$\bar{\lambda}=0.0551$		1106	$\bar{\lambda}=0.05510$	

反映在几何图形上是纵坐标等于 $\bar{\lambda}$ 的水平虚线与 $\lambda_i - v_i$ 曲线的交点处于全图极度偏左的位置。

表 3.3 - 1 中"C"部分是流通非常均匀的例子。据之绘成了图 3.3 - 4,其曲线大体平坦,稍呈上凸的形状(注意:为了醒目,图

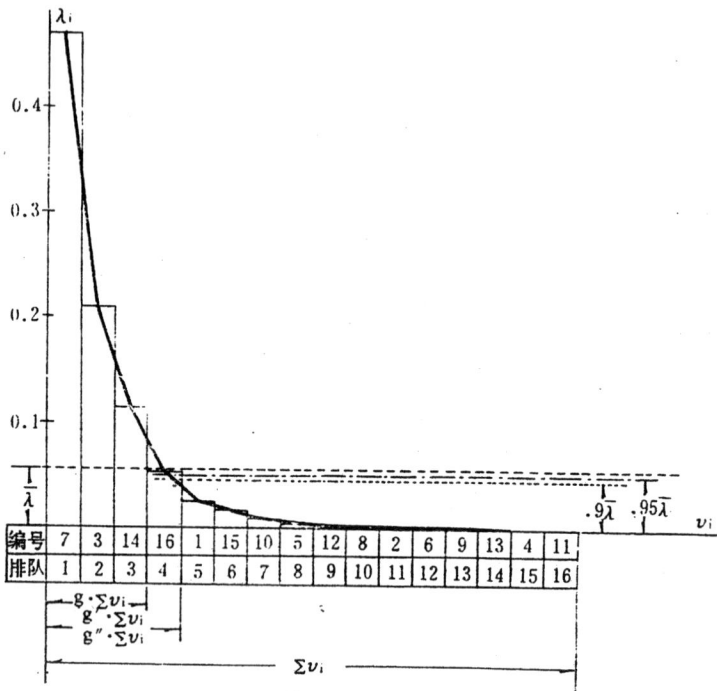

图 3.3 - 3

（据表 3.3 - 1 所列资料）

3.3 - 2、图 3.3 - 3 和图 3.3 - 4 三图纵坐标所用的比例尺和起始点是不一样的），因而使 λ_i 小于 $\overline{\lambda}$（仍等于 0.05510）的，仅有代号为 8 和 10 的两个学科。它的过中率是：

$$g = \frac{20072 - (1235 + 1263)}{20072} = 88\%$$

反映在几何上是虚线与曲线的交点处于极度偏右的位置。

图 3.3 - 3 这种极坏的分布现象，只有在管理混乱的流通部门才会发生。图 3.3 - 4 所表现的接近于理想的情况，却很难做到。

只消仔细看一下 4 幅 $\lambda_i - v_i$ 曲线图,便可以掌握过中率的基本概念。

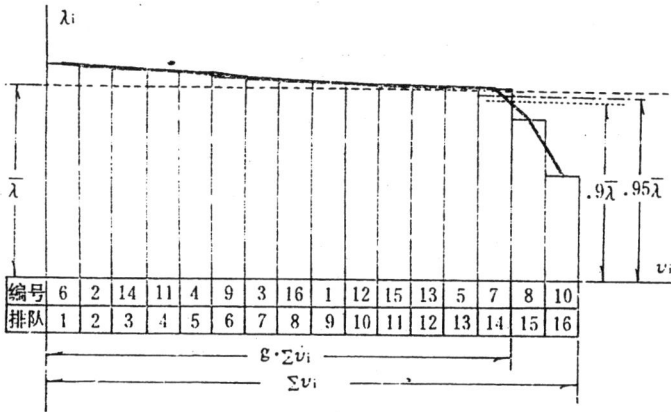

图 3.3 -4

(据表 3.3 -1C 所列资料)

当我们对这 4 幅图作深入的研究以后,就不难发现一种缺陷。在图 3.3 -2 中,如果第 11 号学科周流通量增加 1 册,同时第 9 号学科减少 1 册,不但 $\overline{\lambda}$ 没有改变,整个 $\lambda_i - v_i$ 曲线的形状也没有发生显著的变化;但因为 $\lambda_{11} = 69/1250 = 0.05520 > 0.05510$,它的阶梯就升到水平虚线的上面,于是过中率便从 37% 跃至 43%。同理,在图 3.3 -3 中,如果第 16 号学科的周流通量增加 3 册,同时第 1 号学科减少 2 册,第 15 号学科减少 1 册,虽变动不大,而过中率却从 13% 增至 25%。在图 3.3 -4 中,只要第 5 和 7 两个学科的周流通量各减少 1 册,并把它们加到第 8 和 10 两个学科上去,过中率就会从 88% 降到 75%。由此可以看出,在某种比较偶然的组合条件下,过中率的计算出现了一种不甚精确或有点粗糙的性质。正是为了这个原因,前面列出的 4 个过中率的百分比,只取

91

到个位数为止。

上述缺陷主要是由于划分学科的数目过少所引起的。每当某个学科的 λ_i 略小或略大于 $\overline{\lambda}$，其流通量发生小幅度的增或减，而同时其他一、两个学科的流通量恰巧发生相应的减或增时，便有可能使该学科在 $\lambda_i - v_i$ 图中的阶梯反向地越过水平虚线，造成了过中率的变化。又因为表 3.3－1 中 16 个学科的藏书量 v_i 接近相等，这时过中率的变化，大体上等于 ±1/16 或 ±6.25%。如果各学科的 vi 不接近相等，而某一学科的 v_i 特别大，它的 λ_i 又恰巧略小或略大于 $\overline{\lambda}$ 时，这个比例还会大些。当然，如果那个 λ_i 略小或略大于 $\overline{\lambda}$ 的学科的 v_i 特别小，则这种过中率的变化就不显著。总之，可以认为，划分为 16 个学科的流通部门，在某些偶然的组合条件下，过中率统计的误差，大约为 16%。再把发生上述偶然的组合条件的几率估计为 1/3 的话，那么误差约为 ±2%，假若这个部门把划分学科的数目增加一倍，成为 32 个学科，则过中率的误差就减为 ±1%。因此，§3.1 提到过，学科的划分不可过少，以免影响某些指标的精确性，其中就包括过中率。

要增加过中率统计的精确程度，有效的措施有下列两条：

一、增加所分学科的数目，如将藏展的书刊分为 40 个学科，或甚至更多些。如流通部门将藏书分为一百多个学科，那么前面所说的过中率统计方面的缺陷就基本上不存在了，将过中率的百分数计算到个位数就能达到精确了。下面将举一个将藏书划分为 106 个学科的例子。当然，这么多的学科数目会引起 §3.1 中讲过的一些问题，则另当别论。

表 3. 3 - 2

① 学科代号 (i)	② v_i （册）	③ l_i （册/月）	④ λ_i （10^{-6}/月）	⑤ 排队号	① 学科代号 (i)	② v_i （册）	③ l_i （册/月）	④ λ_i （10^{-6}/月）	⑤ 排队号
1	3860	7	1813	65	25	4071	16	3930	47
2	3805	5	1314	72	26	3933	15	3814	48
3	3853	5	1298	74	27	4082	94	23028	10
4	3826	1	261	94	28	3875	89	22968	12
5	3856	33	8558	28	29	3964	8	2018	60
6	3825	11	2876	53	30	3839	95	24746	8
7	4010	8	1995	61	31	3968	33	8317	30
8	4012	1	249	97	32	4037	24	5945	41
9	3855	32	8301	31	33	4180	25	5981	40
10	3847	2	520	89	34	4200	5	1190	76
11	3962	11	2776	54	35	3972	31	7805	34
12	4019	23	5723	42	36	3800	99	26053	7
13	3331	88	22971	11	37	4100	73	17805	23
14	3914	8	2044	59	38	4032	66	16369	24
15	3843	7	1821	64	39	3973	25	6292	39
16	3824	13	3400	51	40	3891	88	22616	16
17	3848	10	2599	56	41	3935	17	4320	45
18	4006	15	3744	49	42	4000	91	22750	14
19	4187	11	2627	55	43	4159	7	1683	68
20	3931	33	8395	29	44	3863	32	8284	32
21	3848	25	6497	38	45	4150	95	22892	13
22	4093	13	3176	52	46	4021	21	5223	44
23	3976	92	23139	9	47	3979	6	1508	71
24	3899	4	1026	79	48	3852	52	13499	25

① 学科代号 (i)	② v_i （册）	③ l_i （册/月）	④ λ_i （10^{-6}/月）	⑤ 排队号	① 学科代号 (i)	② v_i （册）	③ l_i （册/月）	④ λ_i （10^{-6}/月）	⑤ 排队号
49	3973	36	9061	27	79	3825	1	261	93
50	4148	17	4098	46	80	3961	2	505	90
51	4027	39	9685	26	81	3847	3	780	84
52	4178	34	8138	33	82	3883	7	1803	66
53	3927	3	764	85	83	3814	0	0	99
54	4136	94	22727	15	84	3826	6	1568	69
55	3822	7	1832	63	85	3901	4	1025	80
56	4073	78	19151	21	86	3936	0	0	104
57	3864	29	7505	35	87	3814	3	787	82
58	4198	31	7384	36	88	3807	1	263	92
59	4009	86	21452	17	89	4032	0	0	101
60	3802	71	18674	22	90	3815	8	2097	58
61	3991	21	5262	43	91	4057	1	246	98
62	4159	29	6973	37	92	3806	0	0	106
63	3896	114	29261	6	93	4069	3	737	86
64	4175	87	20838	19	94	3811	4	1050	77
65	3939	80	20310	20	95	3838	0	0	102
66	3853	168	43602	3	96	3853	5	1298	73
67	4117	225	54651	1	97	4005	2	499	91
68	4006	84	20969	18	98	3828	1	261	95
69	3959	206	52033	2	99	4061	7	1724	67
70	3821	165	43182	4	100	3823	0	0	100
71	3964	124	31282	5	101	4025	8	1988	62
72	4006	4	999	81	102	3818	9	2357	57
73	4083	3	735	87	103	3904	0	0	103
74	3868	6	1551	70	104	3829	4	1045	78
75	4085	15	3672	50	105	3841	3	781	83
76	3881	0	0	105	106	4027	5	1242	75
77	3841	2	521	88	合计	418504	3511	8389	
78	3841	1	260	96					

二、各学科的 v_i 不要相差过分悬殊,至少不要让一、两个学科拥有比别的学科大得多的 v_i,以免这一、两个学科占有偶尔能够支配过中率的地位。至于少数学科 v_i 特别少,倒无关大局。像表 3.2－2 那样各学科 vi 接近相等的理想情况固然很难做到,但最好按照 §3.1 所说的,使大多数学科的藏书量保持在同一个数量级上。

(二)多学科流通过中率数例

下面举一个从实践中来的、并稍作修正的数例。这是一个藏书过 40 万册的书库,表 3.3－2 列出了其月外借流通量、平均流通率和过中率的计算资料。例中将全部藏书划分为 106 个学科。从表中可以看到,前述的学科数目较多和各学科 v_i 相接近的两点都做了了。表中各学科的流通率 λ_i 及其排队号都是用计算机计算的。一百多个学科的 λ_i 的排队,用手工是难以迅速完成的。

图 3.3－5 是根据表 3.3－2 的资料绘出的 $\lambda_i - v_i/V$ 图,注意其横坐标已改成 v_i 与 V(即 $\sum v_i$)的比例,以便与以后的另 5 张同类的图相比较。这个外借流通部门本月的过中率,经计算为 27.4%。

在表 3.3－2 所统计的那个月以后,上述流通部门还有另一些月流通量统计资料,现将其几个 $\lambda_i - v_i/V$ 图以及平均流通率和过中率也列出供读者参阅,见图 3.3－6 至图 3.3－10 和表 3.3－3,其中 A、B、C、D、E、F 代表所统计的月份,它们的分学科的月流通量统计资料,格式都与表 3.3－2 相似,因节约篇幅不录。

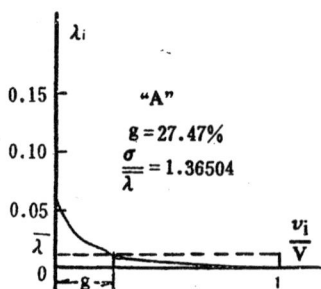

图 3. 3 - 5

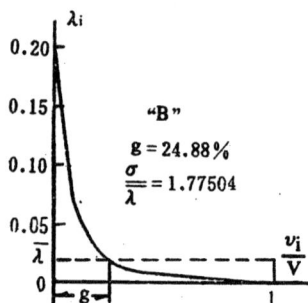

图 3. 3 - 6

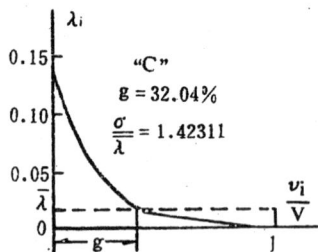

图 3. 3 - 7

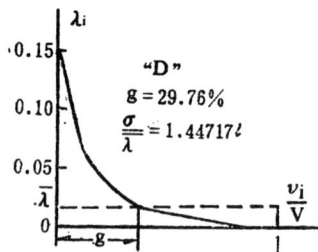

图 3. 3 - 8

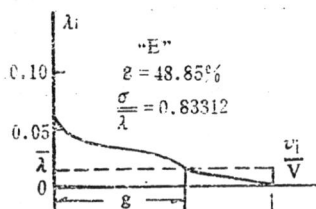

图 3. 3 - 9

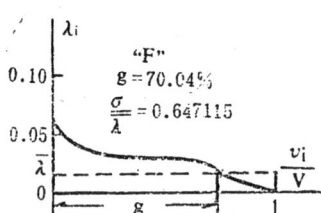

图 3. 3 - 10

表 3.3 – 3

① 月份代号	② $\sum v_i$（册）	③ $\sum l_i$（册/月）	④ 平均流通率 $\bar{\lambda}$ （1/月）	⑤ 过中率 g （%）	⑥ 相对标准差 $\sigma \sqrt{\lambda}$
A	418504	3511	0.0084	27.4	1.365
B	426179	8442	0.0198	24.8	1.775
C	439614	8407	0.0191	32.0	1.423
D	450596	8242	0.0183	29.7	1.447
E	453849	7734	0.0170	48.9	0.833
F	424722	8268	0.0195	70.0	0.647

从表 3.3 – 3 看,这个流通部门的平均流通率在 A 月至 B 月期间有成倍的增长,是由于采取了不少刺激流通的措施(如开架、增发借书证等)所引起的。至于 F 月,是一个仅供比较用的、设想中的理想情况,其高达 70.0% 的过中率,一般是难以做到的。

(三)过中率的简捷计算法

前面介绍过中率的意义时,先将各学科的流通率 λ_i 按大小顺序排队,然后绘 $\lambda_i - v_i$ 图,再在图中求出纵坐标等于平均流通率的一个点,最后定出此点的横坐标,从而算出过中率。$\lambda_i - v_i$ 图对于理解过中率的概念是有帮助的,但在一般日常统计工作中,却没有必要每次都画出它来,可以换用更为简捷的方法来计算过中率。

根据公式(3.3 – 1),过中率原是其 λ_i 大或等于 $\bar{\lambda}$ 的那些学科的 v_i 之和与全部门的 $\sum v_i$ 之比。所以,只消把这些学科挑出来,将它们的 v_i 相加后被 $\sum v_i$ 除,就得到了过中率,本不需要将 λ_i 排队,也不需要画 $\lambda_i - v_i$ 图。

表 3.3 – 4 是一个外借流通部门的年流通量的统计资料,基本

上来自实践。这个部门按《中图法》简表的顺序将它的藏书(它不收藏文史类书籍)划分为36个学科,其各学科的藏书册数 v_i,除约1/6的学科较少外,其余约5/6的学科大体上属于同一数量级,并没有 v_i 特别大因而拥有支配的地位的学科。从学科的划分来看,表3.3-4比表3.3-2更切合实际一些,划分时的困难也少些。要计算过中率,只消把 $\lambda_i \geq \bar{\lambda}$(等于1.212/年)的学科在表的第⑤栏中打上"√"号,然后把带"√"号的学科的 v_i 相加得5504册,再除以全部藏书量13842册,就得到这一年的过中率40%,计算过程很简便,既不要排队,也不要绘图。

表3.3-4

① 学科代号 (i)	② v_i (册)	③ l_i (册/年)	④ λ_i (1/年)	⑤ $\lambda_i \geq \bar{\lambda}$ 的学科	⑥ 排队号
A	92	324	3.522	√	3
B	212	808	3.811	√	2
C	121	409	3.380	√	4
D	519	1396	2.690	√	6
E	33	332	10.061	√	1
F	710	896	1.262	√	13
G	950	1310	1.379	√	11
H	1200	2829	2.358	√	7
J	133	292	2.195	√	8
N	189	216	1.143		14
$O1, O2$	718	1181	1.645	√	10
$O3$	323	438	1.356	√	12

① 学科代号 （i）	② v_i （册）	③ l_i （册/年）	④ λ_i （1/年）	⑤ $\lambda_i \geqslant \bar{\lambda}$ 的学科	⑥ 排队号
04,05	388	783	2.018	√	9
06,07	363	311	0.857		17
P	204	94	0.461		29
Q	46	49	1.065		15
R	105	345	3.286	√	5
S	15	8	0.533		27
T	349	43	0.123		36
TB	547	485	0.887		16
TD,TE,TF	24	6	0.250		34
TG	569	312	0.548		25
TH	701	541	0.772		19
TK	179	55	0.307		33
TL	4	3	0.750		21
TM	592	335	0.566		24
TN	1073	542	0.505		28
TP	1512	1245	0.823		18
TQ	84	36	0.429		30
TS	30	18	0.600	22	
TU	755	573	0.759	20	
TV	100	21	0.210	35	

（续表）

① 学科代号 (i)	② v_i （册）	③ l_i （册/年）	④ λ_i （1/年）	⑤ $\lambda_i \geqslant \bar{\lambda}$ 的学科	⑥ 排队号
U	273	147	0.538	26	
V	21	8	0.381	32	
X	222	93	0.419	31	
Z	486	286	0.588	23	
合计	13842	16770	$\bar{\lambda} = 1.212$		

表 3.3-4 中第⑥栏"排队号"是为下面 §3.5 讲流通统计的效度准备的。

（四）关于过中率和平均流通率的一些其他问题

前已指出,流通部门对其藏书所划分的学科数目应该多一些,这样才能使计算出来的过中率(算到百分数的个位)不致有粗糙的缺陷。另一方面, §3.1 也指出,学科的数目也不宜过多,以免干扰宏观控制的决策。应该说,表 3.3-2 划分 106 个学科,确是嫌多了;而表 3.3-4 划分为 36 个,就比较适宜。如果所划分的学科数目确难以达到 20 个以上,那么可以采取一种权宜的办法来加以补救:将平均流通率 $\bar{\lambda}$ 先打一个折扣 K,然后取 λ_i 大于或等于 $K\bar{\lambda}$ 的诸学科的 v_i 之和,除以 $\sum v_i$,定名为"修正过中率",来代替前述的理论上的过中率。这样做可以照顾到其 λ_i 与 $\bar{\lambda}$ 相差无几的那些学科,免得它们因很微细的差异而被抛弃,同时保证在某些偶然情况下过中率不至于过分偏小。在图 3.3-2、图 3.3-3 和图 3.3-4 中,"—·—·—"线代表对平均流通率打九五折,即 $K = 0.95$ 的情况,"……"线代表 $K = 0.90$ 的情况。它们所产生的修正

100

过中率(分别记为 g' 和 g'')一般发生了向大的方向的变化。在图 3.3－2 中,g' 增加到 43%,g'' 增加到 49%;在图 3.3－3 中,g' 和 g'' 都增加到 25%;至于在图 3.3－4 中,则因偶然性,g' 和 g'' 都没有增加。这个办法可供藏书数量较少、统计工作基础较为薄弱的流通部门作为权宜措施采用。但是,所划分的学科数目也不应太少。如对于表 3.2－1,设要对只分为 3 个大学科的丙室单独计算过中率,则结果只能是 1200、35%、48%、52%、65%、和 88% 6 个数字中的某一个,就粗糙得过分,即使用修正过中率也无法补救了。

平均流通率反映一个部门的流通在藏书数量上分布的多寡程度,它越大越好。对一定的流通量来说,藏书数量越多,平均流通率越小。把平均流通率当作一项衡量流通部门的效率的指标,意味着承认下列主张:既然社会历年来花了那么多的图书经费,使这个部门拥有这么多的藏书,它就有让它的流通量达到相应水平的义不容辞的责任;也就是说,现代化的科学管理反对那种只满足收藏的增长而忽视利用,甚至对低下的流通量也听之任之的旧式管理思想。

过中率反映一个部门的流通在藏书类目(学科)上分布的均匀程度,也是越大越好。平均流通率较高,并不等于说过中率就一定高。某几个少数学科流通量骤增,能引起平均流通率提高,但分配不均匀的现象不但不一定因此改善,很可能反而恶化,引起了过中率的下降。拿表 3.3－3 的资料看:B 月比起 A 月来,平均流通率翻了一番有余,但过中率却下降了;而此后的 C、D、E 3 个月比起 B 月来,虽然平均流通率稍有下降,但过中率却提高了。把过中率当作一项衡量流通部门的工作质量的指标,意味着承认下列主张:图书馆在努力提高流通量的同时,还有责任尽力改善流通在类目上分布的均匀程度;具体地来说,它有责任让呆滞的藏书在不失时效的期间内日益增多地被读者所利用,让一贯热门的藏书继续保持紧俏的势头,并适当地抑制某些多读了未必有益的藏书(在高校图书馆,如习题解答和格调较低的文艺作品)的不正常的过高的流通率。这些工作做起来是有一定的难度的。

对于过中率大到多少方能称为良好,有赖于具体条件,不能机械地规定。一般可以认为,过中率小于 20% 为较差,在 20% 和 50% 之间为中等,大于 50% 时就可以称为较好了。

一个庞大的读者群,其每个个体往往怀着极为不同的动机和兴趣来到图书馆,因而有众多不同的行为;但就这个群体的复杂的整体而言,其行动的总方向往往显示出一种统计学上的惰性。这在刚研究过的问题上,就表现为平均流通率不是不经过努力就能提高的,以及保持过中率的稳定改善更不容易,即使偶一上升,也难以持久,并且多半接着要出现下降。这是应该引起流通工作人员注意的。

§3.4　关于过中率的讨论

(一)过中率与相对标准差

§3.2 和 §3.3 介绍了衡量外借、流通、视听等流通部门(有一定数量的藏书,而其藏书又可以划分为一定数目的学科的部门)流通效率和质量的两个指标:平均流通率和过中率。平均流通率的概念是简单明了的,不需要再作讨论;而过中率是本书新提出的指标,以后还要应用,其中有一些问题需要作进一步的论证和分析。

过中率反映流通在各学科中分布的均匀程度。建立过中率这一指标的思想是这样的:先将各学科的流通率 λ_i 从大到小排队。然后按排队顺序绘 λ_i—v_i 图,这个图的曲线从左向右看自然全部是下行的,流通分布均匀的 λ_i—v_i 图线必呈下行的凸形,流通分布不均匀的图线必呈下行的凹形。凸形曲线上纵坐标等于 $\bar{\lambda}$ 的一点总偏于右方,凹形则总偏于左方。所以分布均匀时过中率必大,不均匀时过中率必小。这一思路从总体看当然是合理的,但是各个不同时期流通分布的情况常常呈现着千姿百态,所画出的 λ_i—v_i 图往往不是简单的凸形或凹形,可能大凸中有小凹,也可能大凹中有小凸。用一个计算方法十分简捷的过中率来当指标,是否能够以适当的准确性代表流通分布的均匀程度呢? 这是一个值得研究的问题。

对于上述问题较为有效的解决办法是,另找一个也能反映流通分布的均匀程度的指标,将它与过中率作比较,看两者的等价性如何。对于一套参差不齐的数据,足以反映其离散程度(其反面就是均匀程度)的,统计学中另有一种指标,即标准差和相对标准差,其计算式是:

标准差:
$$\sigma = \sqrt{\frac{\sum\limits_{i=1}^{n}\left[\,(\bar{\lambda}-\lambda_i)^2 v_i\,\right]}{\sum\limits_{i=1}^{n}v_i}} \qquad (3.4-1)$$

相对标准差: $\dfrac{\sigma}{\bar{\lambda}}$ $(3.4-2)$

其中 n 是所划分学科的数目。表 3.3-3 中第⑥栏所列的相对标准差,就是按上列公式计算出来的。

相对标准差越大,说明各 λ_i 对于 $\bar{\lambda}$ 的离散程度越大,即流通分布越不均匀;相对标准差越小,说明离散程度越小,即流通分布越均匀。所以,如果过中率这一指标可靠的话,凡一次流通统计中过中率 g 较大时,它的相对标准差 $\sigma\sqrt{\lambda}$ 应该较小;反之,g 较小时,$\sigma\sqrt{\lambda}$ 应该较大。进一步看,如果除此之外,g 与 $\sigma\sqrt{\lambda}$ 之间还有一种相对稳定的对应形态时,那么就可以认为两者具有等价性。为了显示表 3.3-3 中过中率与相对标准差之间的对应关系,制备了图 3.4-1。图中以 $(1-g)$ 为横坐标,以 $\sigma\sqrt{\lambda}$ 为纵坐标,根据表中 6 对数据,画出了 6 个圆形点子(⊙),穿过它们中间的虚线是这 6 个点的回归曲线,它是一条稳定上升的曲线。

同样,对表 3.2 – 1 中的流通统计资料,用(3.4 – 1)和(3.4 – 2)两式算出了 $\sigma \sqrt{\lambda}$ =0.81,其(1 – g)为 0.59,以三角形点子(△)画在图 3.4 – 1 中。对于表 3.3 – 2,表 3.3 – 1B 和表 3.3 – 1 C 中的三套资料,也分别算出 $\sigma \sqrt{\lambda}$ =0.43,2.13 和 0.13,其对应的(1 – g)分别为 0.63,0.82 和 0.12,在图 3.4 – 1 中以 3 个" × "号代表。再对于表 3.3 – 4 中资料,也算出 $\sigma \sqrt{\lambda}$ =0.76,其对应的(1 – g)为 0.60,在图中以"□"表示。

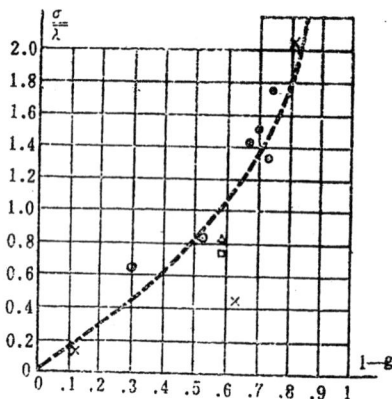

图 3.4 – 1

图 3.4—1 用显地表现出 $\sigma \sqrt{\lambda}$ 随(1 – g)增长,或过中率 g 增大(减少)时,相对标准差 $\sigma \sqrt{\lambda}$ 减少(增大)的规律。当然,这 11 个点子不可能同在一条光滑的曲线上。这是因为;一来过中率和相对标准差两者是从不同的思路和角度建立起各自的概念来的;二来这 4 套资料中划分学科的数目有多有少,各学科的藏书数量 vi 有接近有不接近,特别是各学科流通率 λ_i 的起伏形态又变化多

104

端,对于千差万异的流通情况,当然不可能对于每一个过中率,便有一个与之相对应的、固定的相对标准差。但是,从整体来看,$(1-g)$ 与 $\sigma\sqrt{\lambda}$ 共同消长的关系是明显的。

下面再作一次面稍广的验证。让表 3.2-2 中的 16 个学科的藏书量 v_i 都不变,周总流通量(即 $\sum\limits_{i=1}^{16}l_i$)也保持为 1106 册不变,这样平均周流通率还是等于 0.05510,但将各个 l_i 的组合作一百多次变化,其中有的组合的流通分布是均匀的,有的是很不均匀的,也有许多处于中间状态,而各自的情况又不相同,从中算出一百多对 g 和 $\sigma\sqrt{\lambda}$ 来,以验证过中率与相对标准差之间的对应关系究竟如何。谈到使诸 l_i 值的组合作大量次数的变化时,人们往往会想到使各 l_i 取随机数字,并保持着 $\sum\limits_{i=1}^{16}l_i$ 为 1106,这对于计算机来说并不难做到。但是事实上即使只取十几套随机数字,其绝大部分组合所产生的过中率均在 0.5 附近。如果将随机数字的套数再增加上去,例如到几十套,则过中率在 0.5 附近的几率就更大了。这是由概率原理决定的现象。因此,那一百多套 l_i 的组合,只能经过有意识的、既从实践经验出发的、又注意保持某种程度任意性的设计。这样,对每套 l_i 的组合计算了过中率和相对标准差,据之绘出了图 3.4-2,图中每个圆点代表一套 $(1-g)$ 和 $\sigma\sqrt{\lambda}$ 的组成,其中也包括图 3.4-1 中的 3 个"×"点。

从图 3.4-1,特别是从图 3.4-2 可以看出,$(1-g)$ 及其相对应的 $\sigma\sqrt{\lambda}$,在直角坐标平面中,实际上组成了一个"数据场",这个数据场从原点开始,以右凹的形态向上延伸,它的宽度在原点(即 $g=100\%$,$\sigma\sqrt{\lambda}=0$)和极右端(即 $g\approx0$,$\sigma\sqrt{\lambda}$ 为大数直至无限大)附近都是很窄的,而其最宽处在 $1-g=0.5$(即 $g=50\%$)附近。这个数据场的形状不妨说是一个"囊形"。具体来说,当流通分布为极均匀时,g 接近于 100~90%,$\sigma\sqrt{\lambda}$ 对应地为小数(0,

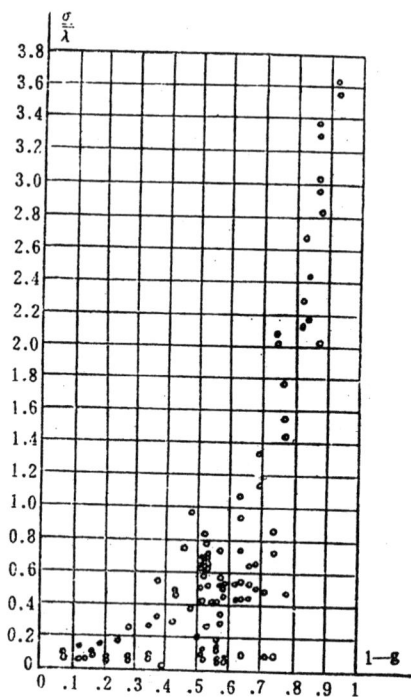

图 3.4 - 2

0.1，0.2)；当分布为极不均匀时，g 接近于 $0 \sim 10\%$，$\sigma \sqrt{\lambda}$ 对应地为大数（2，3，4），两处的对应状态相当固定；而当流通分布状态属于中等时，g 和 $\sigma \sqrt{\lambda}$ 都是中间数字，其互相对应虽不如前两者那么明确，但也被约束在有限的"囊腹"的范围之内。总之，两个指标之间的关系，不但 g 大时 $\sigma \sqrt{\lambda}$ 小、g 小时 $\sigma \sqrt{\lambda}$ 大这一点无可置疑，其互相对应的形态又是相当稳定的，因而两者应用于图书馆业务量统计之中应该说是等价的。

现在需要判断：过中率与相对标准差相比较，各有哪些优点和缺点呢?

首先,过中率的概念比较通俗,易于为一般工作人员所接受。它或许不如相对标准差"精密"。不过,对图书馆来说,极大部分定量指标也没有必要和可能做到十分精密。

其次,过中率的计算比相对标准差简便得多。前已说过,在一般情况下,并不需要绘出 $\lambda_i - v_i$ 曲线,因而不需要每次计算过中率时把诸 λ_i 排一次队。至于相对标准差的计算,在分类数目较多时,只能借助于计算机。但一旦用计算机,两者的计算工作量就没有轩轾了。

再其次,标准差易受少数几个异常大、或异常小的 λ_i 的较大的影响,而过中率却没有这个缺点。过中率是要受几个异常大的 v_i 的较大的影响的,可是相对标准差(它是加权的,并以 v_i 为权)也受着同样的影响。

综上所述,权衡利弊,还是过中率略胜一筹。

(二)分均模型函数

§3.3 所讲的 $\lambda_i - v_i$ 图和过中率,除了已应用于衡量流通部门的流通在学科上分布的均匀程度外,在本书中还有其它的应用,可能在图书馆管理学领域之外也有用得着的地方。因此,下面要建立 $\lambda_i - v_i$ 曲线的数学模型,称为"分均模型函数",以赋予过中率较广泛的意义。在本小节中,还将用分均模型函数来验证过中率与相对标准差的等价性。

为了让符号能代表更多的事物,以 y 代替原来是某一学科的流通率 λ_i,以 x 代替原来是流通率大于和等于 λ_i 的那些学科的藏书量 v_i 之和,并认为划分学科的数目是一个很大的、可以当作无限大看待的数,现在设法确定分均模型函数 $y = f(x)$。图 3.4－3 为它的几何形状。为求简明,令 y 的最大值为 1,最小值为 y 末

（ <1 ）；又令 x 的最大值（即 $\sum\limits_{i=1}^{n}v_i$ ）也为 1，最小值为 0；这样做并不妨碍模型的普遍性。在某一 x 值之上，给一增量 dx，其相应的 y 值的增量为 dy，由于 $\lambda_i - v_i$ 曲线是先把 λ_i，从大到小排好队以后再从左到右按排队顺序画出来的，所以 dy 永远为负值。事实上，$|dy|$ 可以认为是横坐标为 x 的某一学科书籍的相对流通率比排队号在它紧前面的左邻学科的相对流通率的减少值。由图书馆工作的实践，可以发现下列两种情况：

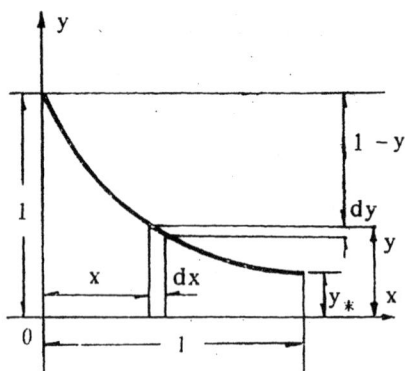

图 3.4 - 3

一、有时候流通相对紧俏的学科数比相对呆滞的少，特别紧俏的学科只有两、三个，而特别呆滞的学科可达十多个（这是传统的、封闭型的图书馆的特征）；因此 $|dy|$ 随 x 的增加而减少。可以设想，如无先进的因素的激励，$|dy|$ 与一个随 x 的增加而减少着的函数 $\varphi(x, y)$ 成正比，其 $\varphi(x, y)$ 的量纲与图 3.4 - 3 中曲线的斜率相同。

二、有时候流通相对紧俏的学科数比相对呆滞的多，特别紧俏的可有十多个学科，而特别呆滞的不过两、三个学科（这是现代化的、开拓型的图书馆的特征）；因此 $|dy|$ 随 x 的增加而增加。可以

108

设想,如无落后的因素的干扰,$|dy|$ 与一个随 x 的增加而增加的函数 $\psi(x,y)$ 成正比,其 $\psi(x,y)$ 也与曲线的斜率具有相同的量纲。

把流通部门流通分布形态看作上述两种因素的结合,可以写出:

$$dy = -\varphi(x,y) \cdot \psi(x,y)dx \qquad (3.4-1)$$

这个微分方程式是分均模型函数的基础。要得到分均模型函数,先要设定 $\varphi(x,y)$ 和 $\psi(x,y)$,它们在 $0 \leqslant x \leqslant 1$ 的范围内,应该是随 x 的增加而递减和递增的函数。$\varphi(x,Y)$ 和 $\psi(x,y)$ 还要符合 $y = f(x)$ 在 $0 \leqslant x \leqslant l$ 的范围内一直保持下行的条件,即:

$$\frac{dy}{dx} = -\varphi(x,y) \cdot \psi(x,y) \leqslant 0 \qquad (3.4-2)$$

除上述两个条件外,理论上 $\phi(x,y)$ 和 $\psi(x,y)$ 可以随意设定,因为实践中的流通分布形态本来是多种多样的;但设置的好坏,会影响到函数代表性的强弱和计算的繁简。

用设定的 $\varphi(x,y)$ 和 $\psi(x,y)$,解 $(3.4-1)$ 式,并利用两个边界条件 $x=0$ 时 $y=1$ 和 $x=1$ 时 $Y=Y$ 末,就得到分均模型函数的一般形式,其中的系数要再按 $(3.4-2)$ 式加以规定。下面举两个代表性较好、计算也不算太繁的例子。

一、设 $\varphi(x,y) = b + 1/x$,$\psi(x,y) = 1-Y$,解得分均模型函数为:

$$y = 1 - \frac{1-y \text{末}}{e^b}xe^{bx} \qquad (3.4-3)$$

再按 $(3.4-2)$ 式,得知必须 $b \geqslant -1$。

二、设 $\varphi(x,y) = y$,$\psi(x,y) = b + 2cx + 3dx^2$,解得:

$$\begin{cases} y = e^{-(bx + cx^2 + dx^3)} \\ lny_{\text{末}} = -(b+c+d) \end{cases} \qquad (3.4-4)$$

再按 $(3.4-2)$ 式,得知合理的 (b,c) 集合域在 $b-c$ 直角坐标系平面的左边界由下列直线和抛物线组成:

当 $d > 0$ 时
$$\left.\begin{cases} b = 0 \\ b = \dfrac{c^2}{3d} \\ b + 2c = -3d \end{cases}\right\}$$

当 $d \leqslant 0$ 时
$$\left.\begin{cases} b = 0 \\ b + 2c = -3d \end{cases}\right\}$$
(3.4-5)

选定 $\varphi(x, y)$ 和 $\psi(x, Y)$,因而得到如(3.4-3)和(3.4-4)式的分均模型函数以后,就可以用来验证过中率与相对标准差的等价性了。先用下式计算 $\bar{y}$(即 $\gamma_i - v_i$ 图中的 $\bar{\lambda}$):

$$\bar{y} = \frac{\int_0^1 y dx}{1}$$
(3.4-6)

再令 $y = \bar{y}$,应用适当的数学方法解出过中率 g。

相对标准差由下式计算:

$$\frac{\sigma}{\bar{y}} = \frac{\int_0^1 (\bar{y} - y)^2 dx}{\int_0^1 y dx}$$
(3.4-7)

对于上面所举的第一个例子,用各种不同的合理的 $y_{\bar{*}}$ 和 b 的组合,可以计算出许多对相对应的 $(1-g)$ 和 $\sigma\sqrt{y}$ 的数据,据以绘成图3.4-4。图中 $(l-g) > 0.61$ 的右半部的数据对,是要对(3.4-3)式的分均模型函数式稍加修正才能得到的,因算式较繁从略。

对于第二个例子,用各种不同的合理的 $Y_{\bar{*}}$,b,c 和 d 的组合,也可以算出许多对相对应的 $(1-g)$ 和 $\sigma\sqrt{y}$,绘成类似的图形。图3.4-5是 $d > 0$ 的几种情况下,过中率和相对标准差组成的数据场的形状。

从两图看到,由 $\lambda_i - v_i$ 曲线的数学模型——分均模型函数——所引出的 $(1-g)$ 和 $\sigma\sqrt{y}$ 的数据场,与从实践中得来的数据场(图3.4-1和图3.4-2)相比,形状既十分类似,相对应的数值也大同小异。对于设定其它的 $\varphi(x, Y)$ 和 $\psi(x, Y)$ 的分均模型函

110

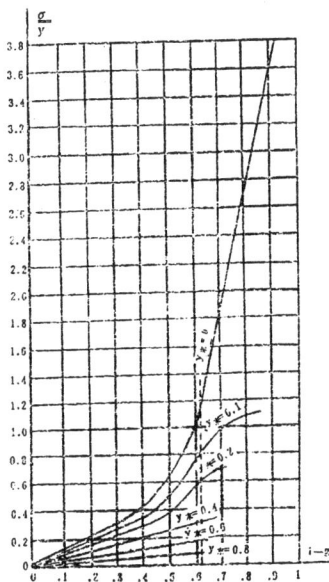

图 3.4 - 4

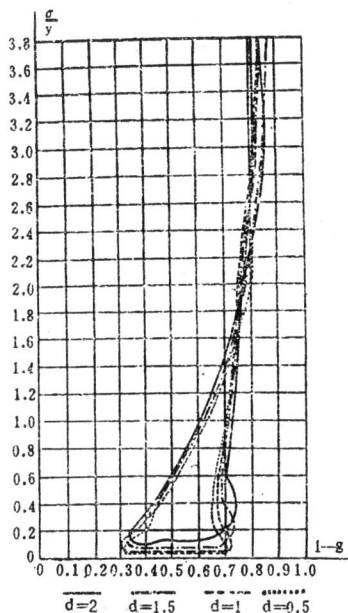

图 3.4 - 5

数,结果都一样。由此可见,过中率和相对标准差两种指标,无论从实践上看或从数学模型上看,都是等价的。

(三)广义的过中率

过中率的概念除用在对一个流通部门中各学科的流通分布状态的分析外,还将在本书其他章节一些问题中应用。此外,在图书馆学以外的学术领域中,也有应用它的可能性。当人们观察一种现象,其观察的对象和目标具有下列特点时,就可以采用过中率来帮助说明观察的结果。

一、观察的对象是一个由很多数量的个体(如数以千、万计的书、刊)所组成的集体(如一个流通部门的全部藏书);而这个集体又根据个体间某种共同属性划分为若干部分（如学科），其代号以 i 表示，部分的数目不宜过少；每个部分所辖个体的数量记为 v_i（如学科的藏书册数，这里沿用狭义的过中率用过的符号，并给以广义的含义），诸 v_i 不宜过分悬殊；整个集体内个体总数为 Σv_i。

二、观察的第一个目标是每个部分（如学科）的某种特征，其可以计量的尺度记为 λ_i（如学科的流通率）；λ_i 与 v_i 的乘积 $\lambda_i v_i$ 可以有具体的意义（如学科流通率与藏书册数的乘积等于此学科的流通量），也可以只有统计上的意义。观察的第二个目标是整个集体的特征，其尺度等于各个部分的 λ_i 的（以 v_i 为权的）加权平均值，即 $\Sigma(\lambda_i v_i)/\Sigma v_i$，记为 $\overline{\lambda}$（如一个流通部门的平均流通率）。

三、所观察的对象的特征是有优劣（或利弊、或先后、或正反）之分的，而 λ 的大小就是衡量优劣（利弊、先后、或正反）的标准。也可以以 λ 大为优（如流通率即以大为优），也可以以 λ 小为优。如以 λ 大为优，画 $\lambda_i - v_i$ 图以前应将 λ_i 从大到小排队，反之则应从小到大排队。过中率 g 是 $\lambda_i - v_i$ 曲线上其纵坐标等于 $\overline{\lambda}$ 的一点的横坐标与 $E v_i$ 之比。一般情况下不画 $\lambda_i - v_i$ 图也可以计算过中率，公式如下：

λ 以大为优时：
$$g = \frac{\Sigma v_i(\lambda_i \geqq \overline{\lambda}\ 部分)}{\Sigma v_i(全部)} \qquad (3.3-1)$$

λ 以小为优时：
$$g = \frac{\Sigma v_i(\lambda_i \leqq \overline{\lambda}\ 部分)}{\Sigma v_i(全部)} \qquad (3.4-8)$$

$\overline{\lambda}$ 是判断所观察的集体作为一个整体时其特征好到怎样的一个程度的标准。但是，它的各部分的特征无疑有的还要好些，有的却要差些。人们往往希望部分间的差异不要太大，希望"超过中等"或"中等以上"的部分在整体中占不小的比重，以免对整体产生不好的影响。过中率就提供这方面的信息。

§3.5 拒绝率和呆滞率及其效度

　　前面先后讲过,流通部门的主要流通指标是流通量,全馆各流通部门的年流通量分别经过折算后汇总成为全馆的折算年总流通量 $\mathscr{L}$,它是全馆的流通社会效益的核心指标。各外借、内阅、视听等流通部门还有两种辅助指标,即平均流通率 $\bar{\lambda}$ 和过中率 g,都统计到部门一级为止,不再汇总成为全馆性的指标。本节讲部门一级的两种参考性指标:拒绝率和呆滞率。

　　拒绝率是从拒绝统计得来的。这里不用"拒借",而用"拒绝"一词,因为所涉及的并不单是外借业务。拒绝的定义是:读者到图书馆来,无所得而返。或者说,拒绝就是读者的自动消失。在有一定数量藏书的流通部门,拒绝可分为下列三类:

　　一、由读者向管理人员声明的。凡有读者向管理人员口头声明,或写在"拒绝登记簿"上声明,或写成文字投入意见箱中声明,要使用(包括借、阅、视、听)在本馆收藏范围内的某一册(件)书、刊或资料,但目录上没有:在开架的情况下,要使用某一册书刊资料,而架上没有;在闭架的情况下,递上索书条而没有得到:指名预约某一册书刊资料:在阅览室中想阅读某一册书刊,但被其他读者占住,以致没有读到;发生了上述事件之一时,就计为拒绝一次(一册(件)为一次,若干册(件)为若干次),管理人员应随手在专用的簿册上登记,登记时要分学科,正如流通量的统计要分学科一样。

　　二、由管理人员向读者询问的。上面列出了一些读者自动声明的拒绝的情况。其实,按我国读者的心理来说,未自动表现出来的拒绝要比自动表现出来的多。因此,图书馆工作人员应该满腔热情地请求读者提出遭受拒绝的情形来。多开小型的座谈会,鼓励读者畅谈,是一个较好的办法。另外,遇见读者空手离开开架的书库,或没去借书就离开目录室,或在阅览室空转一圈未取阅书刊就走,或来到视听部门未享受服务就离去……等现象,管理人员要和颜悦色地询问他想得到哪种书刊资料而未能如愿。对这种谈话和询问的回答,也要随手分学科记录下来。

三、由管理人员单方面发现的。这一情况因流通模式不同而各异。在外借部门(特别是开架的),宜定出下列制度:管理人员应该按规定的期限(两、三个月,或半年)检查各学科藏书中架上无书的种数。如果发现架上缺某种书籍,除了由乱架引起的另当别论以外,十之八九已经产生过了拒绝,这种拒绝可能已记录过一次以至多次,也可能因关心和询问读者不够热情周到而一次也没有记录过。因此,每检查出缺了一种,便应当作为拒绝记载在该学科名下。其相当的次数可以酌取适中的数目,如每缺一种当作一次或两次予以记录。这种检查虽花点时间,却大有好处。如果已经用计算机来管理流通,则检查起来就轻而易举了。

内阅书刊的流通部门,如实行闭架阅览,则哪种书刊缺架,是很容易发现的;而且当管理人员未能提供读者所索阅的书刊时,已经记录过拒绝了,所以不应再将缺架当作另一次拒绝记录下来。如实行开架阅览,即读者取阅书刊是不办手续的,则有两种情形。一是流通比较清淡,这时管理人员对少数几种书刊经常缺架,只要工作比较认真,总是心中有数的,因而可以随手记录。二是流通比较繁忙,这时大部分书刊几乎每天都处于缺架状态。在这种情况下,可以采用读者取阅书刊时就放在阅览桌上,不再放回书架,每半日或一日由管理人员归架的办法。这样做他就很容易知道那几种书刊缺架,对于复本率不高的书刊,就不需要再记录了,需要记录其缺架的,只是少数复本率较高的(如 5 册以上)书刊。内阅流通部门可视具体条件规定缺架所相当的拒绝次数,如每日平均缺架一次相当于在统计期限内拒绝 5 次至 10 次等。

至于视听部门,因为读者使用资料要办手续,读者集体使用时更要登记,当管理人员不能提供时,已经记录过拒绝,所以无需再记录。

综上所述,对上列三种拒绝情况,都有了分学科的记载,到每年年末,流通部门应进行汇总,得各学科的年拒绝次数,记为$\ddot{jj}_i$,其中i为学科代号。$\ddot{jj}_i$与学科藏书册(件)数v_i之比,称为"拒绝率",记为γ_i。

$$\gamma_i = \frac{\ddot{jj}_i}{v_i} \tag{3.5-1}$$

γ_i的量纲与年流通率一样,为(1/年)。

流通部门的第二个流通参考指标是呆滞率。统计前先要点清各学科的年呆滞册数,即此年中未经读者使用过的书刊资料的册(件)数。这里所说的"呆滞",应以具有绝对的性质为宜,就是说即使某种书刊复本率很高,只要其中一册已被使用过,就不算呆滞;反之,如此种书刊一册也没有被使用,则其全部复本册数都算呆滞册数。这种绝对性的统计办法有利于比较正确地观察读者对藏书的需求程度。在外借部门,当已用计算机于流通管理时,呆滞册数的查点是不费事的。如只能用手工点数,对于藏书数量较多的部门,就需要比较多的人力和时间。如为编制所限,不妨采取机械抽样的办法,例如抽查登录号尾数为4和9的藏书,其抽样率即为20%。在内阅部门,呆滞书刊的种类,只要管理人员认真工作,是不难查点的。视听部门更易统计,毋庸赘言了。

令i号学科的年呆滞册数为dz_i,dz_i与藏书册数v_i之比,称为"呆滞率",记为δ_i

$$\delta_i = \frac{dz_i}{v_i} \tag{3.5-2}$$

其量纲与年流通率和年拒绝率一样,也是(1/年)。

本书所说的"参考指标",在重要性上,要比"辅助指标"低一级。作为辅助指标的各学科的流通率、全部门的平均流通率和过中率,最好逐周统计,至少要逐月统计。而拒绝率和呆滞率,作为参考指标,只需要在每年年底统计一次就行。各学科的年流通率、年拒绝率和年呆滞率三者,组成一个反映此年中读者对各学科藏书的需求程度的指标体系。

表 3.5 – 1 是取自某外借部门实践的例子,其第①、②、③和④四栏,都与 §3.3 中表 3.3 – 4 一样。第⑤、⑥、⑦和⑧四栏,分别为年拒绝次数 jj_i、年拒绝率 γ_i、打上"√"号的 $\gamma_i \geqq \bar{\gamma}$(平均拒绝率,等于 $\Sigma jj_i / \Sigma v_i$)的各学科、和 γ_i 从大到小的排队号。第⑨、⑩、⑪和⑫四栏,分别为年呆滞册数 dz_i、年呆滞率 δ_i、打上"√"号的 $\delta_i \geqq \bar{\delta}$(平均呆滞率,等于 $\sum dz_i / \sum v_i$)的各学科,和 δ_i 从小到大的排队号。拒绝率和呆滞率的排队取向(从大到小还是从小到大),取决于管理者从什么立场来考察它们的优劣、正反、利弊或先后。如果管理者着眼于克服近期内的流通量的低下的问题,那么拒绝和呆滞都是"劣"的,它们都应该从小到大排队。但是,假若从远期的促进流通量增长的规划着眼,则应该看到:首先,一定范围内的拒绝和呆滞都是难以绝对避免的;其次,某学科拒绝率大表示读者需求程度高(小则表示需求程度低),它和流通率是同一事物的两个侧面;而呆滞率大却表示读者需求程度低(小则表示高),正好与流通率和拒绝率相反。当人们要研究读者对各学科的需求程度时,则流通率和拒绝率同属于正面,所以从大到小排队;而呆滞率属于反面,所以从小到大排队。这个例子到第 4 章第 1 节还要继续讨论。

116

表 3.5 - 1

① 学科代号 i	② 藏书册数 v_i	流 通		拒 绝				呆 滞			
		③ 年流通率 λ_i	④ 排队号	⑤ 年拒绝次数 jj_i	⑥ 年拒绝率 γ_i	⑦ $\gamma_i \geqq \gamma$	⑧ 排队号	⑨ 年呆滞册数 dz_i	⑩ 年呆滞率 δ_i	⑪ $\delta_i \leqq \delta$	排队号
A	92	3.522	3	10	0.109	√	17	30	0.326	√	8
B	212	3.811	2	58	0.274	√	6	40	0.189	√	4
C	121	3.380	4	22	0.182	√	11	20	0.165	√	3
D	519	2.690	6	104	0.200	√	9	174	0.335	√	10
E	33	10.061	1	14	0.424	√	3	0	0	√	1
F	710	1.262	13	49	0.069		18	268	0.377	√	12
G	950	1.379	11	123	0.129	√	15	409	0.431	√	16
H	1200	2.358	7	237	0.198	√	10	244	0.203	√	5
J	133	2.195	8	31	0.233	√	8	35	0.263	√	7
N	189	1.143	14	7	0.037		29	72	0.381	√	13
O1,O2	718	1.645	10	102	0.142	√	14	239	0.333	√	9
O3	323	1.356	12	55	0.170	√	12	111	0.344	√	11
O4,O5	388	2.018	9	17	0.044		27	174	0.448		19
O6,O7	363	0.857	17	12	0.033		31	161	0.444	√	18
P	204	0.461	29	10	0.049		24	135	0.662		32
Q	46	1.065	15	0	0		34	19	0.413	√	15
R	105	3.286	5	29	0.276	√	5	5	0.048	√	2
S	15	0.533	127	8	0.533	√	2	7	0.467		21
T	349	0.123	36	0	0		36	331	0.948		36

（续表）

① 学科代号 i	② 藏书册数 v_i	流通		拒绝				呆滞			
		③ 年流通率 λ_i	④ 排队号	⑤ 年拒绝次数 jj_i	⑥ 年拒绝率 γ_i	⑦ $\gamma_i \geqq \bar{\gamma}$	⑧ 排队号	⑨ 年呆滞册数 dz_i	⑩ 年呆滞率 δ_i	⑪ $\delta_i \leqq \bar{\delta}$	排队号
TB	547	0.887	16	27	0.049		23	296	0.541		24
DTEF	24	0.250	34	0	0		33	19	0.792		35
TG	569	0.548	25	26	0.046		26	313	0.550		26
TH	701	0.772	19	28	0.040		28	338	0.482		23
TK	179	0.307	33	4	0.022		32	123	0.687		33
TL	4	0.750	21	3	0.750	√	1	1	0.250	√	6
TM	592	0.566	24	29	0.049		25	275	0.465		20
TN	1073	0.505	28	66	0.062		22	662	0.617		29
TP	1512	0.823	18	96	0.063		20	651	0.431	√	17
TO	84	0.429	30	14	0.167	√	13	48	0.571		27
TS	30	0.600	22	8	0.267	√	7	14	0.467		22
TU	755	0.759	20	52	0.069		19	305	0.404	√	14
TV	100	0.210	35	0	0		35	74	0.740		34
U	273	0.538	26	17	0.062		21	148	0.542		25
V	21	0.381	32	8	0.381	√	4	13	0.619		31
X	222	0.419	31	8	0.036		30	137	0.617		30
Z	486	0.588	23	61	0.126	√	16	285	0.586		28
合计	13842	$\bar{\lambda}=1.212$		1335	$\bar{\gamma}=0.096$			6176	$\bar{\delta}=0.446$		

从表 3.5-1 可知,平均年拒绝率 $\bar{\gamma}$ 为 0.096,这意味着大约

平均每十册藏书在一年中要出现一次拒绝现象。这个数字还不算太大。再把 γ_i 大于或等于 $\overline{\gamma}$ 的学科的 v_i 相加,得 5046 册,除以全部藏书 13842 册,得 36%。这是一种广义的过中率,它说明拒绝次数在各学科上分布的均匀程度为中等,与流通量在各学科上分布的情况(过中率为 40%)相似。从表中又可知,平均年呆滞率 $\overline{\delta}$ 为 0.446,即约半数的藏书在一年中没有被借阅过。这个数字就未免太大了,说明工作中的许多环节急待于改进。再把 δ_i 小于或等于 $\overline{\delta}$ 的学科的 v_i 相加,得 7985 册,除以全部藏书 13842 册,得 58%,这是另一个广义的过中率,说明呆滞书籍虽多,幸而是多半分布在藏书册数较少的学科上。

上面举了两个广义过中率的例子。此后,在"过中率"一词前面,将加一个定语;又在其符号"g"后面,加一个附标记号,以资区别。如:"流通过中率 g_i"、"拒绝过中率 g_j"和"呆滞过中率 g_d"等。

表 3.5 – 1 包括了对同一流通部门、在同一年内的三种统计资料,它们从三个不同的角度来观察同一个流通现象。因为流通现象是复杂的,三种观察又各有自己的重点,这就有必要对三套资料互相符合得好不好作些分析。不过,在流通率、拒绝率和呆滞率三者之中,流通率的可靠性显然大些,因为它是由 12 个月(或 52 周)流通量汇总而成的,各月(周)的数字常常经过了核实,所用的人力较多。所以,应该拿拒绝率和呆滞率两套资料分别来与流通率相比,看两者的可靠程度如何,以便在使用时有所侧重或取舍。统计学中有一个反映这类问题的指标,叫做"相关系数"。如要知道流通率 λ_i 与拒绝率 γ_i 之间的相关系数 $\gamma_{\lambda\gamma}$,可以用下列公式计算:

$$\gamma_{\lambda\gamma} = \frac{\Sigma[(\overline{\lambda} - \lambda_i)(\overline{\gamma} - \gamma_i)v_i]}{\sqrt{\Sigma[(\overline{\lambda} - \lambda_i)^2 v_i] \cdot \Sigma[(\overline{\gamma} - \gamma_i)^2 v_i]}} \qquad (3.5\text{—}3)$$

用上式对表 3.5 – 1 中的 λ_i 和 γ_i 的数据进行计算,得 $\gamma_{\lambda\gamma} =$

0.76。再将(3.5-3)式中的 γ 换成 δ，又得到 λ_i 与 δ_i 之间的相关系数 $\gamma_{\lambda\delta} = -0.78$。根据统计学，得知 λ_i 与 γ_i 之间，属于"显著正相关"，而 λ_i 与 δ_i 之间，属于"显著负相关"。在相关程度上，两者同属一个级别，而后者又略好一点。这些结果表明，这个流通部门这一年的拒绝和呆滞两套统计资料，与流通统计资料相比，都是符合得相当不错的。

不过，相关系数的计算相当复杂，不用计算机就得花相当多的时间，颇不切合图书馆管理的实际。此外，个别特别大或特别小的函数值(λ_i、γ_i 和 δ_i)，会对相关系数产生过分大的影响，因而使人们对相关系数的代表性持一定的保留态度。下面介绍另一种方法，称为"排队号差额法"，其指标称为"效度"，计算简便得多，而其结果的代表性却并不差。现仍用表3.5-1中的三套资料为例来说明。

为了求流通率 λ_i 与拒绝率 γ_i 之间的效度，先制成表3.5-2。表的第①栏是 λ_i 与 γ_i 的排队号差额，即表3.5-1中第④栏与第⑧栏所列两种排队号之差，取绝对值。在表的第②栏中，将相应的学科号填入。例如 J, $O3$……等学科，其 λ_i 和 γ_i 的两种排队号相等(8/$D12$……)，它们的差额为零，列在第一行。又如 TE、TG……$\dfrac{D}{F}$等学科，其 λ_i 的排队号为34、25……，γ_i 的排队号为33、26……，差额的绝对值都是1，列入第二行，依此类推。表中第③栏为列在同一行的诸学科的 v_i 之和，第④栏为第③栏从上向下的累计值，第⑤栏为第④栏之值占 $\sum v_i$ (13842 册)的百分比。例如排队号差额为5的这一行第⑤栏中所列的百分比为 69.9%，即是说凡两种排队号差额的绝对值小于或等于5的诸学科的藏书册数之和占全部藏书册数的 69.9%，等等。以后将第①栏的排队号差额记为"PC"，将第⑤栏的比值，即 PC 小于或等于某一值的诸学科的 v_i

120

之和与 Σv_i 之比，记为"vb"。

表 3.5 - 2

① λ_i 与 γ_i 排队 号差额 PC	② 学　科　代　号 i	③ v_i 之和 （册）	④ 前项的累计 数（册）	⑤ 前项占 Σv_i 的 百分比 vb（%）
0	J, O3, R, T, TV	1010	1010	7.3
1	D TE, TG, TK, TM, TU, X F	2341	3351	24.2
2	E, TP	1545	4896	35.4
3	D, H	1719	6615	47.8
4	B, G, O1O2	1880	8495	61.4
5	F, P, U	1187	9682	69.9
6	TN	1073	10755	77.7
7	C, TB, Z	1154	11909	86.0
9	TH	701	12610	91.1
14	A, O6O7	455	13065	94.4
15	N, TS	219	13284	96.0
17	TQ	84	13368	96.6
18	O4O5	388	13756	99.4
19	Q	46	13802	99.7
20	TL	4	13806	99.7
25	S	15	13821	99.8
28	V	21	13842	100.0

接着根据表3.5 - 2中第①和⑤栏的数据，绘成图3.5 - 1中

的实线曲线,其中各点的横坐标是 PC,纵坐标是对应的 vb。看一下这条曲线,就可以发现 γ_i 与 λ_i 两套数据符合得相当好,主要表现在:曲线呈凸形,大多数学科排队号相差相当小,而排队号相差稍大的学科,其藏书量占很小的比例。为了给这种互相符合的程度一个定量的指标,先在图中找出 vb 分别为 25%、50% 和 75% 的 PC 值(或在表 3.5 – 2 中用内插法得到亦可),得 1.1、3.2 和 5.7,分别记为 $PC_{0.25}$,$PC_{0.50}$ 和 $PC_{0.75}$;再把由下式计算出来的值称为"效度",记为"xo":

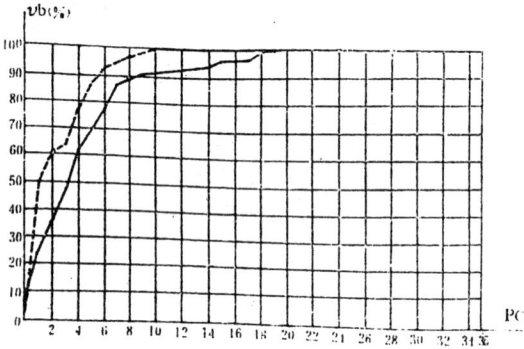

图 3.5 – 1

$$xo = \frac{2PC_{0.5} + PC_{0.25}PC_{0.75}}{4(n-1)} \qquad (3.5-4)$$

$(PC_{0.25} + PC_{0.75})/2$ 是 $PC_{0.25}$ 和 $PC_{0.75}$ 的平均值,而 $(2PC_{0.5} + PC_{0.25} + PC_{0.75})/4$ 是上述平均值与 $PC_{0.50}$ 的平均值。这样做的理由是:$PC_{0.50}$ 已经大体上规定了曲线的凸度,所以给予较多的重视;而 $PC_{0.25}$ 和 $PC_{0.75}$ 对于曲线的凸度也有较为次要的影响,所以也给它们以较小的权重参与在里面。又式中 n 是学科数,$(n-1)$ 是两套资料可能产生最大的排队号差额,在本例 $(n-1) = 35$。由 (3.5

122

-4)式算出 λ_i 与 γ_i 之间的效度为 91%。效度较大表示两套资料符合得较好,否则则不甚符合。符合得最不好的两套资料的效度应该是 50%。

为了求表 $3.5-1$ 中流通率 λ_i 与呆滞率 δ_i 之间的效度,用同法制成表 $3.5-3$,并绘图 $3.5-1$ 中的虚线曲线。它比实线曲线更为凸出,可知 λ_i 与 δ_i 的符合程度要比 λ_i 与 γ_i 的更好些。在图中还可以定出 $PC_{0.25}$,$PC_{0.50}$ 和 $PC_{0.75}$,分别为 0.5,1.0 和 3.9,再由($3.5-4$)式算出效度为 95%。

前面将 γ_i 和 δ_i 分别与 λ_i 比较以后,得到 $xo_{\lambda\gamma}=91\%$,$xo_{\lambda\delta}=95\%$;和 $\gamma_{\lambda\gamma}=0.76$,$\gamma_{\lambda\delta}=-0.78$(注意:$\delta_i$ 是从小到大排队的,所以效度好而相关系数为负值)的两种结果,它们基本上相似。因为两种指标从不同的概念出发,因而 xo 与 γ 并不成正比关系。但是,当应用于图书馆管理中时,可以说两者是等价的。要确定两套资料之间的符合程度,效度还略胜于相关系数,它的优点有二,一是计算简便得多,二是概念更明确,因而代表性稍强。

流通部门一年一次地将两套分学科的流通参考指标 γ_i 和 δ_i 的排队号与同样是分学科的流通率 λ_i 的排队号——按学科相对照,从而得到两种效度。如果一个效度好(靠近 100%),说明它有参考价值,可以用于有关的分析(详见第 4 章第 1 节)之中;如果另一个效度不好,说明管理或统计中有不正常的情况存在,应该深入探讨,同时它的参考价值就差一些。如两个效度都不好,更需要查原因,也要查流通统计中的缺点,分别改进。如两个效度都好,除了说明各项流通统计质量较高外,又使有关的分析拥有丰富翔实的数据,能更正确地指导实践。

表 3.5 - 3

① λ_i 与 δ_i 排队号差额 PC	② 学 科 代 号 i	③ v_i 之和（册）	④ 前项的累计数（册）	⑤ 前项占 Σv_i 的百分比 $vb(\%)$
0	E, Q, T, TK, TS	637	637	2.7
1	$C, F, J, N, O102, O3,$ $0607, T \overset{D}{E}, TG, TN,$ TP, TV, U, V, X	6351	6988	50.5
2	B, H	1412	8400	60.7
3	P, R, TQ	393	8793	63.5
4	D, TH, TM	1812	10605	76.6
5	A, G, Z	1528	12133	87.7
6	S, TU	770	12903	93.2
8	TB	547	13450	97.2
10	0405	388	13838	100.0
15	TL	4	13842	100.0

§3.6 流通统计

本节将有关流通统计的问题作一次综合性的叙述。

从统计的观点出发,图书馆的流通模式首先可以分为两类:一是必须拥有一定数量的藏书(刊、资料),其流通物就是这些藏书的一类,二是不拥有藏书、或只有少量的藏书,其流通物不是藏书,而是工作人员运用自己的知识、或开动各种设备所得的信息或产品的另一类。现将前一类记为"A",后一类记为"a"。其次,流通模式还可以分为其流通量可以直接统计的一类(记为"B"),和其流通量只能间接统计的另一类(记为"b")。这样,存在着下列3种类型的流通模式:

AB 型——外借、闭架内阅(或开架内阅,但流通相对清淡,其流通量可以直接分学科查点的)、视听等模式属于这一类型。

Ab 型——仅流通繁忙的开架内阅一种模式属于此类。

aB 型——其他模式如复制、显缩微、辅导、咨询、情报等都属于此类。

至于 ab 型,则并不存在。下面分别讲3种类型流通统计的内容和注意事项,其中对 AB 型叙述得较详,对另外两种类型中相似的部分不多重复。最后讲全馆性的流通统计和调查工作。

(一)AB 型的流通统计

AB 型是流通物为藏书,其流通量可以直接统计的模式。其在部门一级的流通统计有下列几项内容:

一、每日分学科统计流通量册(件)数。

二、每月(或周,下同)末将日流通量分学科汇总为月流通量,同时计算月平均流通率和月流通过中率,计算上两项指标时各学科藏书册(件)数宜以月末的数字为准。

三、每年(在学校图书馆,也可以改为学期)末将月(周)流通量分学科汇总为年(或学期,下同)流通量。再计算年平均流通率和年流通过中率。这里有两种计算方法。一是将一年内的各月平均流通率和月流通过中率分别取平均,就得到年平均流通率和年流通过中率。二是先将各学科的月流通量汇总起来,再以年末的各学科藏书册(件)数为准,分别计算各学科的年流通率,然后据之计算年平均流通率和年流通过中率。在一年中藏书数量没有很大变化时,两种方法所得结果必相差无几,可以视方便采用任一种。如一年中藏书数量因大量新购或大量剔旧而有很大变化时，则以用前一种方法为好。

四、如果对上述流通的主要指标和辅助指标的统计已经上了轨道，可以在平时实行拒绝次数和呆滞册数的统计，到年末计算年平均拒绝率、年拒绝过史率、年平均呆滞率和年呆滞过中率等参考指标，同时计算流通与拒绝和流通与呆滞两者间的效度。如无力一下子都实行，也可以捨去对本部门来说较为次要的几项。

五、当上述"三"、"四"两项工作已经做了多年，有了较好的基础时，不妨每隔几年做一次各流通指标间的相关系数的分析。设 x_i 为一种年流通指标，y_i 为另一种流通指标（其中 i 代表年代），它们之间的相关系数 r_{xy} 可用下列几个公式计算：

$$
r_{xy} = \frac{\sum\limits_{i=1}^{n} \left[(\bar{x} - x_i)(\bar{y} - y_i) \right]}{n \cdot \sigma_x \cdot \sigma_y}
$$

$$
\text{其中} \quad \bar{x} = \frac{\sum\limits_{i=1}^{n} x_i}{n}, \qquad \bar{y} = \frac{\sum\limits_{i=1}^{n} y_i}{n} \qquad (3.6-1)
$$

$$
\sigma_x = \sqrt{\frac{\sum\limits_{i=1}^{n} (\bar{x} - x_i)^2}{n}}, \qquad \sigma_y = \sqrt{\frac{\sum\limits_{i=1}^{n} (\bar{y} - y_i)^2}{n}}
$$

式中 n 为统计年数。上式与(3.5-3)式相比，因为没有大小各异的学科藏书册数 v_i 为权，计算要简便得多。

表 3.6-1

年代	$\bar{\lambda}$ 年 年平均流通率 （1/年）	$\bar{g}_{l}$ 年 年流通过中率 （%）	$\bar{\gamma}$ 年平均拒绝率 （1/年）	$\bar{\delta}$ 年平均呆滞率 （1/年）
1980	0.884	28		
1981	0.941	36		

126

年代	$\bar{\lambda}$ 年 年平均流通率 （1/年）	$g_{l\text{年}}$ 年流通过中率 （%）	$\bar{\gamma}$ 年平均拒绝率 （1/年）	$\bar{\delta}$ 年平均呆滞率 （1/年）
1982	0.959	27		
1983	1.008	34	0.1015	0.805
1984	1.080	26	0.0978	0.798
1985	1.126	32	0.1001	0.623
1986	1.143	42	0.0916	0.613
1987	1.212	41	0.0960	0.446

表 3.6 – 1 是一个外借流通部门多年的流通统计资料,包括 8 年的年平均流通率和年流通过中率,以及后 5 年的年平均拒绝率和年平均呆滞率,共 4 项指标。表中数字表明,年平均流通率 $\bar{\lambda}$ 年在 8 年中稳定增长,鉴于这个部门虽然注意经常剔旧,但是其藏书数量总是逐年在增加,因而 $\bar{\lambda}$ 年每年有这样的年增长率（平均为 4%）已是很不容易了,说明做了不少有效的工作,这里不能像流通量那样地用第一或第二临界值来衡量它的增加速度。再看表中的年流通过中率 $g_{l\text{年}}$, 8 年来数字起伏颇大（这在流通过中率并不是罕见的）,但总的趋势还算在改善着。用(3.6 – 1)式可以算出 8 年中 $\bar{\delta}$ 年与 $g_{l\text{年}}$ 间的相关系数为 +0.58,属于较低程度的显著正相关。至于年平均拒绝率 $\bar{\gamma}$ 年,它的后 5 年的数字也有几个起伏,不过大体上也还是在减少着（这里把拒绝看作是不利于流通的现象）。同样用(3.6 – 1)式算出后 5 年中 $\bar{\lambda}$ 年与 $\bar{\gamma}$ 年间的相关系数为 –0.62,属于较低程度的显著负相关。最后看年平均呆滞率 $\bar{\delta}$ 年,它的后 5 年的数字逐年在减少,幅度也不小,说明这个部门在消除呆滞方面尽了相当大的努力。用(3.6 – 1)式算出后 5 年中 $\bar{\gamma}$

年与 $\bar{\delta}$ 年间的相关系数为 -0.95,属于高度负相关。上列 3 个相关系数表明,这个部门在消除呆滞方面很见成效,而在减少拒绝方面成绩比呆滞较差些,但也不是没有实效,两者合在一起使流通过中率有了一定程度的改善。对于过中率改善得不太理想这一点,除在减少拒绝方面要进一步努力外,更应该到别的方面(如藏书体系缺乏本单位的特色、藏书质量较差、某些书籍过分紧俏现象有增无已等)去寻找原因和研究改进措施。

六、在流通量的统计已经正规地进行了多年,所积累的资料已经相对丰富时,可以按第二章第 2 节所讲的方法,制定各种相对流通曲线(如周→日、学期→周、学期→月、年→月等类流通曲线,可根据具体条件选择一、二种;至于日→小时相对流通曲线,因 AB 型流通量可以直接统计,并无太大的必要)的回归方程,其中有的是周期性的,有的是非周期性的。有了相对流通曲线的回归方程以后,可以用来核实统计、预测未来、增加管理中的科学性和提高工作效率。每隔一年或两年,应该以新的流通量资料为依据,修正和更新回归方程。

七、除了对各种直接有关于书、刊、资料的流通的指标的统计已如上述外,各流通部门还都应该统计读者利用人次。实行闭架外借和内阅模式的部门,以及读者要办手续才能利用的视听部门,"读者利用人次"就是办过借、阅或利用手续的读者人次,容易统计。对于实行开架的部门,或不办手续直接利用的视听部门,读者利用人次指"读者到室(或库、部)人次"减去来到以后却没有享受到流通服务,因而在他们身上没有实现流通的人次。后者称为"读者空离人次",原是拒绝的一种形式。如果在这种流通部门中,已经实行着拒绝次数的统计,则读者空离人次可以同时不费事地得到。如果由于尚未实行拒绝统计,或人员编制不够,或人员的工作效率一时难以提高等原因,也不妨暂不进行读者空离人次的统计,权以读者到室人次代替读者利用人次。读者利用人次应该逐日统计。对于拥有很多读者的流通模式,最好每日分小时进行,统计时读者哪个小时来室,就列入哪个小时的名下。这种读者利用人次的统计,有别于第五章将要介绍的"人流统计",两者的利弊和优劣放到以后再讨论。

在读者人数之外,还应该调查统计读者结构。图书馆对其读者各种属性的构成,在读者申请发给证件时就有了原始资料,据之可得到读者群的性别、年龄、住址、职业、文化程度等属性的结构状态。这种统计当然有一定的价值,但它是死的,不是活的,对流通的指导意义不算很大。流通部门更应该掌握的,是在前来利用本部门的读者中,对今后开展流通业务,改善藏书的质量和数量比例为最关紧要的结构问题。例如:在学校图书馆,最关紧要的一是读者中教师、学生、研究生和职工的比例如何,二是各系各年级的比例又如何。在专业图书馆,或许最应该注意的是来自各部门读者的结构组成和各种职称的读者的组成。在小型的普及性质的图书馆,或许最重要的是读者的文化程度结构。这种统计在流通管理已实行计算机化时是简单易行的。不然,在发给读者的有关证件上,事先针对所要统计的属性加盖不同颜色的标志,或在证件号码前后缀以不同的代号,则在办理流通手续时,可以一面分学科统计流通量,同时顺手统计读者结构。在开架内阅模式,可在读者进室缴验证件时作统计。

上列 7 项统计,是部门一级组织对各种 AB 型流通模式都应该或宜于实行的。下面是两项仅用于外借部门的统计工作。

八、外借部门在同一时间内还书册数与借书册数之比,称为"外借周转率",记为 zh:

$$zh = \frac{某一时间内还书册数}{同一时间内借书册数} \qquad (3.6-2)$$

上式中的统计时间不宜太短,如"日外借周转率"就没有多大意义;但时间长于借书期限太多,也不相宜,如"年周转率"就是这

样。因此,外借周转率以按月(或按周)计算较好。为了统计 zh,
除了借书册数等于已统计好的流通量外,还须逐日统计还书册数。
表 3.6 - 2 是某学校图书馆的一个外借部门一学年 12 个月的月外
借周转率的记录。

表 3.6 - 2

月份	外借周转率	月份	外借周转率	月份	外借周转率	月份	外借周转率
2	1.08	5	0.95	8	1.05	11	0.93
3	0.89	6	0.99	9	0.84	12	1.01
4	0.90	7	1.23	10	0.93	1	1.14

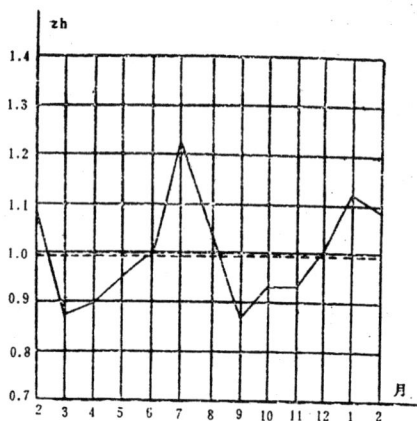

图 3.6 - 1

图 3.6 - 1 是根据上表绘成的曲线。这个图表明,每学期曲线大体
上呈 U 形,波峰处 zh 大于 1,波谷处 zh 小于 1,即学期末及假期中
还多于借,学期中间借多于还。这一现象表示,读者还书受到教学
活动日程的影响,而借书期限的规定尚缺乏应有的权威。理想的
外借周转率应该是 1。表 3.6 - 2 中 12 个 zh 的平均值为 0.995
(图中用水平虚线表示),标准差为 0.11,说明到期催还和逾期处

罚的工作有待改进。

九、外借部门所规定的借书期限,从流通观点和经济效益来看,是愈短愈好,因为这可以提高周转率,增加流通量和降低复本率;但从读者观点和服务观点来看,必须照顾到历史形成的传统以及读者的生活节奏、阅读习惯和文化水平,又不宜太短。究竟应定为几天,宜由流通部门根据调查结果决定。现举一例来说明。某外借部门在经过选择的213名读者中进行了一次问卷调查。问卷中列有两个问题:"如果没有积压或遗忘的话,一、您在工作和学习相对轻松的条件应,阅读一本中等篇幅的书籍,平均需要几天?二、迄今为止,您一个月最多借过并读完几册?"调查资料列入表3.6–3和表3.6–4中。

表 3.6–3

①对第一个问题的答案(天数)	②被调查者人数	③累计被调查者人数	④前项占全部被调查者人数的百分比(%)	①对第一个问题的答案(天数)	②被调查者人数	③累计被调查者人数	④前项占全部被调查者人数的百分比(%)
1	0	0	0	14	7	181	85.0
2	2	2	0.9	15	10	191	89.7
3	1	3	1.4	16	5	196	92.0
4	3	6	2.8	17	4	200	93.9
5	7	13	6.1	18	3	203	95.3
6	9	22	10.3	19	4	207	97.2
7	8	30	14.1	20	2	209	98.1
8	20	50	23.5	21	1	210	98.6
9	29	79	37.1	22	1	211	99.1

（续表）

①对第一个问题的答案（天数）	②被调查者人数	③累计被调查者人数	④前项占全部被调查者人数的百分比（%）	①对第一个问题的答案（天数）	②被调查者人数	③累计被调查者人数	④前项占全部被调查者人数的百分比（%）
10	41	120	56.3	23	0	211	99.1
11	32	152	71.4	24	1	212	99.5
12	13	165	77.5	25	0	212	99.5
13	9	174	81.7	26	1	213	100.0

表 3.6－4

①对第二个问题的答案（册数）	②被调查者人数	③累计被调查者人数	④前项占全部被调查者人数的百分比（%）	①对第二个问题的答案（册数）	②被调查者人数	③累计被调查者人数	④前项占全部被调查者人数的百分比（%）
15	1	1	0.5	7	15	68	31.9
14	1	2	0.9	6	14	82	38.5
13	2	4	1.9	5	16	93	46.0
12	7	11	5.2	4	20	118	55.4
11	8	19	8.9	3	23	141	66.2
10	9	28	11.7	2	28	169	79.3
9	13	41	19.2	1	31	200	93.9
8	12	53	24.9	不到1册	13	213	100.0

根据表 3.6－3 和表 3.6－4 中的第②栏和第③栏的数据，分别绘成图 3.6－2 中的"甲"和"乙"以及图 3.6－3 中的"丙"和"丁"等 4 条曲线。先从"乙"曲线看，对于 80% 的被调查者（即

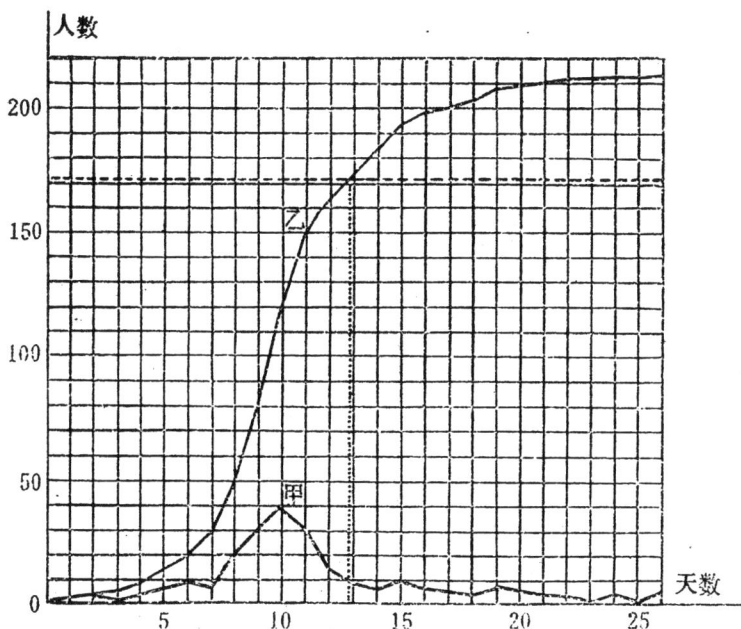

图 3.6 - 2

170.4 人) 来说, 为了阅读一册中等篇幅的书籍, 12.6 天已经足够。再从"丁"曲线看, 80% 的被调查者一月中借过并读完的书的册数都大于 1.9 册, 或他们借一册书的阅读时间都不大于 $31/19 =$ 16.3 天。对上述计算, 也可以不绘图, 仅在两表的第④栏中内插, 并得到同样的结果。现在可以在 12.6 天和 16.3 天中取一个中间值, 如 15 天, 作为规定的借书期限。如果这个外借部门认为应该偏重考虑读者观点和服务观点, 不妨将 80% 加大为 85%, 90% 等等; 反之, 如认为应该多注意流通观点和经济效益, 也可以将 80% 减少为 75%, 70% 等。

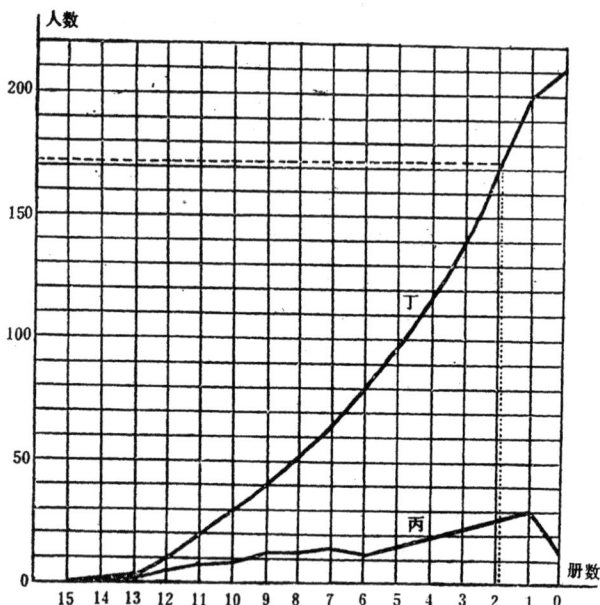

图 3.6 – 3

(二) Ab 型的流通统计

Ab 型是流通物为所展出的书、刊、资料,但其流通量只能间接统计的模式(仅开架内阅一种),其流通统计在部门一级与 AB 型有同有异,简述如下。

一、每日抽样搜集阅读率数据,并统计日读者到室人次。一般情况下读者空离人次难以无遗漏地统计出来,所以可以把日读者到室人次当作日读者利用人次。

二、每到月(或周,下同)末计算月平均阅读率,同时汇总日读者利用人次成为月人次,再将两者相乘,得到月流通量。

三、在前一、二项统计已经做了一两年以后,开始每年做若干

134

次日→小时相对流通曲线的统计。积累了多年的资料以后，计算出日→小时相对流通曲线的回归方程。以一两个月为试验阶段，如果一日三次抽样的数据代入回归方程后所求得的日流通量，与平均阅读率和日读者利用人次的乘积大多数相符（相差不大于10%就很好了），便可以用回归方程为主来间接统计日流通量，月末汇总为月流通量。这时日读者利用人次仍要逐日查点，阅读率的数据也要经常搜集，按月总计和平均出来。对回归方程要每一两年补充一次新资料，不断加以更新。

四、在 Ab 型，统计平均流通率和流通过中率的工作比 AB 型费事得多，因而按周进行不甚切合实际，宜按月（或双月）统计。每周（或双周）分学科（或大学科）统计流通量一次，这需要有关部组加派人力，人力不足时，可用请读者离室时自行登记的办法。到月（或双月，下同）末，将此期间内取得的几个平均流通率和流通率过中率的数字求平均值，以充当月平均流通率和月流通过中率。在中、小型馆，也可以把几个开架内阅刊物的阅览室合在一起计算月平均流通率和月流通过中率。

五、每年末汇总年流通量和年读者人次。同时将各月的数字平均，得到年平均流通率和年流通过中率。

六、关于分学科（或大学科）的拒绝和呆滞的统计，也可以看条件做一些。当这种统计有了基础时，可以在年末提出特别紧俏和特别呆滞的书刊名单来。

七、关于各流通指标之间的相关系数的分析，与 AB 型的第五款相同。

八、关于除日→小时相对流通曲线以外的其它相对流通曲线的统计和计算，与 AB 型的第六款相同。

（三）aB 型的流通统计

aB 型是流通物不是藏书，同时其流通量可以直接统计的模

式。因为没有或只有少量的藏书,其在部门一级的流通统计的项目比较少:

一、逐日分学科(或大学科)统计流通量。虽然这些分学科的流通量形成不了流通率和过中率,但是可为全馆性的流通分析提供资料。

二、将日流通量逐级汇总成为月(或周)、年(或学期)流通量。

三、逐日统计读者利用人次,并逐级汇总成为月(周)、年(学期)读者人次。

四、有条件时还可以统计月(周)和年(学期)拒绝次数。

(四)全馆性的流通统计以及专题调查

一、馆长应该要求各流通部门对它们所实行的各种流通模式的流通量、读者利用人次(这两项是所有模式都有的)、各种流通辅助指标、各种流通参考指标(这些是 AB 和 Ab 两种模式才会有)以及其它有价值的统计资料按月(或周)上报。

二、馆长于每年(或学期,下同)末,根据各部门上报的年流通量和年读者人次,并结合他所掌握的财政方面的数字,计算各种模式的折算年流通量,再汇总成为全馆的折算年总流通量 $\mathscr{L}$。再由 $\mathscr{L}$ 计算两项流通经济效益指标 J_1 和 J_2。

三、每年末作明年的折算总流通量的预测,并据以向各部门下达流通量的目标任务。

四、对于实行同一 AB 型或 Ab 型流通模式的部门,可以比较它的年流通量、年平均流通率和年流通过中率三项指标,并考虑它们条件上的差异,来评定成绩的优劣。对于实行着不同流通模式的部门,年流通量、折算年流通量、年平均流通率等指标都是不能互相比较大小多寡的(例如,内阅的平均流通率就会比外借的大很多倍),可以比较它们年流通量比去年增加多少,其它有关指标改善多少来评定优劣。

五、馆长或他所委派的专人应该研究各部门于年末报来的各种资料，提出年度流通分析报告。馆长可以据以向一些部门下达明年的某些指标的目标任务（例如向一些实行 *AB* 型或 *Ab* 型模式的部门提出明年流通过中率的奋斗目标）。

六、还有一种全馆性的流通参考指标，叫做"流通前时间"，在上述各项统计工作都已经正常运行时，可由馆长指派专人统计。方法是：在 *AB* 型和 *Ab* 型的各种模式中，各挑选若干种新入藏的书、刊、资料，统计每一种自入馆之日起，到有一册投入流通之日止，其中所用掉的天数，然后对每一种模式取平均值，即得各种模式的"流通前时间"，以日为单位，记为 *LSJ*。*LSJ* 是反映采购、分编、流通、辅导等部门的工作质量和效率的综合性指标，愈短愈好，并且应该逐年改善。

要使图书馆办得一天比一天好，成为中国式的社会主义社会中称职的一分子，就必须重视调查，从中取得定性的、尤其是定量的资料，来作为制订管理方针的依据。前面说过的流通统计，只是流通调查的一部分，并不是流通调查的全部。要想了解全面的情况，还应该尽量多做一些专题调查。对于具有高级文献开发能力的那些新兴的流通模式，要掌握它们的质量、效果和效率，专题调查尤为重要。从某种意义上来说，专题调查需要比前述的那些统计工作更高的技巧和耐心。

专题调查可以采用开读者座谈会的形式，但更好的办法是用问卷来进行。先应该有固定的、牵涉面不太广的专题，然后设计问卷，要精心推敲问题，仔细研究怎样提问题才能让读者乐意回答，并能用极简的语句来回答，如拟好几种简短的答案供被调查者选择更好。要挑选有责任感的读者充作被调查者，人数不必太多。每个部门可在一年中调查两、三次，要由部门独立去做，馆长只加以指导。也可以每年给每一位在流通岗位上的工作人员出一个微型专题调查的题目，责成他在规定的期限内交出调查结果。提出的结果如果质量优良,不仅是一项有用的资料,同时也说明了这位调查者的能力和负责态度。凡调查的问卷收回以后,都要分析答案,尽量抽取定量的(有平均值、相对标准差或排队号的)结论。

统计和调查是图书馆工作人员份内的工作,不是额外增添的任务。决不能因为实施了调查统计而增加编制。为此,未实行有效的调查统计的馆,应该分阶段地、稳妥地展开,不能一蹴而成,还要分期办好调查统计培训班。

§3.7 提高流通社会效益的因素和措施

流通量是代表图书馆流通社会效益的核心指标,还有一些流通辅助指标和参考指标(主要是在实行 *AB* 和 *Ab* 模式的部门一级的平均流通率和流通过中率),也在不同角度上反映流通社会效益。图书馆工作人员的责任是逐年逐月地增加流通量,并改善其它流通指标。现在分"流通"、"藏书"、"服务"和"激励"四种因素来讨论如何实现上述增加和改善的措施。

一、流　通

这里讲的是习惯上公认属于流通部门的本职工作,也可以说是"狭义"的流通工作,其中包括 5 点:

1. 流通的基础工作和日常工作。凡是实行 *AB* 或 *Ab* 两种模式的部门,有条件的都应该开架。开架一方面要彻底,另一方面要有明确地载在岗位责任制中的严密的措施(如巡视、整架、监测、抽查等)跟上。曾有一种误解,认为开架了目录就不重要了,这是不正确的。除了目录在图书馆业务中各项十分重要的意义外,一套准确、齐全和方便读者的目录体系本来就有增进流通社会效益的作用。外借模式要有短而合理的借阅期限和严格的催还制度以

138

造成良好的周转率;对每位读者限借的册数,也要在合理和不脱离实际的范围中尽可能增虽。

2. 流通统计和流通管理。想要扎实地实现流通量的稳步增长和流通指标的稳定改善,统计工作应该先行。要花若干年功夫来逐步开展并健全流通统计。如果已用计算机来办理流通管理,既可以提高流通效率,又能进一步完善流通统计,是一举两得的措施。中、小型馆暂不能设置计算机时,只要注意提高人员素质,用手工操作也能把流通管理和统计做好。

3. 流通模式的现代化和多样化。一方面要大力发展现代化的、具有高级文献开发能力的流通模式,如咨询、情报等;另一方面也要视具体条件多兴办视听、辅导、复制、短期外借书籍和开架内阅书籍等模式,来补充长期外借和内阅刊物两种传统模式的不足,使一馆以至于一部门的流通模式多样化,消除因模式单调或不适合于一部分读者而造成的拒绝。对于主要为高、低层次读者服务的两类模式,都不应该轻视。

4. 流通人员的素质。要从两方面来提高流通人员的素质。一方面是要培养他们的社会主义觉悟和共产主义世界观,换句话说,要包括流通人员在内的全馆工作人员有一套与中国式的社会主义中的图书馆事业环境相适应的共同价值观和道德规范,其中的一个主导思想就是热爱图书馆事业,愿终生为中国图书馆的兴旺发达而献身,还有一个重要组成部分就是第一章提到的"读者"、"流通"、"服务"和"教育"4个观点。在建立这样的一套行为规范中,由馆长和几位骨干人员的身体力行所带头形成的团体修养或团体文化是不可缺少的。另一方面是要提高流通人员解决实际问题的业务能力。这一点单靠学校正规教育不可能完全做到,馆长应该花大力量在业余的和短期的轮流培训上。急需的培训科目有:图书情报学基础、图书馆外语、图书馆数学和统计学、图书馆计算机应用等。尤为特别重要的是,要让每位流通人员专习一两门自然科学或人文科学并达到相对深入的程度。有了这个基础,才可能要求他们熟悉自己所管理的那部分藏书(刊、资料,下同)。

5. 流通体制。许多经验证明,小型的流通部门的平均流通率和流通过中率两项辅助指标,往往要超过大型的部门很多。这里面除人员和藏书数量都少因而利于实行岗位责任制和监督管理外,流通人员有熟悉藏书的更多的可能性也是一个重要的原因。因此,我国现代的图书馆以将少数几个大型的流通部门分裂为较多的小型部门为宜。小型的流通部门应按学科来划分,派具有这些学科一定的专业知识(必要时还应有足够的外语知识)的人员负责主持或担任骨干。既然按学科来设置流通部门,则全馆所统一划分的学科类目可以细得多,这是十分有利于流通质量和藏书质量的提高的;同时一个流通部门中可以兼藏书刊资料,又可以兼营多种流通模式,如长和短期的外借、开和闭架的内阅书和刊、复制、辅导等等,再如人员业务水平已达到了熟悉藏书的话,还可以兼办咨询和情报服务,这又是十分有利于流通量和平均流通率的增长的。这样的小型流通部门健全了以后,原有的由一个部(或组)管辖同一种流通模式(如外借组、阅览组、咨询组、情报组等),下面再设几个流通部门的结构就没有必要存在了;部组可以改为只有一两个人的协调机构,而将各小型专业化流通部门直属馆长领导。到了这一步,传统的"职能式结构"就变成现代化的"矩阵式结构"了,这是极有利于流通社会效益的不断增长的。这一"小型专业化流通部门设想",值得图书馆界研究试行。

二、藏　书

藏书是决定流通量和流通指标的另一项重要的因素。具体来说,藏书的学科(数量)结构、质量结构、年代结构、复本结构等结构性要素,是否能逐步成为符合本单位或本馆特色和近期发展方向的体系,是否能随时适应不断变化着的流通需要和读者的专业和文化结构,是否能跟上知识不断更新和科学技术不断进步的形势,都能影响流通社会效益。这些将在第四章讨论。

三、服 务

服务是与流通相并列的另一大社会效益。图书馆的流通部门都是服务部门,而服务部门中的极大多数也都是流通部门。流通和服务虽不能说是等价,但是流通对服务有相当大的依赖性,同时服务对流通在一定范围内有决定性。因此,要使流通社会效益增长,不能不考虑服务社会效益如何。这些将在第5章讨论。

四、激 励

可分对读者和对工作人员两点说明如下:

1. 对读者的激励。从读者观点和服务观点来说,图书馆中应该由馆长带头直到每一个工作人员一起对所有读者实行诚恳的和负责的文明礼貌服务,还要尽可能保持馆舍环境清洁美观,这不仅是一个文明国家的公共文化事业所必须做到的,而是对提高流通社会效益有很大帮助的一种激励因素。与此同时,流通部门对于违背公德和触犯管理条款的极少数读者,也要按规定坚决制裁;更重要的,还要从教育观点出发,在每一个流通环节中都贯穿爱国主义、集体主义和科学社会主义的教育,这不但是社会主义制度下图书馆义不容辞的义务,同时只要理直气壮地和持之以恒地去做,也是对读者增加利用流通物的另一种激励因素。

2. 对工作人员的激励。由于传统上图书馆对这一点比较忽视,所以图书工作人员常缺少朝气。要持续地提高流通社会效益,流通工作人员要做很艰苦的工作,如没有对他们的有效的激励,势难长期坚持。这方面的措施有 5 条。(1)技能的多样性。不能让流通人员终年搞借借还还,而应该培养他们掌握多样化的技能。如让他们轮流做复制、视听、调查分析工作,并逐步参加到制订采购新书和剔除旧书的计划业务中去,再进一步担任辅导、咨询、情报、以至于分编等技术性更强的任务,以调剂精神、活跃思想、树立对个人前途的信心。如果改变了流通体制,实现了前面提到过的"小型专业化流通部门设想",这一条是容易做到的,同时下面的 4 条激励措施也都容易做到。(2)工作的认定性和相应的奖酬制度。要使流通人员对于部门的良好的流通绩效(主要是高的流通量,在 AB 和 Ab 型模式还有好的平均流通率和流通过中率指标)有"这是与我的努力分不开的"的切实的自豪感,同时在条件具备时把部门的绩效与部门中全体人员的奖酬总额挂起钩来。(3)随时能得到自己的工作绩效的反馈。部门负责人要经常举行各种调查,并十分及时地把读者和其它部门对各人的工作和行为的反映反馈给本人。(4)自主和参与。流通部门除接受馆长下达的年度目标任务,并遵守馆长颁布的一些规章和约束外,要有权独立自主地为提高自己的流通社会效益决定各种措施。有关本部门的大事要让全体流通人员充分参与决策。(5)弹性工作时间。轮到担任日常流通管理工作的人员,当然必须按开放时间表准时上下班(顺便提一下,即使拥有高级职称的人员,也应该轮流担任日常流通管理工作,不过时间可以相对少一些,这样做有利于他们保持与读者接触,从而把握住业务的脉搏)。当他们轮到担任日常管理以外的工作(如辅导、情报、分编等)时,可以给他们弹性工作时间待遇。总之,只要实现了小型专业化流通部门设想,这 5 条对流通工作人员的激励都易于实行。不过,即使仍用旧制,实行其中几条也不是做不到的。

上述流通、藏书、服务和激励 4 项因素,是提高部门以至于全馆的流通社会效益的中心。只要付之以足够的努力，必能使流通量以超过临界值的速度增长，并同时不断改善各项流通指标。

第四章　藏书结构

§4.1　学科结构

本书主要是供以流通和服务两大社会效益为主的图书馆的工作者应用的,因而本章将根据流通和服务观点来讲藏书结构。但是,对必须注重收藏这一社会效益的图书馆,本章所论也有参考价值。

§3.7讲到,藏书是提高流通社会效益的4种因素中的一种。一般的图书馆和流通部门的藏书种、册数都较大,结构也较复杂。从某个侧面去解剖,就呈现出一种结构形态;换一个侧面,就呈现另一种。本节先讲第一种——学科结构。

§3.1介绍了学科的划分。在第三章的以后各节中,又经常用到学科这一概念。简言之,划分学科以结合本单位特色(但不能与分类法矛盾或交叉)为好。就本书涉及的范围内而言,除了是否有助于流通以外,别无判定藏书的学科结构的优劣的最为重要的标准。因此,本节所称的学科结构,专指本馆自己按流通现实划分出来的各学科的藏书数量的比例。

在一个流通部门的全部藏书中,各学科的藏书数占总数的比值,称为"藏书比"。现以 i 代表学科代号,μ_{vi} 代表 i 号学科的藏书比,n 代表学科数,则

$$\mu_{vi} = \frac{\nu_i}{\sum\limits_{i=1}^{n} \nu_i} \qquad\qquad (4.1-1)$$

n 个 μ_{vi} 数字组成一个流通部门的藏书的学科结构。各流通部门都应每年做学科结构的统计。如果有必要的话,由各流通部门(主要是实行 AB 和 Ab 模式的)的学科结构汇总,便可得全馆的学科结构。

这里插入一个问题,即学科结构中的藏书数量,是按册计呢,还是按种计?两者都有利弊。是既然本章以流通观点为宗旨,并且在前流通量又以册(或折算册)来定量,所以就按册计,并在本章后面另辟一节专门讨论种数与册数的关系。

纯理想的学科结构是诸 μ_{vi} 都接近相等,如表 3.3-2 那样。但是要做到这一点必须对《中图法》做很多的合并和分裂工作,要费很大的精力;并且因为流通的需要是随时在变化的,这种纯理想状态实际上也维持不了多久。所以,能做到多数 μ_{vi} 在同一数量级上也就行了。表 4.1-1 是一个流通部门的年度统计资料,其第②栏是各学科的年底藏书册数(曾见于 §3.3 的表 3.3-4 和 §3.5 的表 3.5-1),第③栏列出了 36 个学科的 μ_{vi},其中千分比数字为两位数的学科的藏书册数合计值就占总数的 80% 强。

表 4.1-1

①学科代号 i	②藏书册数 ν_i	③藏书比 μ_{vi} (10^{-3})	④流通 $\dfrac{\lambda_i}{\lambda}$	⑤拒绝 $\dfrac{\gamma_i}{\gamma}$	⑥呆滞 $\dfrac{\bar{\delta}}{\delta_i}$	⑦适应度 s_i	⑧ $s_i\mu_{vi}$ (10^{-3})	⑨s_i排队号(从大到小)	⑩s_i排队号(从小到大)	⑪ $\dfrac{s_i}{\geqq \bar{s}}$
A	92	6.65	2.906	1.135	1.368	0.48	3	31	6	
B	212	15.32	3.144	2.854	2.360	0.35	5	34	3	
C	121	8.74	2.789	1.896	2.703	0.39	3	33	4	

（续表）

① 学科代号 i	② 藏书册数 ν_i	③ 藏书比 μ_{vi} (10^{-3})	④ 流通 $\dfrac{\lambda_i}{\lambda}$	⑤ 拒绝 $\dfrac{\gamma_i}{\gamma}$	⑥ 呆滞 $\dfrac{\bar\delta}{\delta_i}$	⑦ 适应度 s_i	⑧ $s_i\mu_{vi}$ (10^{-3})	⑨ s_i排队号（从大到小）	⑩ s_i排队号（从小到大）	⑪ $s_i \geqq \bar{s}$
D	519	37.49	2.219	2.083	1.331	0.52	20	29	8	
E	33	2.38	8.301	4.417	10.000	0.12	0	36	1	1
F	710	51.29	1.041	0.719	1.183	0.98	50	20	17	
G	950	68.63	1.138	1.344	1.035	0.87	60	22	15	
H	1200	86.70	1.946	2.063	2.197	0.49	42	30	7	
J	133	9.61	1.811	2.427	1.696	0.53	5	28	9	
N	189	13.65	0.943	0.385	1.171	1.11	15	19	18	
$O1,O2$	718	51.87	1.357	1.479	1.339	0.73	38	26	11	
$O3$	323	23.33	1.119	1.771	1.297	0.77	18	25	12	
$O4,O5$	388	28.03	1.665	0.458	0.996	0.82	23	24	13	
$O6,O7$	363	26.22	0.707	0.344	1.005	1.38	36	13	24	√
P	204	14.74	0.380	0.510	0.674	2.02	30	6	31	√
Q	46	3.32	0.879	0	1.080	1.31	4	16	21	√
R	105	7.59	2.711	2.785	9.292	0.21	2	35	2	
S	15	1.08	0.440	5.552	0.955	0.62	1	27	10	
T	349	25.21	0.101	0	0.470	5.22	132	1	36	√
TB	547	39.52	0.732	0.510	0.824	1.40	55	12	25	√
$T{}^{D}_{E}{}_{F}$	24	1.73	0.206	0	0.563	3.68	6	3	34	√

① 学科代号 i	② 藏书册数 v_i	③ 藏书比 μ_{vi} （10^{-3}）	④ 流通 $\dfrac{\lambda_i}{\lambda}$	⑤ 拒绝 $\dfrac{\gamma_i}{\bar\gamma}$	⑥ 呆滞 $\dfrac{\bar\delta}{\delta_i}$	⑦ 适应度 s_i	⑧ $s_i\mu_{vi}$ （10^{-3}）	⑨ s_i排队号(从大到小)	⑩ s_i排队号(从小到大)	⑪ $s_i \geqq \bar s$
TG	569	41.11	0.452	0.479	0.811	1.77	73	8	29	√
TH	701	50.64	0.637	0.417	0.925	1.47	75	11	26	√
TK	179	12.93	0.253	0.229	0.649	2.72	35	4	33	√
TL	4	0.29	0.619	7.813	1.784	0.42	0	32	5	
TM	592	42.77	0.467	0.510	0.959	1.60	69	10	27	√
TN	1073	77.53	0.417	0.646	0.723	1.80	140	7	30	√
TP	1512	109.24	0.679	0.656	1.035	1.28	140	17	20	
TQ	84	6.07	0.354	1。740	0.781	1.32	8	15	22	√
TS	30	2.17	0.495	2.781	0.955	0.92	2	21	16	
TU	755	54.54	0.626	0.719	1.104	1.27	69	18	19	
TV	100	7.22	0.173	0	0.603	3.74	27	2	35	√
U	273	19.72	0.444	0.646	0.823	1.67	33	9	28	√
V	21	1.52	0.314	3.969	0.721	0.86	1	23	14	
X	222	16.04	0.346	0.375	0.723	2.15	35	5	32	√
Z	486	35.11	0.485	1.313	0.761	1.36	48	14	23	√
合计	13842	1000.00					$\bar s = 1.30$			

但是，单用这种方法来评判学科结构是太粗糙了。这是因为，当初划分学科时，诚然假定过多数学科各拥有人数大体相等的读者，但是这种设想总距流通的实际相当远，更不用说流通往往朝着

某个趋向作缓慢的渐变了。因此,凭主观想象定出一个"最佳学科结构比例",是不现实的;定出了以后又长期不变更不适宜,因为,所谓"具有本单位特色的最佳藏书的学科结构",并不是一个静止不动的目标,它必随着时间的推移而变化着。事实上,学科结构中的一套藏书比是否合理,应该看是否符合当前流通的需要;学科结构的优劣,应该随它的"藏书比系列"与跟它一一对应的"流通需要比系列"相符合的程度而定。可惜的是,目前难以直接调查统计出对各学科的流通需要比值来。因此,只能凭手头已有的一些统计资料,来作大体上合乎逻辑的间接的估计。

第一种统计资料是各学科的本年流通量 l_i。将各 l_i 在 $\sum_{i=1}^{n} l_i$ 中所占的比值称为"流通比",记为 μ_{li},即

$$\mu_{li} = \frac{l_i}{\sum_{i=1}^{n} l_i} \tag{4.1-2}$$

μ_{li} 固然与流通需要程度属于正相关,但如用它作为需要程度的唯一指标,还是有点片面。因为,如读者迫切需要某一类书刊,而恰恰流通部门所藏所展此类书刊或品种不全、或质量偏低、或年代偏旧、或复本率偏少,它的流通量也未见能大上。反之,如读者对某类书刊需要不甚迫切,而恰恰流通部门的此类书刊质优数盈,那么它的流通量也未见会大下。因此,除年流通量外,应该用第二种统计资料年拒绝次数 $\ddot{j}_i$ 作为补充。令 $\mu_{\ddot{j}i}$ 为 i 学科的"拒绝比",等于这个学科的年拒绝次数与总数之比,即

$$\mu_{\ddot{j}i} = \frac{\ddot{j}_i}{\sum_{i=1}^{n} \ddot{j}_i} \tag{4.1-3}$$

§3.5 提到过,拒绝次数与流通需要也属于正相关。

现在设立一个概念,称作各学科的"流通需要比",记为 μ_{lxi}。某学科的 μ_{lxi} 大,说明流通对这一学科的需要大。作为一种间接的

估计,μ_{lxi}可以认为等于μ_{li}和μ_{jji}的加权平均值。这是因为,第一,μ_{li}和μ_{jji}两者都与流通需要呈正相关,它们乘上权重以后可以相加;第二,μ_{li}和μ_{jji}反映了流通需要的两个不同侧面的情况,不可能完全合拍,取其加权平均值,正是兼容了两方面来的信息。现令两者的权重分别为w_l和W_{jj},由流通部门根据资料之间的效度选取,两个w都小于1,并且和等于1,可以写出:

$$\mu_{lxi} = w_l\mu_{li} + w_{jj}\mu_{jji} \qquad (4.1-4)$$

有了各学科的流通需要比μ_{lxi}以后,就可以拿来与各学科的藏书比μ_{vi}相比较了。μ_{vi}系列是流通部门"供应"流通物的一方面,而μ_{lxi}系列是读者"需求"流通物的另一方面;两者间可能比较合拍,也可能比较不合拍。用定性的语言来说,前者可称为这个部门的藏书的"学科结构能适应于流通的需要",后者可称为"不能适应于流通的需要"。

到此有必要为上述的"适应性"设置一个定量的指标,名为各学科的"适应度",记为s_i。它等于藏书比μ_{vi}(代表供应方面)与流通需要比μ_{lxi}(代表流通的需求方面)之比。适应度s_i大,说明i学科藏书相对地供多于求;反之,适应度s_i小,说明i学科藏书相对地求多于供。因此可有:

$$s_i = \frac{\mu_{vi}}{w_l\mu_{li} + w_{jj}\mu_{jji}}$$

或

$$s_i = \frac{\dfrac{v_i}{\Sigma v_i}}{w_l \cdot \dfrac{l_i}{\Sigma l_i} + w_{jj} \cdot \dfrac{\ddot{j}_i}{\Sigma_{jji}}}$$

$$= \frac{1}{w_l \cdot \dfrac{l_i}{v_i} \cdot \dfrac{\Sigma v_i}{\Sigma l_i} + w_{jj} \cdot \dfrac{\ddot{j}_i}{v_i} \cdot \dfrac{\Sigma v_i}{\Sigma_{jji}}}$$

因为l_i/v_i和jj_i/v_i分别是i号学科的年流通率λ_i和年拒绝率

γ_i, 而 $\sum l_i / \sum v_i$ 和 $\sum_{jji} / \sum v_i$ 分别是全部门的年平均流通率 $\overline{\lambda}$ 和年平均拒绝率 $\overline{\gamma}$, 所以上式成为:

$$s_i = \cfrac{1}{w_l \cdot \cfrac{\lambda_i}{\overline{\lambda}} + w_{jj} \cdot \cfrac{\gamma_i}{\overline{\gamma}}} \qquad (4.1-5)$$

用上式计算各学科的适应度时, 可以直接取用现成的资料 $\lambda_i, \gamma_i,$ $\overline{\lambda}$ 和 $\overline{\gamma}$, 无须另外计算流通比、拒绝比和流通需要比了。

§3.5 说到过, 呆滞率也反映流通情况的一个侧面, 因而如能结合在公式 (4.1-5) 之中的话, 所得到的适应度当有更全面的代表性。不过, 呆滞是与流通需要呈负相关的。如把这一点考虑在公式的推导中, 公式将变得比较复杂。好在在权重 w 的选取中, 已有某种主观的成分, 不如从简在公式 (4.1-5) 的分母上加一项 $w_{dz} \cdot \delta / \delta_i$, (因为负相关, 所以倒置了分子和分母), 成为:

$$s_i = \cfrac{1}{w_l \cdot \cfrac{\lambda_i}{\overline{\lambda}} + w_{jj} \cdot \cfrac{\gamma_i}{\overline{\gamma}} + w_{dz} \cdot \cfrac{\delta}{\delta_i}} \qquad (4.1-6)$$

式中三个权重 w_l, w_{jj} 和 w_{dz} 都小于 1, 并且其和等于 1。这一经过补充了的公式, 既比较简单整齐, 便于实用, 又能得到合理的结果。式中有三种流通指标的学科值与平均值之比 (其中 λ 和 γ 为正比, δ 为反比)。指标的学科值有的大于平均值, 有的小于平均值, 因而它们的比值有的大于 1, 有的小于 1。这样, 算出的 s_i 小于 1 和大于 1 的可能性都存在。

为了从全流通部门藏书的整体上来评价学科结构对于流通需要的适应程度, 再设立 "平均适应度" 指标, 记为 $\overline{s}$, 它是各学科的适应度 s_i 以 v_i 为权的平均值:

$$\overline{s} = \cfrac{\sum\limits_{i=1}^{n}(s_i v_i)}{\sum\limits_{i=1}^{n} v_i} \text{或} \qquad \overline{s} = \sum_{i=1}^{n}(s_i \cdot \mu_{vi}) \qquad (4.1-7)$$

150

分析表明,平均适应度 $\bar{s}$ 一般接近于 1 并大于 1。当然,最理想的藏书学科结构是各学科的 s_i 和全部门的 $\bar{s}$ 都等于 1,不过这在实际上是做不到的。从整体看,$\bar{s}$ 离 1 较近,说明部门藏书的学科结构适应流通需要较好,反之,s 离 1 较远,说明适应较差。如学科分得多了,$\bar{s}$ 也会变大。又适应程度愈好,诸 s_i 中大于 $\bar{s}$ 的愈多,反之愈少。再分学科来看,其 s_i 大于 s 的学科为供过于求,其 s_i 小于 s 的学科为求过于供。这一点可帮助流通部门制订明年采购和剔旧的方针。

凡 s_i 大于或等于 $\bar{s}$ 的那些学科的藏书册数之和与全部门藏书总册数之比,称为"适应过中率",记为 g_s。

表 4.1-1 列出了对该流通部门的学科结构适应度的分析过程。表中第④栏为各学科的 $\lambda_i \sqrt{\lambda}$ 值,由表 3.3-4 第④栏除以 $\bar{\lambda}$ (=1.212)而得;第⑤栏为各学科的 $\gamma_i \sqrt{\gamma}$ 值,由表 3.5-1 第⑥栏除以 $\bar{\gamma}$ (=0.096)而得;第⑥栏为各学科的 δ/δ 值,由表 3.5-1 第⑨栏作为分母,$\bar{\delta}$ (=0.446)作为分子相除而得,其中唯一的例外是 E 学科,它的 $\delta_i =0$,只好对它的 δ/δ_i 取了一个全栏最大的数字10。表 4.1-1 的第⑦栏是各学科的适应度,用公式(4.1-6)计算;其中 w 因流通量资料最可靠,取 0.5,又因呆滞率效度比拒绝率稍高(见 §3.5),所以 W_{jj} 取 0.2,w_{d_z} 取 0.3。第⑧栏是第③和第⑦两栏的乘积,其总和据公式(4.1-7)应该是全部门的平均适应度,得 $\bar{s} =1.30$。第⑨和第⑩栏是 s_i 从大到小和从小到大的排队队号。在第⑪栏中,对 $s_i \geqq \bar{s}$ 的学科打上了"√"号。

对于表 4.1-1 的例子,先分学科看:其中 s_i 远大于 $\bar{s}$ 的学科为 T, TV, TE, TK, X, P 等(这里取了 6 个,所取数目可依具体条件增减),属于显著地供过于求,下年应少采购,可购可不购的不必购,复本率可低一些,同时可多剔旧,其中 s_i 远小于 $\bar{s}$ 的学科为 E,

R, B, C, TL, A 等属于显著的求过于供,下年宜少剔旧或不剔旧,多采购,复本率可稍高一些。其余供求关系不甚显著的学科,不妨继续观察,待下年年底再作决定。

为了检验上述适应度计算方法的可靠性,可以把 λ_i 为最大的、γ_i 为最大的以及 δ_i 为最小的各 6 个学科挑出来,共 18 个"学科次数"(不少学科有重复),而上述 s_i 远小于 $\bar{s}$ 的 6 个学科,在其中就占了 14 个学科次数。再把 λ_i 和 γ_i 为最小的以及 δ_i 为最大的 18 个学科次数挑出来,上述 s_i 远大于 $\bar{s}$ 的 6 个学科也在里面占了 14 个学科次数。14 为 18 的 78%,这一相当大的比例说明了适应度确是三项流通指标所代表的供求关系的综合反映,因而是可靠的;那 2×4 个学科次数没有被选中,是因为它们的三项指标间存在较大的分歧。

再在表 4.1-1 的例子中看流通部门的整体情况:$\bar{s}$ 大于 1 不算很多(大的可以到 2 左右)。另外第⑪栏中打"√"的 16 个学科的 μ_{vi} 之和为 42%,即适应过中率等于 42%,这是一个中等的数值。这些说明部门藏书的学科结构对流通需要的适应程度还不错。

实行 AB 或 Ab 流通模式的部门,宜每年年底做一次这种适应度的分析。如果在今年一年中,根据去年年底的分析进行了新购和剔旧,到今年年底得到了一个 $\bar{s}$ 稍小于去年,和一个 g_s 稍大于去年或保持稳定。说明本部门学科结构已朝着符合本单位需要或具有本单位特色的方向前进了一步。

适应度分析只是部门一级的工作。因为一馆的许多流通部门情况不同,拒绝统计和呆滞统计深浅程度各异,所取各权重 w 的数值不会一致,所以平均适应度和适应过中率两项指标只能用作本部门历年的纵向比较,不能用于部门间的横向评估。如果一个部门没有做拒绝和呆滞统计,可以暂时令 s_i 等于 $\bar{\lambda}/\lambda_i$,大体上分析一下适应度。还有一点要说明的,下年度采购和剔旧计划,要同时考虑多种因素,除学科结构的适应性外,质量、年代和复本等结构中的问题,以及读者观点和教育观点所带来的问题,都要兼顾,并非单由适应度决定。

至于实行 *Ab* 流通模式,展出书刊供开架内阅的流通部门,也要做适应度的分析。不过它们的全部门的年流通量,是由间接统计得来的,没有现成的分学科(或大学科)的年流通量资料。这些在适应度分析中要用到的分学科的年流通量,也要用间接的方法得来,详见本章第 6 节。还有,刊物的订购有一个连续性的问题,所以内阅刊物部门的适应度分析结果,虽也有参考价值,意义就不如其它模式深远了。

流通工作人员经常把读者迫切需求而未入藏的书名信息反馈给采购部门,而采购人员随即予以补充,这种工作作风是值得提倡的。但是这类微观的和个别的行动,影响面毕竟有限,并不能较大地改变学科结构适应性差的缺点。只有根据全面的统计资料,用宏观的和定量的分析方法来研究存在的问题,并找出针对性的措施,才能事半而功倍。

§4.2　质量结构

上节所讨论的学科结构事实上是藏书的数量结构。各学科的藏书数量并不总是多多益善,而是应该大体上与流通的需要合拍。另一方面,重要性不亚于学科结构的,是藏书的质量结构。一个流通部门的藏书,质量都属优良,当然最好,但这实际上是做不到的。总难免质量有优良中劣之分,这就存在质量结构问题。

什么叫书的质量?不同的人有不同的质量观。图书馆工作人员不是图书评论家,不是学术和文艺批评家,不是出版工作者,更不是个人收藏家,他们的任务与这些人不同,因而对于书、刊和资料也有与这些人不同的质量观。从流通观点和教育观点出发,图书馆工作人员所认为的质量,第一应该是书刊的"流通潜能",第二是"教育潜能"。下面分别叙述。

流通人员在拿到一种新入藏的书刊时,第一要看它是否含有丰富的、没有过时的信息,也就是它的信息(或情报)密度如何。但是信息或情报,如果没有读者来取用,就是死的。不以收藏为主要社会效益的多数图书馆,没有力量收藏很多的死信息。流通人员必须能看到,有一部分读者会对这种书刊中所含的信息感兴趣,或这部分读者有可能在图书馆工作人员辅导下对它们产生兴趣,即看到这种书刊会投入流通,或将来有可能投入流通,才能认为它有"质量"。这说的是"流通潜能",是图书工作者心目中书刊质量的第一义。

第二,流通人员要看这种书刊里有没有与图书馆的教育职能相违背的内容。社会主义制度下由国家兴办和维持的图书馆,绝不能被旨在宣传推翻社会主义制度,或大肆宣染色情、暴力、和社会污浊面的书刊所污染。对于含有一部分这种内容,但不是其主要内容的书刊,同时它所含的信息又有一定的流通潜能的,也就不能认为它的质量属于优良。反之,如果书刊的内容能培养读者正确的人生观、优秀的品德和高尚的情操,那就是有"教育潜能"的;而一些杰出的科技书刊,虽然表面上没有谈伦理道德,但却有严谨的论证和饱满的热情,能陶冶读者爱真理爱科学的思想,有的还有优美的文采,富有美学感染力,这些也是有教育潜能的。这是图书工作者心目中书刊质量的第二义。

流通部门在着手分析它所藏书刊资料的质量结构之前,应将它的常年读者分为几个读者群,弄清楚在人数上各群占多大的比例。例如按师生员工划分,或按专业门类划分,或按文化程度划分等。下文中用甲、乙、丙……表示不同的读者群。当一种书刊入藏时,先看它会引起哪一类读者群的兴趣(如能同时引起几类读者群的兴趣,应挑出主要的一类来),然后再按流通潜能和教育潜能的高低,评定其质量,归入"优、良、中、劣"四个等级。例如有一种启蒙性的科学普及著作,对于小学毕业程度的读者来说流通潜能特别高,而本馆恰有这一类读者群,就可以评为"优"。再如又有一种知名度很高的学术性专著,但过于艰深,而本馆文化水平最高的读者群只是大专程度,那么只是由于它缺乏流通潜能,将评为"良"甚至"中"。在作这种质量评价时,应顺手把书刊所隶属的读者群名和评定的质量等级登记在流通部门自己的典藏目录卡片上。一年一度查点目录卡片,最后成果是下列两套表格:

一、按学科分

表 4.2-1 A 学科

质 读者群 量	甲 册 %	乙	丙	…	合计
优					
良					
中					
劣					

B 学科

…………

C 学科

…………

…………

…………

二、按读者群分

表 4.2 - 2　甲读者群

质量＼学科	A	B	C	…	…	…	合计
优	册／％						
良							
中							
劣							

乙读者群

…………

丙读者群

…………

…………

有了上列两套表格中的数据以后，可归纳为几个定量指标。先将第一套表中"合计"栏内质量为"优"和"良"的两个百分比相加，得到各学科的"质优率"，再以各学科的藏书册数为权，求得全部门的"平均质优率"。凡质优率大或等于平均质优率的学科的藏书册数之和与全部门藏书总数之比为"质优过中率"。上面是以学科藏书册数为基础的一套质量结构指标。用类似的方法在第二套表中可以得到各读者群的质优率和全体读者的平均质优率，因读者群数目不多，不必计算过中率。这是以读者群人数为基础的另一套质量结构指标。

流通部门每年做一次这种分析，就能掌握自己藏书质量结构的发展情况，并制订下年度的改善措施。

要做质量结构分析需要条件。在客观方面，部门不宜大，现有藏书和每年进书数量都不宜多,书刊涉及的专业面要窄,历史上遗留下来的旧书的包袱要少。在人员素质方面,既要有相当的专业素养,又要有渊博的知识,既要熟悉藏书,又要熟悉读者,并要积累了多年流通工作经验。目前许多流通部门是不具备这些条件的。这些部门可以用下一节讲的年代结构来代替质量结构。

§4.3　年代结构——一年规划

(一)新书率

科学技术的发展,使一大部分出版年代较远的书刊迅速丧失了流通价值。因此,对于以流通和服务为主要社会效益的图书馆来说,保持藏书的年代结构长新,显得相当迫切。图书馆藏书没有一定的数量和合理的数量上的比例(即良好的学科结构)是不行的,这一点已见于§4.1中。但是藏书质量也同等重要,而年代结构之新,正是优秀的藏书质量中的一环。§4.2讲的质量结构分析,目前许多流通部门还难以实行,可用本节讲的年代结构分析来代替。要分析年代结构,首要条件是流通部门要有分学科的、对藏书的出版年代的统计数字。这一点到本章第7节再讨论。

年代结构中最重要的概念是"新书",指在规定的年代以后出版的出版物。藏书中除新书外都是"旧书"。新书在藏书中占的比例,称为"新书率",用 x 代表。它是流通部门中一个学科藏书的年代结构的主要指标。此外,一个学科新书内部也有年代结构问题,比较次要。各学科的新书率数字,组成了流通部门的年代结构。年代结构的分析和规划,由实行外借、内阅书籍和视听等模式的部门对它的少数几个重点学科来进行,有条件的也可以对多数学科进行。如部门对其所有学科都做了新书率统计,就可以用第

3章的方法,以各学科的藏书册数为权,得到部门的"平均新书率",并由此又得到部门的"流通过中率"。实行内阅刊物模式的部门,不存在值得重视的年代结构问题。

新书率是藏书质量的宏观指标。少数新书质量较差的情况是有的,但从宏观上看,新书的质量(主要指信息的时效和密度)一般总好比旧书好。所以条件不具备的部门,可以用年代结构代替质量结构。年代结构分析是宏观的方法,比质量结构分析省事省力;但因不能深入去查看每种书的流通潜能和教育潜能,效果不如质量分析全面。如能两者都做,就最为理想。

在几年内出版的书算新书,这个界限称为"新书年限",记为 n。新书年限 n 应由各馆根据自己的业务情形分学科制定。例如属于自然科学和技术科学的学科,其新书年限可以定得短一些,属于社会科学的学科可稍长一些,文史类学科可更长一些等。按我国出版业的现状来说,新书定限定得太短是不切实际的。本章多以 $n=5$ 为例。因为各学科的新书年限有不相同的,一个实行多种新书年限的部门,其平均新书率和新书过中率两项指标,就不很精确了。还有一点:作年代结构统计分析的日期,本可按各馆年度划分的习惯自行规定;为了便于叙述,本章都认为在每年 12 月 31 日进行。

现在先以两个例子来引入几个初步的概念。某流通部门对于代号为"A"和"B"的两个学科(其新书年限都为 5 年)在 1984 年 12 月 31 日作了出版年代的统计,得到 1980 – 1984 各年出版的书籍(都是新书)册数占全部藏书的百分比,称作"新书比",分别记为 u_{I},u_{II},u_{III},u_{IV} 和 u_{V}。附标记号 I 代表作统计的当年,II 代表前一年,依次类推,V 代表前 4 年。两套数据列入表 4.3 – 1 中。这里有意把 5 个 u 值设得很接近或相等,以便于说明下文的问题。

表 4.3 - 1

出版年代	新书比	占学科藏书册数的百分比		出版年代	累计新书比	占学科藏书册数的百分比	
		A	B			A	B
1984 年	u_I	7.0%	5%	1984 年	w_I	7.0%	5%
1983 年	u_{II}	7.200	5%	1983 年及以后	w_{II}	14.2%	10%
1982 年	u_{III}	7.5%	5%	1982 年及以后	w_{III}	21.7%	15%
1981 年	u_{IV}	7.3%	5%	1981 年及以后	w_{IV}	29.0%	20%
1980 年	u_V	7.1%	5%	1980 年及以后	w_V	36.1%	25%

表 4.3 - 1 除了 1984 - 1980 五年的新书比外,还累计了各年及以后的出版物的比例,称为"累计新书比",记为 w_I,w_{II},w_{III},w_{IV} 和 w_V。显然,V 号累计新书比是五年内的出版物册数在学科藏书册数中所占的百分比,也就是新书率。在本例 A 学科新书率 $X_A = 36.1\%$,B 学科新书率 $X_B = 25\%$。根据表中 A 学科的各 w 的数值,绘成了图 4.3 - 1,表示 1984 年结束时 A 学科的年代结构。图中最右方的最高的那一根矩形立柱代表全部藏书,也一并绘出以资比较。

现在这个流通部门要对 A 学科藏书的年代结构作一个改善的规划,其中希望到 1985 年年底的新书率达到某一个目标。为了研究怎样着手,这里先把 1984 年年底移交过来的藏书年代结构情况,照图 4.3 - 1 的格式画成图 4.3 - 2。从 1984 年 12 月 31 日夜到 1985 年 1 月 1 日晨,"新书"的含义发生了突然的变化,即从把 1980 年及以后的出版物称为"新书",变成把 1981 年及以后的出版物称为"新书"。在 1984 年的除夕被认为是新书的许多书籍中,有一部分要退到旧书的行列中去,其比例为 1984 年年底的新书比 uv,即 7.1%。此外,新书比和累计新书比的顺序号,也要自动倒退一位。例如 1984 年年底的 u_I 和 w_I(都等于 7.0%),到

1985 年元旦变成了 u_{II} 和 w_{II}；1984 年年底的 u_{II}（7.200）和 w_{II}（14.2%），到 1985 年元旦变成 u_{III} 和 w_{III} 了。所以在画图 4.3－2 时，先得把图 4.3－1 中的 Ⅰ，Ⅱ，Ⅲ和Ⅳ号矩形立柱各向右倒退一格，再把图 4.3－1 中的 Ⅴ 号立柱取消，并理解为已隐退到图 4.3－2 中标以"全部"的矩形立柱中去。注意图 4.3－2 中所标出的百分比数，是以 1984 年年底的藏书量为基数的。到 1985 年元旦早晨，藏书中的新书完全是上年移交过来的，新书率等于 1984 年除夕夜的Ⅳ号累计新书比 w_{IV}，即下降为 29.0%。

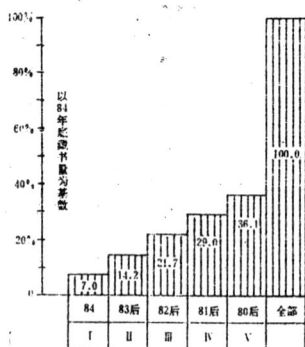

图 4.3－1

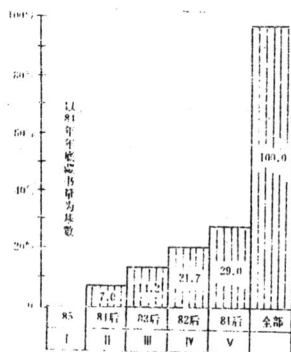

图 4.3－2

B 学科 1984 年除夕和 1985 年元旦的年代结构图，画法与上两图相似，不必重复。

再假设这个流通部门决定，希望到 1985 年年底，A 学科的新书率提高到 40%，而藏书册数达到 1984 年年底的 1.08 倍；即希望新书率增长 10.8%，而藏书量增长得稍慢些，为 8%。这种愿望当然是合理的。要做到这一点，1985 年一年内要购进足够数量的新书，同时剔除足够数量的旧书。现在让新购书（为了得到简单的解答，假定全部为 1981 年及以后的出版物）册数占 1984 年年底藏书册数（记为 V_0）的百分比为 P，称为"新购率；"剔除的旧书（也为了简单,假定全部为 1980 年及以前的出版物)占 V_0 的百分比为为 q(取绝对值),称为"剔旧率"。下面求 P 和 q 之值。

到了 1985 年年底,A 学科的新书率应该等于 0.400,故有:

$$\frac{V_0(p+0.29)}{V_0(1+p-q)}=0.400$$

同时藏书册数应该为 V_0 的 1.08 倍。

$$V_0(1+p-q)=1.08V_0$$

解得 $p=14.2\%$,$q=6.2\%$。

如以 X 和 V 代表本年(例中为 1985 年)年底的预计新书率和藏书册数,$(w_{IV})_0$ 为上年(例中为 1984 年)年底的 IV 号累计新书比,则本年一年内应采用的新购率和剔旧率的一般计算公式是:

$$\left.\begin{array}{l} p=\dfrac{XV}{V_0}-(w_{IV}) \\[2mm] q=p-\left(\dfrac{V}{V_0-1}\right) \end{array}\right\} \qquad\qquad (4.3-1)$$

到此来预测一下,如 1985 年一年内完全按照规划,新购了 $14.2\% \times V_0$ 册新书(1981 年及以后出版),又剔除了 $6.2\% \times V_0$ 册旧书(1980 年及以前出版),至 1985 年年底 A 学科藏书的年代结构成为怎样。要做这个预测,先得知道在 $14.2\% \times V_0$ 册的新购书籍中,1981 - 1985 五个年头的出版物又各占多大的比例。这是一个"新购书的年代结构"问题。现在姑先假定各占约 1/5,即加入 1985 年的 $u_I \sim u_V$ 中的新购书册数,分别为 V_0 的 2.8%,2.9%,2.8%,2.9% 和 2.8%(以后可以看到,这种平均分配的办法是不适宜的)。表 4.3 - 2 的最上一部分列出了预测的计算。第①栏是从去年转来的新书比,已向下移动过一行。第②栏是今年新购书中的新书比,它们都是对 V_0 而言的。第③栏是第①和第②栏之和,亦对 V_0 而言。因今年的 V 为去年的 V_0 的 1.08 倍,故今年对 V 而言的新书比(第④栏)应等于第③栏除以 1.08。第⑤栏为今年的累计新书比,其中 w_v 就是新书率,恰为预期的 40%。关于表中运算过程可参看图 4.3－3。

表 4.3－2

年代	代号	① 上年年底转来的 u_i(%) (对 V_0 而言)	② 本年一年内新购的 u_i(%) (对 V_0 而言)	③ ①+② u_i(%) (对 V_0 而言)	④本年年底 u_i(%) $=\dfrac{①+②}{1.08}$ (对 V 而言)	⑤ 本年年底累 计新书比 w_i (%) (对 V 而言)
1985 年	I		2.8	2.8	2.6	2.6
	II	7.0	2.9	9.9	9.2	11.8
	III	7.2	2.8	10.0	9.3	21.1
	IV	7.5	2.9	10.4	9.6	30.7
	V	7.3	2.8	10.1	9.3	40.0
	共计	29.0	14.2	43.2		$x=40.0\%$
1986 年	I		2.8	2.8	2.6	2.6
	II	2.6	2.9	5.5	5.1	7.7
	III	9.2	2.8	12.0	11.1	18.8
	IV	9.3	2.9	12.2	11.3	30.1
	V	9.6	2.8	12.4	11.5	41.6
	共计	30.7	14.2	44.9		$x=41.6\%$
1987 年	I		2.8	2.8	2.6	2.6
	II	2.6	2.9	5.5	5.1	7.7
	III	5.1	2.8	7.9	7.3	15.0
	IV	11.1	2.9	14.0	13.0	28.0
	V	11.3	2.8	14.1	13.1	41.1
	共计	30.1	14.2	44.3		$x=41.1\%$

　　表 4.3－2 的最上面一部分是 1985 年一年中 A 学科的年代结构的发展和完成的过程,现在用它画成图 4.3－4。图中带竖向阴

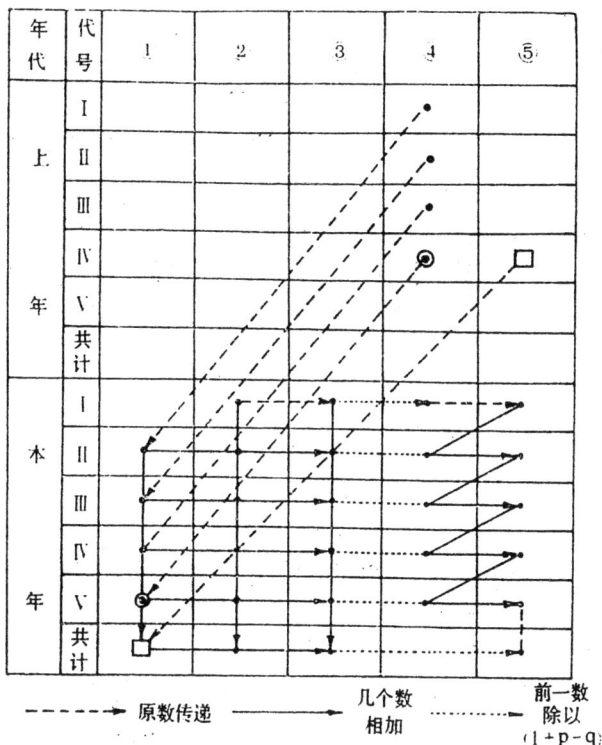

年代	代号	1	2	3	4	5
上	Ⅰ					
	Ⅱ					
	Ⅲ					
年	Ⅳ					
	Ⅴ					
	共计					
本	Ⅰ					
	Ⅱ					
	Ⅲ					
年	Ⅳ					
	Ⅴ					
	共计					

- - - - → 原数传递　　→ 几个数相加　　→ 前一数除以(1+p-q)

图 4.3 - 3

影部分为上年年底移交下来的累计新书比,即照抄图4.3-2。带斜向阴影部分为本年一年内新购书的累计新书比,即$(w_Ⅰ)$新购 = 2.8%,$(w_Ⅱ)$新购 = 2.8% + 2.9% = 5.7%,等等。竖向阴影和斜向阴影两部分相加后的百分比写在各矩形立柱的上端。在标以"全部"的带竖向阴影的矩形立柱上面,加上了本年一年内的新购率14.2%(带斜向阴影),又减去了本年一年内的剔旧率6.2%(带格式阴影),最后形成本年年底的藏书册数恰为1984年年底数的108.0%。应该注意,本图的所有百分比,仍以1984年年底

163

的藏书量为基数。最后的一步是将图4.3-4中各矩形立柱的高度除以1.08,即得图4.3-5,为1985年年底A学科藏书的年代结构图,其中的所有百分比,已换成1985年年底的藏书量了。

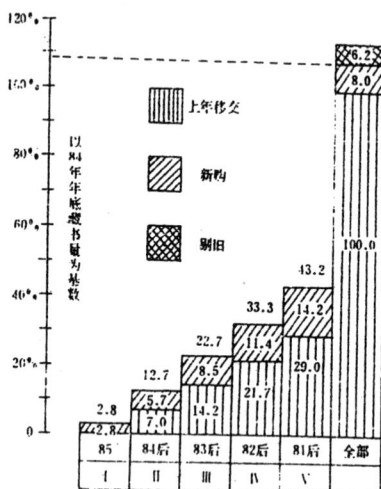

图4.3-4

对于B学科,如希望到1985年年底,新书率提高到28%(增长12%),藏书册数增长到1.07倍,则按(4.3-1)式可以算出,1985年一年内新购率P应为10%,剔旧率q应为3%。两者都比A学科的小,是因为B学科新书率的"起点"低。新购率小可以节约经费,剔旧率小可以节约人力,都是有利的。

年代结构中的各个变量间具有明确的数学联系,因而对未来的改善能制订具体的规划,这是年代结构异于其他藏书结构的特点。在执行规划时,实际不可能完全符合,特别是新购,目前还要受许多因素的制约,更难按照新购率如数完成。何况,购入的未必都是在新书年限内的新书,剔除的也未必都是在新书年限外的旧书。不过,这并无碍于制订规划的必要性。有一套规划好了的P

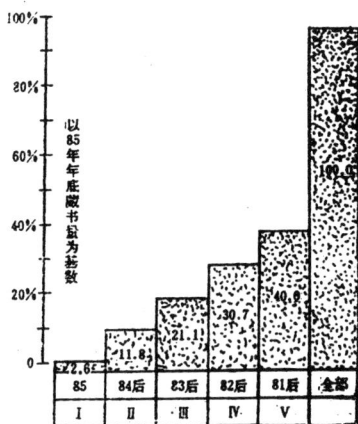

图 4.3 - 5

和 q,大体上按那个方向做去,就可以保证到年底大体上达到期望的目标,这对于图书馆管理来说已经是足够了。

(二)新书内部年代结构

拿表 4.3 - 1 与表 4.3 - 2 相比,虽然 A 学科的新书率 X 已从 36.1% 提高到 40.0%,但 I—V 各年的新书比 u_i(它们组成了"新书内部年代结构")却从原来的 7.0%,7.2%,7.5%,7.3% 和 7.1% 改变为 2.6%,9.2%,9.3%,9.5% 和 9.3%,即近年出版物的比重有所下降,远年出版的比重有所上升。换句话说,在新书率 X 改善的同时,出现了新书内部年代结构的"退化"。

图 4.3 - 6a 和图 4.3 - 7a 分别是表 4.3 - 1 和表 4.3 - 2 所列出的 A 学科 1984 年年底和 1985 年年底的新书内部年代结构的示意图。为了给新书内部年代结构的优劣状态一个定量指标,在这里设立"新书内部年代结构指标",简称"新内指标",记为 nn。它的意义是这样的:先令 i 为年代的序号,即 I 相当于 $i = 0$,II 相当于 $i = 1$……。再模仿 §2.5 中决定 $\log \mathscr{L}_i$—i 回归直线方程的办

165

法,以新书比 u_i 的常用对数值 $\log u_i$ 为纵坐标, i 为横坐标,绘出 n 个点子(n 为新书年限)如图 4.3－6b 和图 4.3－7b 所示,找出这

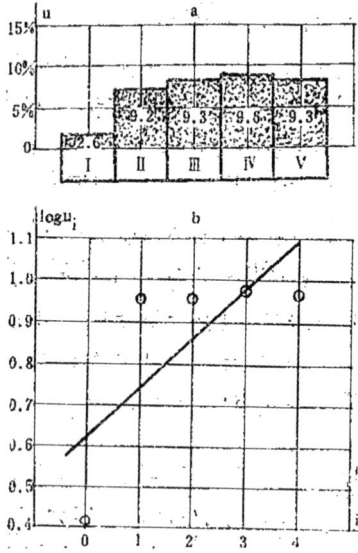

图 4.3－6

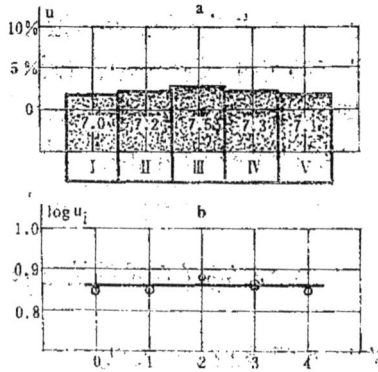

图 4.3－7

些点子的回归直线,即两图中的粗黑斜线,则这条回归直线的斜率的负值就是 nn 的大小。根据第二章$(2.5-5)$式,可有:

$$nn = \frac{-6\left[-(n-1)A+2B\right]}{(n-1)\cdot n\cdot(n+1)} \qquad (4.3-2)$$

其中

$$\left.\begin{array}{l} A = \Sigma \log u_i \\ B = \Sigma (i \log u_i) \end{array}\right\} \qquad (4.3-3)$$

对于具体问题,可以不必画图,直接用公式计算新内指标 nn 即可。

经过计算,得图 4.3 – 6 的 nn 为 – 0.002,图 4.3 – 7 的 nn 为 – 0.112。当新内指标 nn 为正或较大时,$\log u_i$—i 的回归直线自左到右向下倾斜,表示从总体说来近年出版物多而远年出版物少,说明新书内部年代结构较优,当 nn 为负或较小时,$\log u_i$—i 的回归直线向上倾斜,表示远年出版物多而近年出版物少,说明新书内部年代结构较劣。经过了一年,A 学科的新内指标从 1984 年年底的一个中等值(– 0.002 接近于零)降到了 1985 年年底的一个负值(– 0.112),确是新书内部结构发生了退化的现象。

对于 B 学科也有同样的情况。设 1985 年一年内新购书中五个年头的出版物册数也各占 1/5,即加入 1.985 年的 $u_{\mathrm{I}} \sim u_{\mathrm{V}}$ 的新购书册数各占 V_0 的 2%,用与表 4.3 – 2 最上一部分同样的方法,可以算出到 1985 年年底,新书率已如所希望的那样达到 28%,新书内部结构则如下表:

表 4.3 - 3

1984 年年底			1985 年年底		
代号	u_i	nn	代号	u_i	nn
I	5		I	1.9	
II	5		II	6.6	
III	5	0	III	6.5	-0.105
IV	5		IV	6.5	
V	5		V	6.5	

可见新书率增长目标达到了,同时新书内部年代结构也退化了。

到下节可以看到,新书内部结构的退化在通常情况下是不能绝对地避免的。只有在采购新书中,注意不让各年出版物平均分配,并努力使近年出版物册数多于远年出版物,才能使新内结构的退化得到缓解。

一年年代结构规划适于以书籍为流通物的部门为提高少数学科的新书比重之用。对于统计分析工作尚缺乏坚固基础的部门尤为适合。按计算方法求得的 P 和 q,只是两个初步数字,要与其他结构性分析(如学科结构的适应度分析)的结果和各种主客观因素结合起来,统筹考虑,酌量增减。

§4.4 年代结构——多年规划中的一些问题

提高学科藏书的新书率以达到一个令人满意的目标这一任务,并不是一年就可以完成的。例如,§4.3 中举过例的某流通部门的 A 学科,1984 年年底的新书率为 36.1%,订了一年规划,到

1985 年年底新书率可达到 40%。如此后每年新书率按 +3.9% 均匀增长,到了五年以后,即 1989 年年底,新书率将达到 55.6%,那时它的藏书中,新书只不过刚过半数;对于自然科学和技术科学来说,这种年代结构也不算很新。所以,对藏书年代结构的改善,规划总是多年性的。本节讨论多年规划中会出现的一些问题。

(一)新书率的不易持续增长和新书内部年代结构的退化

现在以 A 和 B 两学科为例,通过具体的多年规划的计算,来发现其中的问题。制订多年规划的日期仍是 1984 年 12 月 31 日,出发点仍是表 4.3 - 1 所载的资料,五年为期,希望到 1989 年年底,(1) A 学科的新书率达到 55.6%,每年等差增长 +3.9%,藏书册数达到 1984 年年底的 1.47 倍,每年等比增长 1.08 倍;(2) B 学科的新书率达到 40%,每年等差增长 +3%,藏书册数达到 1984 年年底的 1.40 倍,每年等比增长 1.07 倍。又假设每年新购书中五个年头的出版物仍各占约 1/5。按照表 4.3 - 2 的模型各连续做了 5 次的一年规划,结果见表 4.4 - 1。计算表格限于篇幅从略。

表 4.4 - 1

年代	A 学科				B 学科			
	一年内		年底		一年内		年底	
	p	q	X	nn	p	q	X	nn
1984 年			36.1%	0			25.0%	0
1985 年	14.2%	6.2%	40.0%	- 0.112	10.0%	3.0%	28.0%	- 0.105
1986 年	16.8%	8.8%	43.90%	- 0.130	11.7%	4.7%	31.0%	- 0.148
1987 年	19.7%	11.7%	47.8%	- 0.154	13.7%	6.7%	34.0%	- 0.156
1988 年	22.5%	14.5%	51.7%	- 0.146	15.9%	8.9%	37.0%	- 0.147
1989 年	25.9%	17.9%	55.6%	- 0.113	18.4%	11.4%	40.0%	- 0.128

从表4.4-1可见,无论 A 和 B 学科,都必须逐年加大新购率 P 和剔旧率 q(它们都是用公式(4.3-1)逐年计算出来的),才能达到新书率均匀增长的目的。但是,图书经费是有限的,一般无力应付表中新购率增长的速度。实际上,由于每年藏书册数也在增加,新购书册数的增长比新购率还要快。另外,剔旧率同样速度的增长不但使人力难以承担,而且还会产生心理上的消极影响。表中还显示,新内指标在前三年连续下降,后两年虽小有缓解,其实这是投入相当大的财力和人力的有点得不偿失的后果。因此,要让年代结构在一个多年的期间内不断改善,上述逐年大幅度地增加 p 和 q 的办法一般说来是行不通的。至于在经费和人力所允许的幅度内逐年调整 p 和 q,或将大新购率和剔旧率放在较有把握应付的后期,则又当别论,详见 §4.5 第(五)部分。

制订改善学科年代结构的多年规划的另一种办法是,每年采用相同的或接近的 p 和 q。为了观察这种办法的效果,对 A 学科1986 年的新购和剔旧,在 1985 年年底的年代结构的基础上,仍按 $p = 14.2\%$ 和 $q = 6.2\%$ 进行。计算列在表4.3-2 的第二部分中。结果新书率 X 虽然从40%提高到41.6%,但新书内部年代结构发生了进一步的退化。如按同样的 p 和 q 对 1986 年作计算(见表4.3-2 的第三部分),除新内结构的退化更加深外,连新书率也不继续增长了。

对于 B 学科也用相同的 $p = 10\%$ 和 $q = 3\%$ 作 1986 年和 1987两年的计算,发现了同样的情况:1986 年新书率稍有增长,到 1987年就下降了。而新内指标 nn 则一直在退化着。这些计算结果见表4.4-2。B 学科的计算过程从略。

表 4.4 - 2

年 代	A 学 科			B 学 年		
	一年内	年 底		一年内	年 底	
		X	nn		X	nn
1984 年		36.1%	0		25.0%	0
1985 年	p = 14.2% q = 6.2%	40.0%	- 0.112	p = 10.0% q = 3.0%	28.0%	- 0.105
1986 年		41.6%	- 0.164		29.43%	- 0.159
1987 年		41.1%	- 0.181		29.42%	- 0.181

计算和实践表明:如果要制订一个年代结构建设的多年规划,同时要保留比较节约财力和人力的保持 P 和 q 不变或少变的办法,就必须创造一种条件,使(1)新书率能逐年增长;(2)新书内部年代结构不发生严重的退化。下文将要论证,这种条件经过努力是能够创造的。

(二)小于 1 的新购书分配比

要做到新书率逐年增长,同时兼顾新内结构不严重退化,有一个在 §4.3 中已经初步提到过的方法,就是不能再让新购书中各个年头的出版物平均分配,而应该让其中近年出版物多于远年出版物。这一方法是否真能解决问题,不妨从一些试算中来验证。

从表 4.3 - 2 可以看出,在 p 和 q 不变时,新书率的不能持续提高,以及新内结构的迅速退化,主要原因在于各年年底的 u_V 太大,从而引起较小的 w_{IV};即一个较大的 u_V(在表 4.3 - 2 中,A 学科 1985 年年底的 u_V 为 9.3 %,1986 年又增至 11.5 %)到来年元旦自动消失到旧书的行列中去,是太"可惜"了。因此,关键在于怎样使 u_V 减少,并使 w_{IV} 随之增加。一个能使本年年底的 u_V 减少,并使来年年底的 u_V 也不大的简单的方法,就是令在本年一年

171

内的新购书中，$(u_{\mathrm{I}})_p$，大于$(u_{\mathrm{II}})_p$，$(u_{\mathrm{II}})_p$又大于$(u_{\mathrm{III}})_p$……最后$(u_{\mathrm{V}})_p$为最小，其中$(u_i)_p$为新购书中属于i年代的新书比。作为一个简化问题的推理手段，令$(u_{\mathrm{II}})_p:(u_{\mathrm{I}})_p$，$(u_{\mathrm{III}})_p:(u_{\mathrm{II}})_p$……直到$(u_{\mathrm{V}})_p:(u_{\mathrm{IV}})_p$都等于一个小于1的$r$，即由$p$分出来的五个$(u)_p$成为一个递减的等比级数，而五项之和又等于$p$。这样，就可以写出：

$$p = (u_{\mathrm{I}})_p + (u_{\mathrm{I}})_p r + (u_{\mathrm{I}})_p r^2 + (u_{\mathrm{I}})_p r^3 + (u_{\mathrm{I}})_p r^4$$

或 $\qquad (u_{\mathrm{I}})_p = \dfrac{p(1-r)}{1-r^5} \qquad (r \leqq 1) \qquad (4.4-1)$

如学科的新书年限不是5年，而是n年，则上式分母中r的幂应改为n。

现在给$(u_{\mathrm{V}})_p = (u_{\mathrm{I}})_p r^4$规定一个限额，让它不大于同年年底的新书率的$1/n$，在上例即$1/5$。也就是说，每年平均有不多于$1/5$的新书自动归入旧书中去。从常识看这算是一个适当的要求，下文对这一点还有论证。研究一下表4.3-2（参看图4.3-3），可知：

$$X = \frac{(w_{\mathrm{IV}})_0 + p}{1 + p - q}$$

$$u_v = \frac{(u_{\mathrm{IV}})_0 + (u_{\mathrm{I}})_p r^4}{1 + p - q}$$

上两式中p和q是一年内采用的新购率和剔旧率，u_{V}是这一年年底的第V号新书比，$(u_{\mathrm{I}})_p$是这一年内新购书中的第工号新书比，而$(u_{\mathrm{IV}})_0$和$(w_{\mathrm{IV}})_0$是上一年年底的第IV号新书比和累计新书比。

令$u_{\mathrm{V}} \leqq X/5$，结合（4.4-1）式，化简后得到：

$$\left.\begin{array}{l} \dfrac{(1-r_k)r_k^4}{1-r_k^5} = \dfrac{1}{p}\left[\dfrac{(w_{\mathrm{IV}})_0 + p}{5} - (u_{\mathrm{IV}})_0\right] \\[4mm] r \leqq r_k \end{array}\right\} \qquad (4.4-2)$$

公式（4.4-2）只适用于$n=5$年，其一般形式是：

172

$$\frac{(1-r_k)r_k^{n-1}}{1-r_k^n} = \frac{1}{p}\left[\frac{(w_{N-1})_0 + p}{n} - (u_{N-1})_0\right] \qquad (4.4-3)$$

为了便于从$(1-r_k)r_k^{(n-1)}/(1-r_k^n)$反算$r_k$,特制备了图$4.4-1$。

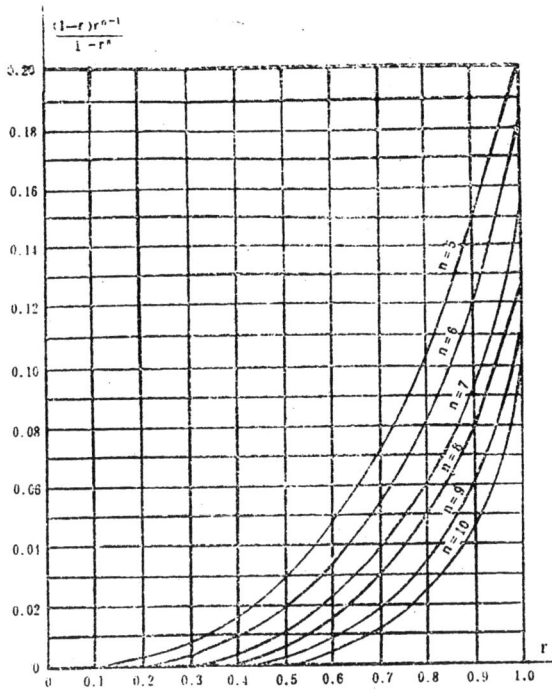

图 4.4 - 1

以后,称r为"新购书分配比",r_k为它的临界值。

下面对A和B两学科应用一下上述公式($4.4-1$)和($4.4-2$)以及图$4.4-1$。A学科1984年年底的年代结构见表$4.3-1$。1985年一年内$p=14.2\%$,$q=6.2\%$。现在新购书中五个年头的出版物数不再像表$4.2-3$的第一部分那样平均分配(即$r=1$),要按适当的r来分配成近年多而远年少。

对于 1985 年的规划来说,1984 年底属于上年,所以 $(w_{IV})_0$ = 29.0% , $(u_{IV})_0$ = 7.3% ,用公式(4.4 – 2)并结合图 4.4 – 1,得 r_k = 0.72。往下的试算表明,尽量采用小一点的 r 比较妥善,于是用 r = 0.35。再用(4.4 – 1)式,得 $(u_I)_p$ = 9.28% ,并依次得到:

$(u_{II})_p$ = 3.25% , $(u_{III})_p$ = 1.14% ,

$(u_{IV})_p$ = 0.40% , $(u_V)_p$ = 0.14% 。

上列五个 $(u)_p$ 之和等于 14.2% = P ,故知计算无误。

下面按表 4.3 – 2 的模型来预估 1985 年年底的年代结构。表中第①栏仍为 0 , 7.0% , 7.2% , 7.5% 和 7.3% ,第②栏改为 9.28% ,3.25% ,1.14% ,0.40% 和 0.14 % 。以后依次计算下去,得到 1985 年年度新书率为 40.0% ,新内指标进化到 + 0.031。

1986 年度仍用 p = 14.2% , q = 6.2% 。因 1985 年年底的 (w_{IV}) = 33.1% , $(u_{IV})_0$ = 7.3% ,算得 1986 年的 r_k = 0.87 ,仍采用 r = 0.35。本来各年的 r 只要足够地小于本年的 r_k 就行,可以不相同,实践中也做不到相同,这里为了整齐,并便于与下文印证,用了相同的数值。这一次计算结果是新书率再次上升至 43.8% ,新内指标进一步进化到 + 0.035。

将这样的计算延续到 1990 年,r 一直用 0.35。结果是:在新书率方面,1989 年以前保持上升,到 1990 年不再增长,但也不下降;在新内结构方面,如与 1984 年年底的初始状态相比,则除 1989 和 1990 两年稍有退化外,其余各年均有进化或不退化。关键性的计算数据和过程以及主要的计算结果见表 4.4 – 3。具体计算表格的格式与表 4.3 – 2 完全相同,因限于篇幅从略。

表 4.4 – 3

年　　代	关键性计算数据和过程				主要计算结果	
	上年年底的 $(w_N)_0$	上年年底的 $(u_N)_0$	用(4.4-2)式求得的 r_k	采用的 r	年底新书率 X	年底新内指标 nn
1985 年	29.0%	7.3%	0.72	0.35	40.0%	+0.031
1986 年	33.1%	7.3%	0.87	0.35	43.8%	+0.035
1987 年	36.9%	7.5%	0.97	0.35	47.3%	+0.023
1988 年	40.2%	9.5%	0.74	0.35	50.4%	-0.002
1989 年	41.5%	10.7%	0.49	0.35	51.6%	-0.013
1990 年	41.5%	10.7%	0.49	0.35	51.6%	-0.013

　　一个虽小于 r_k，但数值较大的 r，会在稍后的两三年中对新书率的持续增长造成不利的影响。如在 1985 或 1986 年用 $r=0.6$ 或 0.5，则在 1987 或 1988 年将被迫采用很小的 r（0.2 或 0.1，甚至零），才能保持新书率持续上升和新内结构不严重退化。当然，在规划期间的数年中，可以视具体情况逐年采用不同的 r，只要大多数的 r 小于各自的 r_k，年代结构的发展状况当不致有根本性的变化。

　　下面对 B 学科作同样的计算。每年 $p=10\%$ 和 $q=3\%$ 保持不变，并也为了整齐和便于与下文印证，用同一个新购书分配比 r。选取 r 的过程也与前相似。过程和结果见表 4.4 – 4。

表 4.4 – 4

年　　代	关键性计算数据和过程				主要计算结果	
	上年年底的 $(w_N)_0$	上年年底的 $(u_N)_0$	用(4.4-2)式求得的 r_k	采用的 r	年底新书率 X	年底新内指标 nn
1985 年	20.0%	5.0%	0.74	0.40	28.0%	+0.028
1986 年	23.2%	5.0%	0.92	0.40	31.0%	+0.027

（续表）

年　代	关键性计算数据和过程				主要计算结果	
	上年年底的$(w_N)_0$	上年年底的$(u_N)_0$	用(4.4-2)式求得的r_k	采用的r	年底新书率X	年底新内指标nn
1987 年	26.2%	5.6%	0.92	0.40	33.8%	+0.007
1988 年	28.5%	7.3%	0.53	0.40	36.0%	-0.019
1989 年	29.0%	7.8%	0	0.40	36.5%	-0.025
1990 年	29.0%	7.8%	0	0.40	36.5%	-0.025

上表中 1989 和 1990 两年虽然，$r_k = 0$（即新购书中只有$(u_1)_p$ $=p$，其余$(u_i)_p$ 都等于零），仍采用 $r = 0.40$，是因为前四年都让 r 小于规定的 r_k，那些有利的影响还没有消失的缘故。

将表 4.4-3 和 4.4-4 的"结果"栏中的数据绘成曲线，得图 4.4-2 和图 4.4-3。在两图中，A 和 B 两学科的实线曲线代表选用小于 1 的新购书分配比 r 时各年新书率 x 和新内指标 nn 的变化，它们的虚线曲线代表新购书中五个年头出版物平均分配（即 r $=1$）时各年 X 和 nn 的变化。实线为表 4.4-3 和表 4.4-4 中的结果，虚线为表 4.4-2 中的结果。对比之下，$r < 1$ 与 $r = 1$ 的效果上的区别是极为明显的，前者能造成年代结构的改善，能满足多年规划的两个先决条件，即(1)新书率持续增长，(2)新内结构不严重退化；而后者不能满足两个条件，因而不可用。当然，两图中实线曲线上升的形态，r 的大小起了重要的作用。如用大一点的 r，它们上升的势头会减缓一些。

研究一下图 4.4-2 和图 4.4-3 可以发现，只要各年的 r 不变，则到第六年 X 和 nn 不再变化，但也不下降。如在第六年起将 r 减少，X 还可以上升。不过，r 的减少意味着采购的困难，因为要采购的近年出版物增加了。推广来说，如果新书年限不是五年，而是 n 年，则上述情况将在 $n+1$ 年及以后出现。因此当规划期限长

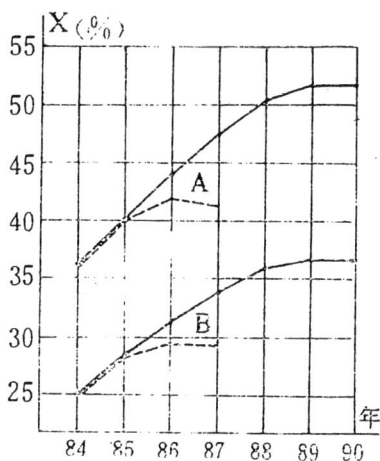

图 4.4 - 2

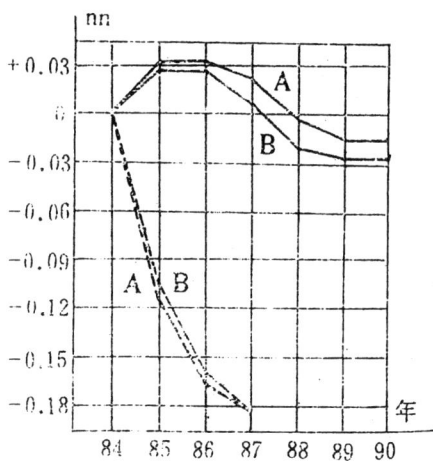

图 4.4 - 3

于新书年限时,采购工作会比较紧张。

现在把试算工作的范围推广一下,从表 4.3 - 1 中 *B* 学科

1984 年年底的初始年代结构出发,并仍用 $p=10\%$ 和 $q=3\%$,但分别采用 11 种小于或等于 1 的 r ,即 0,0.1,0.2,0.9,1.0,进行类似表 4.4 – 3 的计算,再将所得的 X 和 nn 绘成图线,即图 4.4 – 4 和图 4.4 – 5。又将 B 学科的新书年限分别改为 7 年和 9 年,p 和 q 仍为 10% 和 3% 不变,1984 年年底的 x。也仍为 5% ,不过 1984 年年底的各年新书比在 $n=7$ 年时均为 3.571% ,在 $n=9$ 年时均为 2.778% ;在这些初始条件下用 11 种 r 作同样的计算,绘成图 4.4 – 6 至图 4.4 – 9。

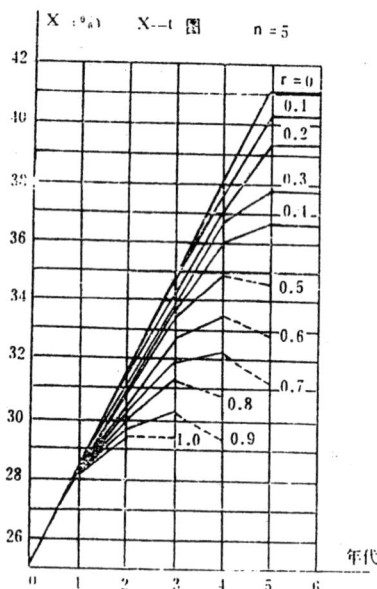

图 4.4 – 4

在这些图中,横坐标"0"代表 1984 年,"1"代表 1985 年,依此类推。

从这些图中,可以得到下列三点认识:

178

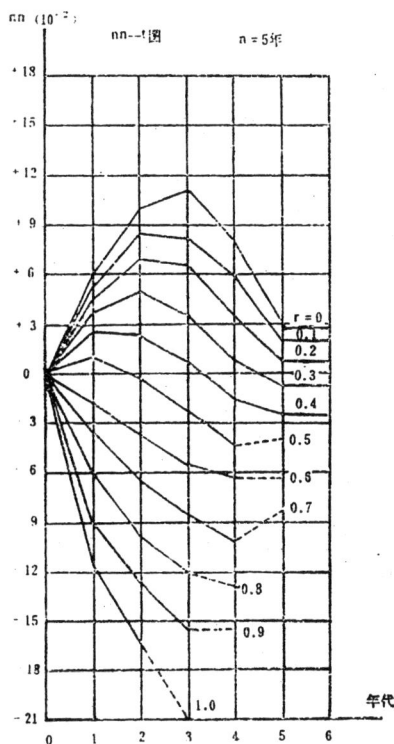

图 4.4 - 5

一、在制订改善藏书年代结构的多年规划时,要做到保持新书率持续上升和新书内部年代结构不严重退化,当然可以用让新购率 P 和剔旧率 q 逐年增加的办法,但这势必会引起多花经费和人力;较好的办法是让 P 和 q 不变或只有小的变化,同时使每年的新购书中近年出版物多于远年出版物,最好还要让各年的新购书分配比 r 小于其本年的 r_k。当然, r 只是一个纯理论的概念,在采购实践中要做到各年出版物册数成为等比级数是不可能的,只求在这方面尽力做到大体上差不多就行。

二、在实际采购工作中,要使各年 r 相等也是不可能做到的。只是作为理论研究,才设各年的 r 不变。这样的 r 必须小于某个 $\overline{r_k}$(大体上可以认为是各年 r_k 的平均值),方能使新书率持续上升。B 学科的这个 $\overline{r_k}$ 可以在几张 $X-t$ 图中看出。$n=5$ 年时它在 0.4 与 0.5 之间(图 4.4 – 4),$n=7$ 年时在 0.6 与 0.7 之间(图 4.4 – 6),$n=9$ 年时在 0.7 与 0.8 之间(对这些数值下文还有验证)。可见这一 $\overline{r_k}$ 随新书年限 n 而增大,即对新书年限愈小的学科的新书的采购,要用愈小的 r,采购中要买的近年出版物愈多,工作也就愈困难。

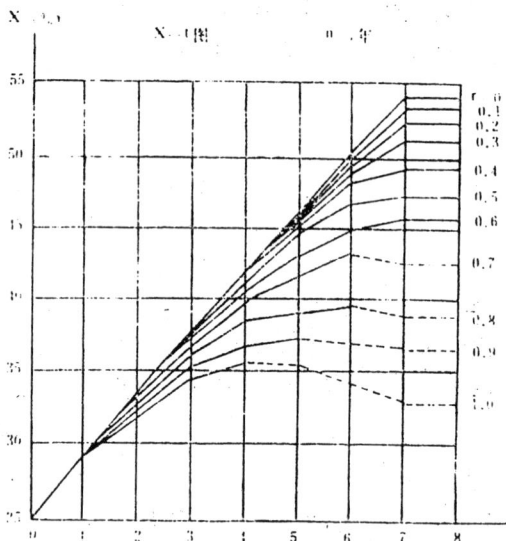

图 4.4 – 6

三、另一方面,r 还必须小于某另一数值,方能使新书内部年代结构不退化。B 学科的这一数值可以从几张 $nn-t$ 图中看出。$n=5$ 年时它在 0.2 与 0.3 之间(图 4.4 – 5),$n=7$ 年时在 0.3 与 0.4 之间(图 4.4 – 7),$n=9$ 年时在 0.4 与 0.5 之间(图 4.4 – 9),

180

同样地它也随 n 而增加。而且,对于某一 r,已能使新书率持续上升的,尚不能使新书结构不退化,只能使它不"严重退化"。事实是,在新书率上升的同时,特别是在多年规划的后期,新内结构的轻微退化是不可避免的。如想重新整顿,必须在某一年换用较大的 p 和 q。

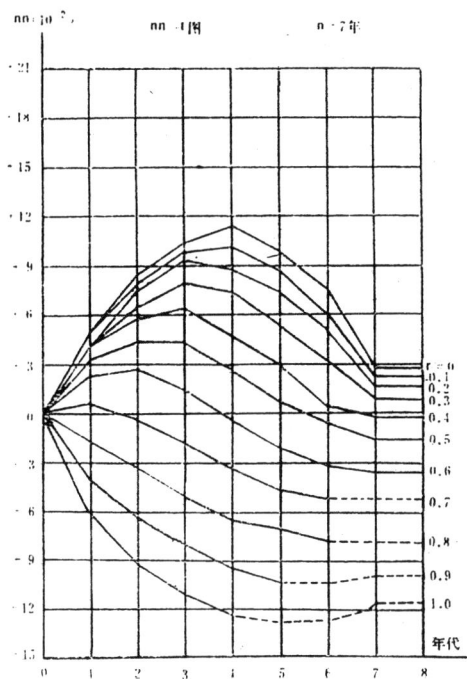

图 4.4-7

综上所述,图书采购人员不仅应按一个规划好的 p 值去采购新书,还应使近年出版物多于远年出版物,最好还要使新购书分配比 r 小于某一特定值。就我国出版业的现状而言,要做到第一条已经不易,第二条就难了,第三条更困难。不妨采取下述权宜的办法:将 I 号新书出版年代放宽。例如,对于 $n=5$ 年,在 1984 年年

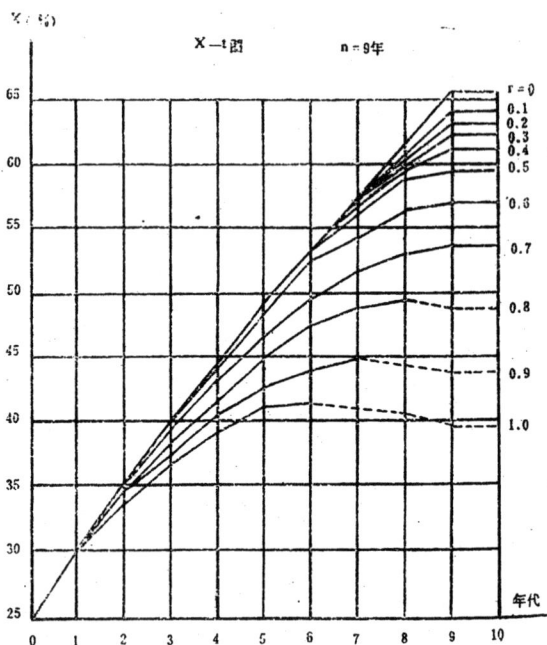

图 4.4 − 8

底统计时,1984 和 1983 两年(或 1984 , 1983 和 1982 三年)的出版物合称 I 号,1982 年

(或 1981 年)的出版物称 II 号······1979 年(或 1978 年)出版物方称 V 号这样做可以减轻采购中的困难。

(三)几点推广的结论

前面从表4.3 − 1 所列出的、新书年限为 5 年的 A 和 B 两学科的初始年代结构(A 新书率属于中等较高,B 属于中等偏低)出发,作了一些以表4.3 − 2 为模型的试算,发现了改善学科藏书年代结构的多年规划所必须解决的两大问题,一是要保证新书率能逐年

182

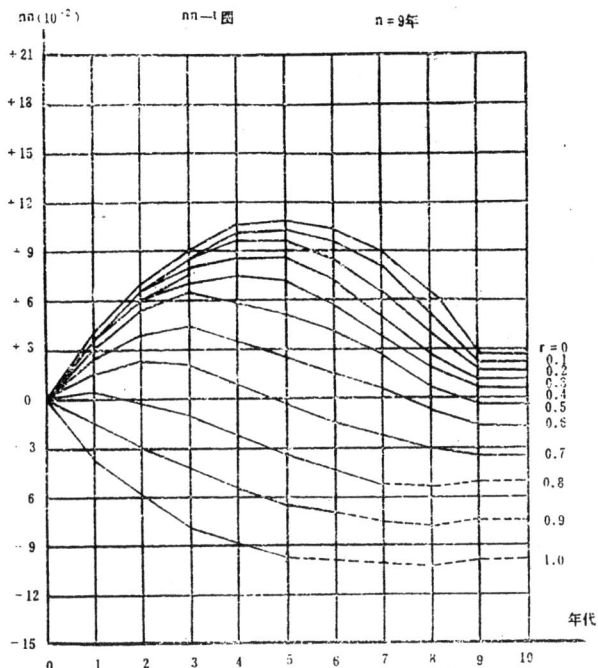

图 4.4-9

持续上升,二是要兼顾不让新书内部结构严重退化。逐年较大幅度地加大新购率 P 和剔旧率 q 能解决第一个问题,但不是一般图书馆所拥有的经费和人力所能担负的。但是若要将 p 和 q 保持稳定或只作小幅度的变化,只有在新购书中使近年出版物多于远年出版物,并尽可能让新购书分配比 r 小于一个小于 1 的 r_k。后来又用 B 学科的数据,按不同的新书年限作试算,得到了 $\bar{r}_k$ 随 n 而增减,即新书年限愈短,采购工作愈困难的认识。

下面把研究范围再推广一下。为了研究(1)怎样才能使学科的年代结构改善得快些,其中主要是怎样才能使新书率上升得快些,至于新书内部年代结构为次要的问题;(2) $\bar{r}_k$ 小了会增加采购的困难,那么影响 r_k 大小的因素都是哪些;(3)用 $\overline{r_k}$ 为新购书分配比以后,每年年底自动退出新书行列的新书比平均占新书率多大的比例,是不是真像前面所假定的那样,约占新书率的 $1/5$ 或 $1/n$ 等问题,挑选了近 50 种常见的初始新书率 X_0,新购率 p 和剔旧率 q 的组合,按表 4.3 - 2 的模型作了程式化处理后的计算,分析了所得的数据,达到了下列几点推广了的结论:

一、采购新书时应使近年出版物多于远年出版物。这里面的关键是保证新书率持续上升的新购书分配比的临界值 $\overline{r_k}$,这个 $\overline{r_k}$ 可以用下式作近似的估计:

$$\frac{1 - \overline{r_k}}{1 - \overline{r_k}^n} = \frac{(1 + p - q)X_0}{np} \qquad (4.4 - 4)$$

当初始新内指标 $nn < 0$ 时,$\overline{r_k}$ 比上式求得的要小些,反之要大些。用 B 学科的数据来验证,当 $n = 5$ 年时,$\overline{r_k} = 0.48$;当 $n = 7$ 年时,$\overline{r_k} = 0.63$;当 $n = 9$ 年时,$\overline{r_k} = 0.72$,都与前面从三张 $X - t$ 图中找出的数字符合得很好。关于 $\overline{r_k}$,下面 §4.5 中还要讨论。

$(1 - \overline{r_k}) / (1 - \overline{r_k}^n)$ 增大时 $\overline{r_k}$ 减小,$(I - \overline{r_k}) / (1 - \overline{r_k}^n)$ 减小时 $\overline{r_k}$ 增大,根据(4.4 - 4)式,得知 $\overline{r_k}$ 随 n 和 p 的减小以及 X_0 和 $(p - q)$ 的增加而减小。所以,当新书年限较短、或新购率较小、或初始新书率较大、或学科藏书册数年增长率较大(或剔旧率较小)、或初始新内结构较差时,多购近年书少购远年书的要求尤为迫切。不过,计算结果也表明,当 X_0 特别小(如小于 15%)同时 p 又较大(如大于 10%)时,则近年书略少于远年书尚无大碍。

二、新书率 X 增长的速度,随 p、q 和 n 的增加以及 $(p - q)$ 和 X_0 的减小而加快。

三、当 p 和 q 愈小以及 $(p - q)$ 和 X_0 愈大时,每年年底自动退出新书行列的书籍占新书的比例愈小。这个比例愈小,图书投资利用率愈高。

184

四、当所使用的新购书分配比 r 愈小时,新书中于年底自动退出的比例愈小。当 $r = r_k$ 时,这个比例少数情况下稍小于 $1/n$（X_0 和（$p-q$）较大时）,多数情况下稍大于 $1/n$（X_0 和（$p-q$）较小时）,一般可以认为聚集在 $1/n$ 的周围。

这四点结论可以用图 4.4 – 10 表示。从这个图可以看出,学科藏书年代结构问题中存在着下列三对主要的矛盾:

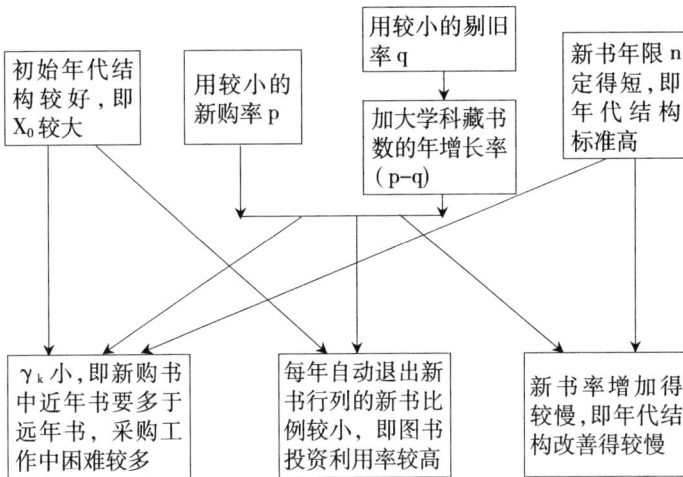

图 4.4—10

一、要想年代结构改善得较快,得用较大的 p 和 q,这时多购近年出版物的困难相对减少一些,但图书投资利用率却降低了。

二、用较小的 p 和 q,固然节约了经费和精力,又收到了图书投资利用率较高的好处,但将遇到必须更多地购买近年出版物的困难,还要付出年代结构改善得较慢的代价。

三、年代结构改善了,带来了图书投资利用率高的好处,同时也产生了必须更多地购买近年出版物的困难。

185

此外还有,如要建立一个改善年代结构的多年规划的数学模型的话,则可以大体上认为每年年底自动退出新书行列的册数占新书册数的$1/n$,而不会引起反常的误差。

§4.5　年代结构——用新书率数学模型作多年规划

(一)新书率数学模型

旨在改善学科藏书的年代结构(主要就是提高它的新书率)的多年规划,如果像前两节所讲的那样,按照表4.3－2的格式一年一年地往下计算,就过于繁琐了。而且这种逐年计算的方法,只能解决已知X_0、p和q,求各年的X一类问题,对于已知X_0和几年后X的期望值,反求p和q的另一类问题,也无能为力。所以有必要找出新书率X怎样在各项因素(新购率P、剔旧率q、初始新书率X_0和新书年限n)的制约下,随年数(记为t)而变化的数学规律来,以便能一下子找到多年规划所需要的资料。这种数学规律是容易得到的,但它只有在作了"新书率在规划年代内连续变化"的假设后,才能具有较为简单的形式。事实上,新书率并非在连续变化。新购书入藏在日期上可以近似地认为是连续的,不过并不均匀;至于剔旧,一年最多不过几次,就是间断性的了;特别是一部分新书在除夕夜一下子退出新书行列,造成新书率在年底与年初之间发生突然的变化。要避免这种突变,除非按出版年月日来区别新旧书才行,但这太琐碎,不甚切合实际。

本节将要建立的"新书率数学模型",仍以"新书率在规划年代内连续变化"的假设为前提,并且还将用这个模型来做改善年代结构的多年规划。这是因为,一个学科的藏书的新书率的变化,受着许多难以统计的因素的影响,例如新购书中可能有一小部分不在新书年限内出版；剔除下架的书中可能带上一部分新书；采购中的新购书分配比 r 可能有几年小于 $\overline{r_k}$ 较多，有几年小于 $\overline{r_k}$ 较少，还可能有几年略大于 $\overline{r_k}$；新购和剔旧的比率不可能真等于 p 和 q，各年间还可能有较大的出入，等等。这样，一个形式相对简单的新书率数学模型，只能向流通部门提供一些具有宏观指导意义、但与现实多少有点差距的数字，而且图书馆管理工作本来也不需要这方面的十分精确的规划指标。既然如此，新书率连续变化的假设还是应该应用。

从 §4.4 得知，多年规划中学科新书率 X 的变化，与年新购率 p、年剔旧率 q、新书年限 n、初始新书率 X_0 和年数 t 有关。这里的任务，就是寻找 $X(p, q, n, X_0, t)$ 的函数关系。从 §4.4 还得知，X 的变化与初始新书内部年代结构也有一定的关系，但是这个关系比较次要，多年后渐趋消失，为求数学模型的形式简单实用，将它忽略了。

令 V 为规划期间某一时刻 t 上的学科藏书册数。在单位时间 dt（以年计）内，（1）购买新书册数为 $V_p dt$，假定这些书全部是 n 年内出版的；（2）剔除旧书册数为 $V_q dt$，又假定这些书全部不是 n 年内出版的；（3）自动从新书转入旧书的册数为 $(VX/n)\,dt$。例如 n =5 年，dt = 1 月时，则转入 1/60，等等。关于这一想法，在 §4.4 已经讨论过了，现在按连续变化假设用数学形式表达。不过 §4.4 已经指出，实际上这一比例有时稍大、有时稍小于 $1/n$，所以由此而推导出的数学模型，又增加了一项不十分准确的因素。还有，§4.4 指出过，新购书中近年书要多于远年书，其分配比 Y 中至少多数要小于 $\overline{r_k}$。如果这一点未能做到，则使用以下推出的数学模型时针对性就会较差。

在 dt 前，新书册数为 vx，藏书册数为 V；在 dt 结束时，新书册数为 $VX + V_p dt - (VX/n)\,dt$，藏书册数为 $V(1 + pdt - qdt)$。于是有：

$$X + dX = \frac{VX + V_p dt - \dfrac{VX}{n} dt}{V(1 + pdt - qdt)} \qquad (4.5-1)$$

这是求 $X(t)$ 的微分方程式。略去高阶微分,得:

$$dX = \left[p(1 - X) + qX - \frac{X}{n} \right] dt \qquad (4.5-2)$$

用边界条件 $t = 0$ 时 $X = X_0$,解得:

$$X = \frac{p}{\dfrac{1}{n} + p - q} \left[1 - e^{-(\frac{1}{n} + p - q)t} \right] + X_0 e^{-(\frac{1}{n} + p - q)t}$$

$$(4.5-3)$$

或 $\qquad X = \frac{p}{\dfrac{1}{n} + p - q} - \left(\frac{p}{\dfrac{1}{n} + p - q} - X_0 \right) e^{-(\frac{1}{n} + p - q)t} \qquad (4.5-4)$

又有

$$\frac{dX}{dt} = \left[p - X_0 \left(\frac{1}{n} + p - q \right) \right] e^{-(\frac{1}{n} + p - q)t} \qquad (4.5-5)$$

由(4.5-5)式可见 X 的增长速度随 p、q 和 n 的增加以及 X_0。和 t 的减少而加快,这与 §4.4 中由多次计算所得到的认识是完全一致的。

下面讨论一下 X 函数的性质。

一、$\{p/[(1/n) + p - q]\} > 1$ 时,X 会变得比 1 大,这是不合理的。所以要求 $\{p/[(1/n) + p - q]\} \leqslant 1$,即 $q \geqslant (1/n)$。例如,在 $n = 5$ 年时,年剔旧率不应大于 20%。

二、从(4.5-4)式可知,当 $t \to \infty$ 时,X 趋于 $p/[(1/n) + p - q]$ 这一极限。不过根据 §4.4,规划年数不宜大于新书年限,所以这一点没有太多的实际意义。

三、从(4.5-4)式还可以看出,当 $\{p/[(1/n) + p - q]\} < X_0$ 时,X 将随时间而减少,这当然不符图书管理人员的愿望,所以 $p/$

〔$(1/n) + p - q$〕必须大于X_0,因而有:

$$(1 - X_0)p > X_0(\frac{1}{n} - q) \qquad (4.5-6)$$

综合上述三点,可以归纳成一句话:当$n = 5$年时,q不能超过0.2,同时$(1 - X_0)p/X_0$不能小于$(0.2 - q)$。图4.5-1用$p - q$直角坐标系统中的图形表示了符合这一规定的p和q的集合域。图中上方的一条水平线的方程式是$q = 0.2$,左方一条标有"$X_0 = 30\%$"的斜线的方程式是〔$(1 - 0.3)/0.3$〕$p = 0.2 - q$。位于两线之上方和左方画有阴影的区域内的点子的(p, q)坐标值,不能组合起来用于当$X_0 = 30\%$时的新书率的多年规划。例如$p = 5\%$,$q = 2\%$就不行,而$p = 10\%$,$q = 3\%$则可以,等等。

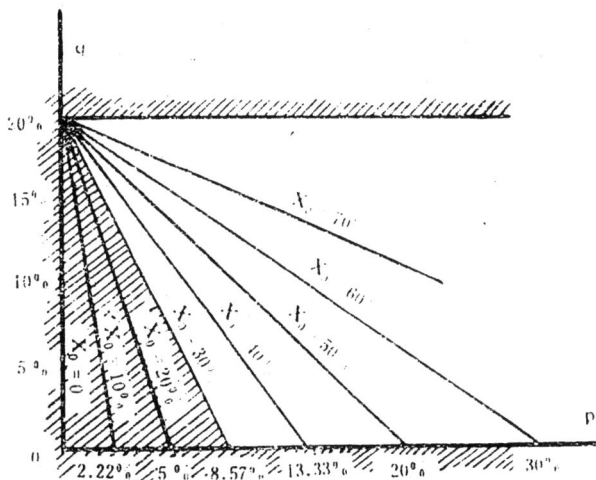

图4.5-1

(二)已知n,X_0,p和q,求各年的新书率

多年规划中第一个具体问题是,对一个已经规定了新书年限

189

n 的学科,某一年(记为"0"年)年底又统计了它的初始新书率 $X0$,又选定了在规划期限内各年中采用的新购率 p 和剔旧率 q,要求预估各年年底的新书率 X 以及其他有关数据。这类问题在 §4.4 中已经用逐年列表计算的方法解决过多次,现在要求用新书率数学模型来解。下面用数例说明。

一个流通部门有某学科,$n = 5$ 年,0 年年底新书率 $X_0 = 15.2\%$,藏书册数 $V_0 = 4530$ 册。计划在 1 至 4 年中,按经费和人力之所能及,采用 $p = 8.0\%$ 和 $q = 1.1\%$。要求预测 4 年规划中各种有关数据。

首先,用(4.5 - 6)式验证 p 和 q 的合理性:

$$(1 - 0.152) \times 0.08 > 0.152 \times (\frac{1}{5} - 0.011)$$

上式成立,可见 p 和 q 数值合理。

按(4.5 - 4)式,得到新书率数学模型为:

$$X = 0.297 - 0.145e^{-0.269t} \qquad (4.5 - a)$$

列下表计算各项规划数据:

表 4.5 - 1

① 年代 t	② 一年内新购册数 V_p	③ 一年内剔旧册数 V_q	④ 年底藏书册数 V	⑤ 年底新书率 X
0			4530	15.2%
1	362	50	4842	18.6%
2	387	53	5176	21.2%
3	414	57	5533	23.2%
4	443	61	5915	24.8%

表中第②和第③栏数字由上年的第④栏分别乘以 $p = 8.0\%$ 和 $q = 1.1\%$ 而得。第④栏由上年的第④栏加上本年的第②栏再

190

减去本年的第③栏而得。第⑤栏由在(4.5 - a)式中代入 $t = 0$，1，2，3，4 而得，要注意新购和剔旧都是在"一年内"陆续进行的，而藏书册数 V 和新书率都是属于"年底"的。

图 4.5 - 2 为本例的"年代结构—时间图"，简称"$NJ - t$"图。表 4.5 - 1 图和 4.5 - 2 构成了年代结构 4 年规划的主要内容。

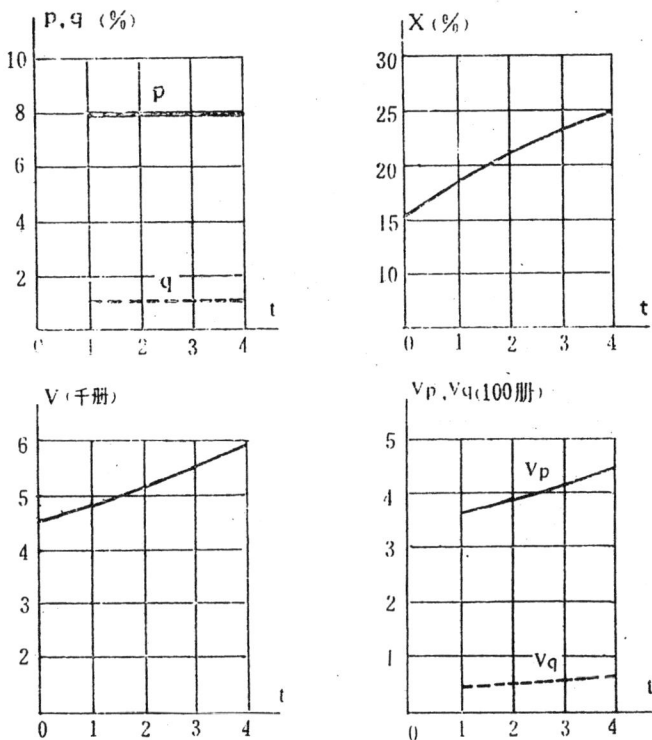

图 4.5 - 2

此外，根据(4.4 - 4)式，可以算出：

$$\frac{1 - \overline{r_k}}{1 - \overline{r_k}} = \frac{1.069 \times 0.152}{5 \times 0.08} = 0.406$$

表 4.5 - 2 是用以从 $(1 - \overline{r_k})(1 - \overline{r_k^5})$ 反查 $\overline{r_k}$ 的工具，经查得本例 $\overline{r_k}$ = 0.64。就是说各年新购书分配比要大体上保持在不大于 0.64 的水平上，才能期望得到表 4.5 - 1 中第⑤栏的结果。如果这一学科的初始新书内部年代结构较差，对 r 不大于 0.64 的执行还应该更严格些。

用新书率数学模型去计算 §4.4 中 A 和 B 两学科各年年底的新书率时，会得到略小于表 4.4 - 3 和表 4.4 - 4 的数字，这主要是因为，表 4.4 - 3 中对 A 学科的新购书，各年都用 r = 0.35，而根据 (4.4 - 4) 式 $\overline{r_k}$ = 0.47；表 4.4 - 4 中对 B 学科的新购书，各年都用 r = 0.40，$\overline{r_k}$ 却等于 0.48；当时为了怕 X 不上升，用的 r 都小于 $\overline{r_k}$ 较多。此外，还由于连续性与间断性上的区别，用数学模型算出来的新书率，往往比按表 4.3 - 2 的格式逐年计算的数字略小些，而这是有利于在规划中作偏于保守或比较稳妥的预测的。

表 4.5 - 2

$\overline{r_k}$	$\dfrac{1 - \overline{r_k}}{1 - \overline{r_k^5}}$	$\overline{r_k}$	$\dfrac{1 - \overline{r_k}}{1 - \overline{r_k^5}}$	$\overline{r_k}$	$\dfrac{1 - \overline{r_k}}{1 - \overline{r_k^5}}$
0	1	0.35	0.653	0.70	0.361
0.05	0.950	0.40	0.606	0.75	0.328
0.10	0.900	0.45	0.560	0.80	0.298
0.15	0.850	0.50	0.516	0.85	0.270
0.20	0.800	0.55	0.474	0.90	0.244
0.25	0.751	0.60	0.434	0.95	0.221
0.30	0.702	0.65	0.396	1.00	0.200

（三）已知 n，X_0，X_T 和 $(p - q)$ 求 p 和 q——非零增长规划

多年规划中最常遇到的一个问题，是已知新书年限 n、0 年年

192

底新书率 X_0 和藏书册数 V_0，在规划的末一年 $(t = T)$ 所期望达到的新书率 X_T 和藏书册数 V_T，求规划期间各年的新购率 p 和剔旧率 q。

先从 V_0 与 V_T 的关系 $V_T = V_0(1 + p - q)^T$ 中得到：

$$p - q = \sqrt[T]{\frac{V_T}{V_0}} - 1 \qquad (4.5-7)$$

再把(4.5-4)式写成

$$X = X_m - (X_m - X_0)e^{-zt} \qquad (4.5-8)$$

其中

$$X_m = \frac{p}{\frac{1}{n} + p - q} \qquad (4.5-9)$$

$$Z = \frac{1}{n} + p - q \qquad (4.5-10)$$

以 $t = T$ 代入(4.5-8)式，X 应为 X_T，简化为

$$X_m = \frac{X_T - X_0 e^{-zt}}{1 - e^{-zt}} \qquad (4.5-11)$$

并有

$$p = X_m Z \qquad (4.5-12)$$

$$q = \frac{1}{n} + p - Z \qquad (4.5-13)$$

依次运用上面的几个公式，可以解决求 P 和 q 的问题。下面举两个数例来说明。

一、某流通部门的一个学科，n 为 5 年，在 0 年年底统计藏书册数 V_0 为 4530 册，X_0 为 15.2%，希望到第 4 年年底 X_T 达到 28%，V_T 达到 5500 册，求 P 和 q 并制订改善年代结构的 4 年规划。

先用(4.5-7)式，

$$p - q = \sqrt[4]{\frac{5500}{4530}} - 1 = 0.0497$$

用(4.5-10)式，

$$Z = \frac{1}{5} + 0.0497 = 0.2497$$

用(4.5-11)式，

$$X_m = \frac{0.28 - 0.152 \times e^{-0.2497 \times 4}}{1 - e^{-0.2497 \times 4}} = 0.3546$$

用(4.5-12)式和(4.5-13)两式，得到：

$$p = 0.3546 \times 0.2497 = 8.85\%$$

$$q = \frac{1}{5} + 0.0885 - 0.2497 = 3.88\%$$

用(4.5-6)式验证合理性：

$$(1 - 0.152) \times 0.0885 > 0.152 \left(\frac{1}{5} - 0.0388 \right)$$

上式成立，故知 p 和 q 合理。

按(4.5-4)式，新书率数学模型为：

$$X = 0.354 - 0.202 e^{-0.250t} \qquad (4.5-b)$$

由(4.4-4)式

$$\frac{1 - \overline{r_k}}{1 - \overline{r_k^5}} = \frac{1.0249 \times 0.152}{5 \times 0.0885} = 0.301$$

查表4.5-2，知 $\overline{r_k} = 0.70$

规划数据见表4.5-3和图4.5-3。

表4.5-3

① 年代 t	② 一年内新购册数 V_p	③ 一年内剔旧册数 V_q	④ 年底藏书册数 V	⑤ 年底新书率 X
0			4530	15.2%
1	401	176	4755	19.7%
2	421	184	4992	23.1%

194

① 年代 t	② 一年内新购册数 V_p	③ 一年内剔旧册数 V_q	④ 年底藏书册数 V	⑤ 年底新书率 X
3	442	194	5240	25.9%
4	464	204	5500	28.0%

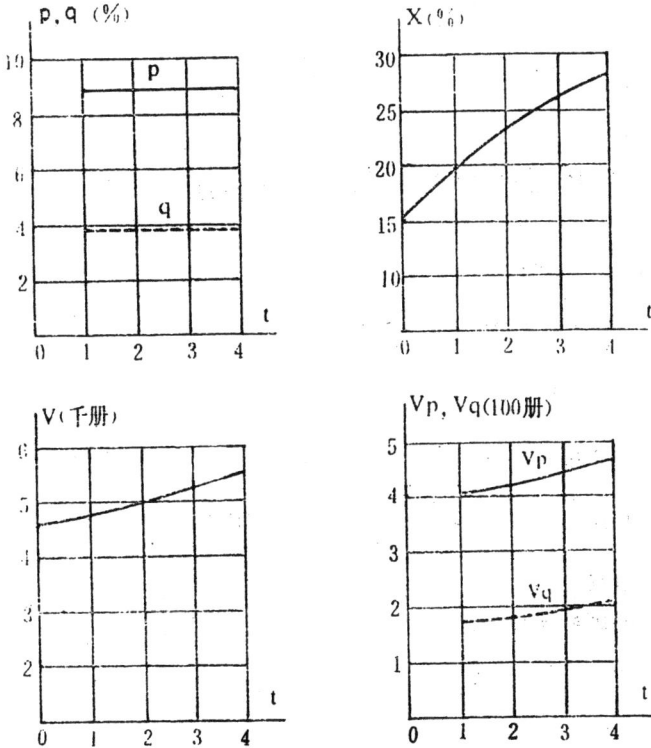

图 4.5 - 3

表 4.5 - 3 的意义是:每年只要大致上按照第②和第③栏的数字去新购和剔旧,到了第 4 年年底新书率和藏书册数就会自然地接近期望的目标。它并不是要求一册不差地照表办事,这是不可能也是不必要的。

二、学科 0 年年底的初始数据同前,但希在第 4 年年底新书率上升到 28% 同时,藏书册数减少到 3800 册。

计算步骤与上例相同:

$$p - q = \sqrt[4]{\frac{3800}{5050}} - 1 = -0.043$$

$$Z = 0.2 - 0.043 = 0.157$$

$$X_n = \frac{0.28 - 0.152 e^{-0.157 \times 4}}{1 - e^{-0.157 \times 4}} = 0.4265$$

$$p = 0.4265 \times 0.157 = 6.70\%$$

$$q = 0.2 + 0.067 - 0.157 = 11.0\%$$

验证合理性:

$$(1 - 0.152) \times 0.067 > 0.152 (\frac{1}{5} - 0.11)$$

上式成立,故知 p 和 q 合理。又据(4.4 - 4)式

$$\frac{1 - \overline{r_k}}{1 - \overline{r_k}^5} = \frac{0.957 \times 0.152}{5 \times 0.067} = 0.434 \qquad \overline{r_k} = 0.60$$

新书率数学模型是

$$X = 0.427 - 0.275 e^{-0.157t} \qquad\qquad (4.5 - c)$$

规划数据见表 4.5 - 4 和图 4.5 - 4。

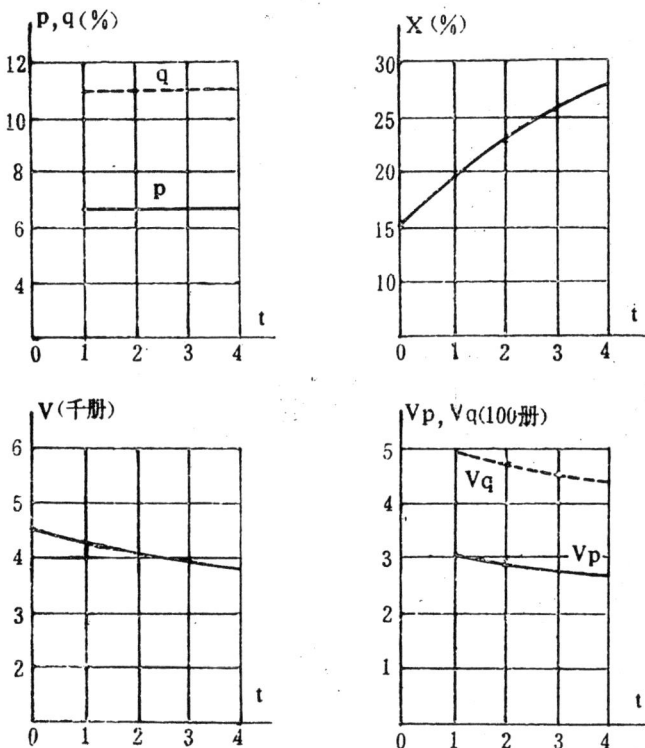

图 4.5－4

表 4.5－4

① 年代 t	② 一年内新购册数 V_p	③ 一年内剔旧册数 V_q	④ 年底藏书册数 V	⑤ 年底新书率 X
0			4530	15.2%
1	304	498	4336	19.2%
2	291	477	4150	22.6%

197

（续表）

① 年代 t	② 一年内新购册数 V_p	③ 一年内剔旧册数 V_q	④ 年底藏书册数 V	⑤ 年底新书率 X
3	278	457	3971	25.5%
4	266	437	3800	28.0%

比较4.5-1,4.5-2和4.3-3三表,可以见到增加剔旧率对提高新书率的明显的效果。只要流通部门的人力允许,消极的心理影响也已经消除时,按照严格的程序,并在健全的监督和审核之下,做好剔旧工作,对改善藏书结构,刺激流通增长是很有必要的。

（四）零增长和复合规划

当流通部门认为某一学科的质量结构已属优良,流通率很高,适应度也很好,就会希望保持藏书册数不增不减,这种情况称为"零增长"。同时,将前面讨论过的藏书册数或增或减的情况称为"非零增长"。

在零增长下,新购率p与剔旧率q一定相等,但又要改善年代结构,因而p和q也不能等于零。在(4.5-3)式中,令$p = q$,得到:

$$X = np - (np - X_0)e^{-\frac{t}{n}} \qquad (4.5-14)$$

将$t = T$时$X = X_T$代入,化简后有:

$$p = q = \frac{1}{n}\left(\frac{X_T - X_0}{e^{\frac{T}{n}} - 1} + X_T\right) \qquad (4.5-15)$$

在(4.5-6)式中应用$p = q$,得$np > X_0$,但从对(4.5-15)式作变换,可得:

$$np > X_T \qquad (4.5-16)$$

198

这是验证零增长时 p 和 q 的合理性的公式。

现举例说明。有一学科，$n = 5$ 年。0 年年底统计 $X_0 = 35.6\%$，$V_0 = 4530$ 册，流通率高，适应度好。想在近期内实行零增长，目标是达到 $X_T = 45\%$，但因经费限制 p 不能大于 14%，要求制订规划。

先试 2 年为规划期限。按(4.5 - 15)式，

$$p = q = \frac{1}{5}\left(\frac{0.45 - 0.356}{e^{\frac{2}{5}} - 1} + 0.45\right) = 12.8\%$$

小于 14%，故知规划期限 2 年是适宜的。如超过 14%，可试 3 年等等。又据(4.5 - 16)式

$$5 \times 0.128 > 0.45$$

知 p 和 q 合理。由(4.5 - 14)式，新书率数学模型是

$$X = 0.640 - 0.284e^{-0.2t} \qquad (4.5 - d)$$

具体规划数字是：第 1 和第 2 年各新购和剔旧 580 册，新书率第 1 年为 40.7%，第 2 年达到 45.0%。

由(4.4 - 4)式，

$$\frac{1 - \overline{r_k}}{1 - \overline{r_k^5}} = \frac{1 \times 0.356}{5 \times 0.128} = 0.556$$

查表得 $\overline{r_k} = 0.46$，属于较小。

在规划年数较长时，可以用"复合规划"方法，来使新购册数和剔旧册数有所减少，以节约经费和人力。这个方法把规划期间分为两个阶段，第一阶段实行非零增长，即在此阶段内把学科的藏书册数升到期望值，而让新书率只作小幅度的增加；第二阶段实行零增长，即让藏书册数不增不减，而将新书率提高到期望目标上。下面举一例说明。

一流通部门有一个重点学科，$n = 8$ 年，0 年年底 $V_0 = 5050$ 册，$X_0 = 54.2\%$。希望到第 7 年年底 V_T 达到 6000 册，X_T 达到 65%。要求先做一个一般的非零增长规划，再另做一个复合规划，互相比

较。

先做一般的非零增长规划。

$$p - q = \sqrt[7]{\frac{6000}{5050}} - 1 = 0.0249$$

$$Z = \frac{1}{8} + 0.0249 = 0.1499$$

$$X_m = \frac{0.65 - 0.542e^{-0.1499 \times 7}}{1 - e^{-0.1499 \times 7}} = 0.708$$

$$p = 0.708 \times 0.1499 = 10.62\%$$

$$q = \frac{1}{8} + 0.1062 - 0.1499 = 8.13\%$$

验证 p 和 q 的合理性:$(1 - 0.542) \times 0.1062 > 0.542 \times (1/8 - 0.0813)$,故知合理。新书率数学模型是:

$$X = 0.708 - 0.166e^{-0.1499t} \qquad (4.5 - e)$$

按$(4.4 - 4)$式,$(1 - \overline{r_k})/(1 - \overline{r_k}^8) = (1.0249 \times 0.542)/(8 \times 0.1062) = 0.653$,表 4.5 - 5 是由 $(1 - \overline{r_k})/(1 - \overline{r_k}^8)$ 反查 $\overline{r_k}$ 的工具表的一部分,由其中查出 $\overline{r_k} = 0.35$,也属于较小。

表 4.5 - 5

$\overline{r_k}$	$\dfrac{1 - \overline{r_k}}{1 - \overline{r_k}^8}$	$\overline{r_k}$	$\dfrac{1 - \overline{r_k}}{1 - \overline{r_k}^8}$	$\overline{r_k}$	$\dfrac{1 - \overline{r_k}}{1 - \overline{r_k}^8}$
0.20	0.800	0.30	0.700	0.40	0.600
0.25	0.750	0.35	0.650	0.45	0.551

规划数据见表 4.5 - 6 和图 4.5 - 5。

表 4.5 - 6

① 年代 t	② 一年内新购册数 V_p	③ 一年内剔旧册数 V_q	④ 年底藏书册数 V	⑤ 年底新书率 X
0			5050	54.2%
1	536	410	5176	56.5%
2	550	421	5305	58.5%
3	563	431	5437	60.2%
4	577	442	5572	61.7%
5	592	453	5711	63.0%
6	607	464	5854	64.1%
7	622	476	6000	65.0%
合计	4047	3097		

从表 4.5 - 6 看到,这个规划要求 7 年中一共新购 4047 册,剔旧 3097 册,相差 950 册,等于藏书册数的净增值。

下面再做复合规划。设非零增长阶段为 5 年,记为 T_1。到第 5 年年底 V_{T1} 达到 6000 册满数,X_{T1} 只作小幅度增加,仅到 56% 为止。剩下零增长阶段为 2 年,藏书册数不再增减,X_T 较速增长达到 65% 的最后目标。

非零增长阶段:

$$p - q = \sqrt[5]{\frac{6000}{5050}} - 1 = 0.0351$$

$$Z = \frac{1}{8} + 0.0351 = 0.1601$$

$$X_m = \frac{0.56 - 0.542 e^{-0.1601 \times 5}}{1 - e^{-0.1601 \times 5}} = 0.5747$$

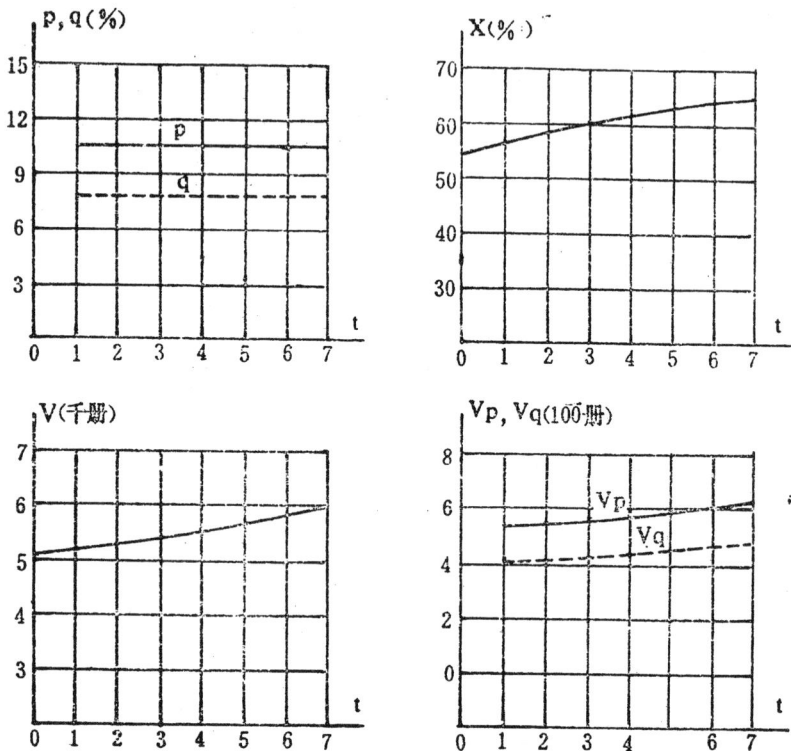

图 4.5 - 5

$$p = 0.5747 \times 0.1601 = 9.20\%$$

$$q = \frac{1}{8} + 0.0920 - 0.1601 = 5.69\%$$

$(1 - 0.542) \times 0.92 > 0.542 \times (\frac{1}{8} - 0.0569)$，故知 p 和 q 合理。

$$X = 0.575 - 0.033e^{-0.1601t} \qquad\qquad (4.5 - f)$$

$$\frac{1 - \overline{r_K}}{1 - \overline{r_K}^8} = \frac{1.0351 \times 0.542}{8 \times 0.092} = 0.762, \qquad \overline{r_K} = 0.24$$

零增长阶段：

$$p' = q' = \frac{1}{8}\left(\frac{0.65 - 0.56}{e^{\frac{2}{8}} - 1} + 0.65\right) = 12.09\%$$

$8 \times 0.1209 > 0.65$，故知 p' 和 q' 合理。

$$X = 0.967 - 0.407e^{-0.125t} \qquad\qquad (4.5 - g)$$

$$\frac{1 - \overline{r_K}}{1 - \overline{r_K}^8} = \frac{1 \times 0.56}{8 \times 0.1209} = 0.579, \qquad \overline{r_K} = 0.43$$

两个阶段的规划数字见表 4.5 - 7 和图 4.5 - 6。

表 4.5 - 7

① 年代 t		② 一年内新购册数 V_p	③ 一年内剔旧册数 V_q	④ 年底藏书册数 V	⑤ 年底新书率 X
	0			5050	54.2%
非	1	464	287	5227	54.7%
零	2	481	297	5411	55.1%
增	3	498	308	5601	55.5%
长	4	515	319	5797	55.8%
	5	533	330	6000	56.0%
零增	6	725	725	6000	60.8%
长	7	725	725	6000	65.0%
合计		3941	2991		

这个规划要求 7 年中一共新购 3941 册，剔旧 2991 册。

比较两种规划，发现复合规划的优点在于：7 年中共新购和剔旧册数都比一般非零增长规划减少了 160 册，数字虽不很大，毕竟是节约；它又把大采购量留到第 6 和第 7 两年，那时如有经费比较宽裕的把握，则是很有利的。一般非零增长规划的优点，在于 r_K 从全体上看稍大些,采购工作中的困难(特别是前 5 年)较小。

可以看出,在不改变一切条件的前提下,只是改进规划技术,能达到少新购和少剔旧的目的,不过要付出采购中克服多购近年书的困难的代价。分析还表明,要增加新购和剔旧中的节约数,非零增长阶段的时间 T_1 愈长愈好,X_{T1} 愈小愈好。

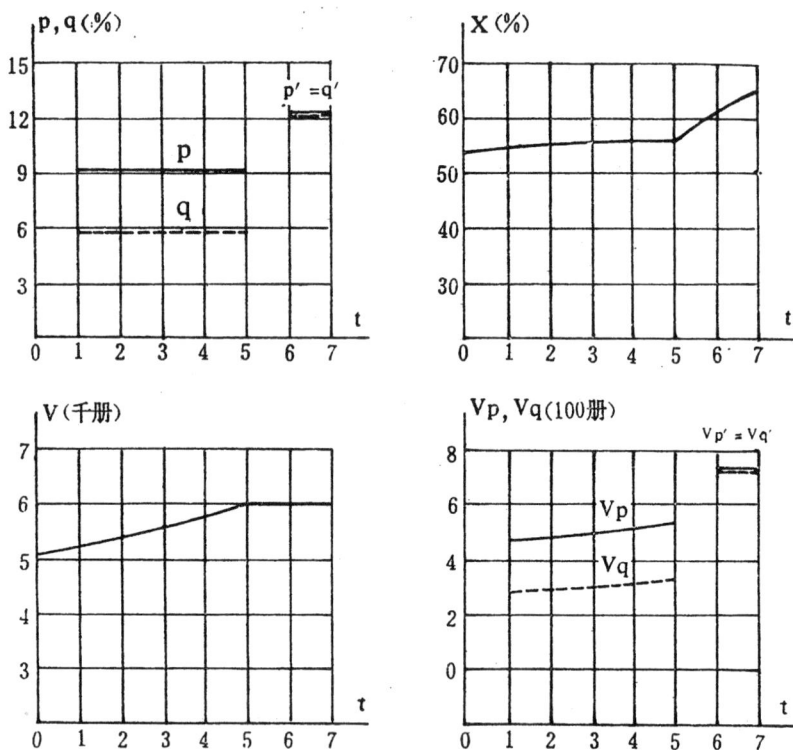

图 4.5 - 6

(五)复合规划的优化

学科藏书年代结构的复合规划包括非零增长和零增长两个阶段,在前一阶段中 $p \neq q$,主要完成藏书册数上的变化,在后一阶段中 $p = q$,主要完成新书率的提高。它有(1)节约一些经费和人力,(2)将大新购率和剔旧率放在较有把握应付的规划后期等两种好处。现在就在上例的 $NJ-t$ 图(图4.5-6)上来考虑一下如何使复合规划进一步优化。图4.5-7是一种优化的设想。它在非零增长阶段(从 $t=0$ 到 $t=T_1$)采用连续变化着的 P 和 q,即

$$\left. \begin{array}{l} p = p_0 - \alpha t \\ q = q_0 + \beta t \end{array} \right\} \tag{4.5-17}$$

其中 p_0 和 q_0 是 p 和 q 的初始值,并且 q_0 接近于零,α 和 β 是常量。p 和 q 到 T_1 年与零增长阶段的 p' 和 q' 相衔接。这样做了以后或许能在节约等方面造成某种优势。同时,p 可能会逐年增加(当 $\alpha < 0$ 时),q 则必定每年要加大,这当然应该在流通部门的经费和人力允许的幅度以内。

因为在非零增长阶段 P 和 q 已不是常量,它们就不像§4.3和§4.4以及本节前四部分中那样,是"一年内"保持恒定的两个比率,而是"逐日"在变化着;所以要计算每一年内的新购册数 V_p 和剔旧册数 V_q,以及每年年底的藏书册数 V,都不能再用简单的乘法,而只能用积分;更为重要的是,过去的新书率数学模型要在 p 和 q 为变量的基础上加以修正。由于这些原因,计算稍见复杂。下面为了节省篇幅,推演只好从简,并把理论与一个数例结合起来讲,以便理解。这个数例的初始条件与前面复合规划的数例完全相同,即学科的 $n=8$ 年,0 年年底统计 $V_0 = 5050$ 册,$X_0 = 54.2\%$,规划期间 T 为 7 年,其中非零增长阶段 T_1 为 5 年,到 T_1 年年底 $V_{T1} = 6000$ 册,$X_{T1} = 56\%$;到第 7 年年底 $V_T = 6000$ 册,$X_T = 65\%$。

一、非零增长阶段的 p 和 q,以及 G 和 H 两值的设定

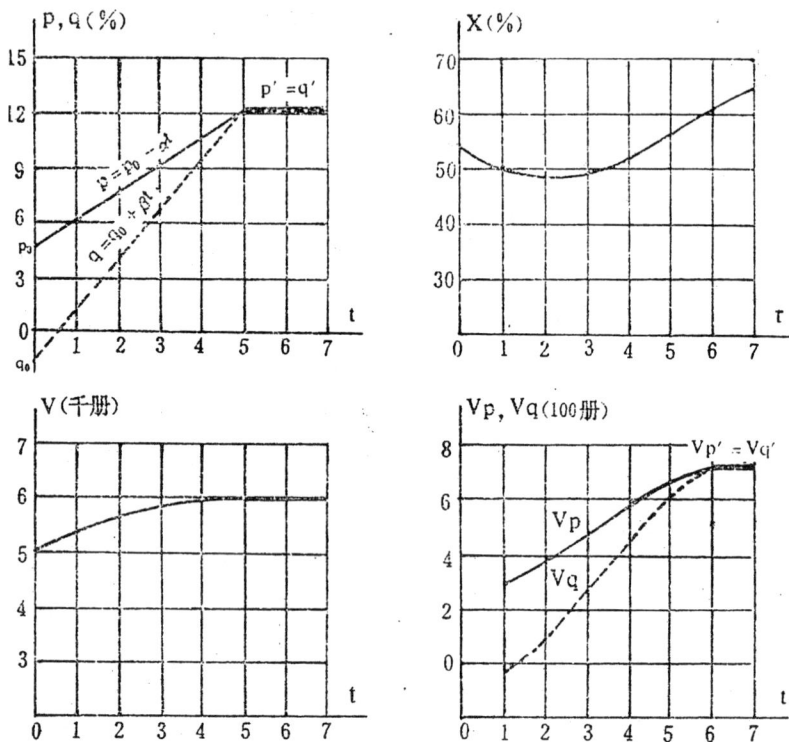

图 4.5 - 7

在图 4.5 - 7 的"$p, q - t$"图中可见,

$$p_0 - \alpha T_1 = q_0 + \beta T_1$$

令 $G = p_0 - q_0$ (4.5 - 18)

$$H = \alpha + \beta \qquad\qquad (4.5 - 19)$$

得到 $\left.\begin{array}{l} G = HT_1 \\[2mm] H = \dfrac{G}{T_1} \end{array}\right\}$ (4.5 - 20)

206

p_0, q_0, α 和 β 是四个未知数。

二、计算非零增长阶段的 G 和 H 值,并建立 $V(t)$ 函数式

在 dt 时间内 V_t 的增量是:

$$dV_t = V_t \left[(p_0 - \alpha t) - (q_0 + \beta t) \right] dt$$

用边界条件 $t = 0$ 时 $V_t = V_0$ 解得

$$\left. \begin{aligned} &1n \frac{V_t}{V_0} = Gt - \frac{H}{2}t^2 \\[2mm] &V_t = V_0 e^{Gt - \frac{H}{2}t^2} \end{aligned} \right\} \qquad (4.5-21)$$

用当 $t = T_1$ 时 $V_t = V_T$ 代入上式,并结合 $(4.5-20)$ 式,得到

$$G = \frac{2 1n \dfrac{V_T}{V_0}}{T_1} \qquad (4.5-22)$$

$$H = \frac{2 1n \dfrac{V_T}{V_0}}{T_1^2} \qquad (4.5-23)$$

在数例中,

$$G = \frac{2 1n \dfrac{6000}{5050}}{5} = 0.0689$$

$$H = \frac{0.0689}{5} = 0.01379$$

于是 $(4.5-18)$ 式和 $(4.5-19)$ 式变成:

$$p_0 - q_0 = 0.0689 \qquad (4.5-h)$$

$$\alpha + \beta = 0.01379 \qquad (4.5-i)$$

在解四个未知数 p_0, q_0, α 和 β 所需的四个方程式中,已经有了两个。同时 $(4.5-21)$ 式变成:

$$V_t = 5050 e^{0.0689t - 0.00689t^2} \qquad (4.5-j)$$

由 $(4.5-j)$ 式算出非零增长阶段各年的学科藏书册数如表 4.5-8。

表4.5-8

t(年)	V(册)
0	5050
1	5373
2	5638
3	5836
4	5958
5	6000

三、决定零增长阶段的 $p' = q'$

根据(4.5-15)式,有:

$$p' = q' = \frac{1}{n}\left(\frac{X_T - X_{T1}}{e^{\frac{T - T_1}{n}} - 1} + X_T\right) \qquad (4.5-24)$$ 在本例,

$$p' = q' = \frac{1}{8}\left(\frac{0.65 - 0.56}{e^{\frac{2}{8}} - 1} + 0.65\right) = 12.09\%$$

四、建立非零增长阶段的新书率数学模型

微分方程式仍为:

$$dX = \left[p(1-X) + qX - \frac{X}{n}\right]dt \qquad (4.5-2)$$

用(4.5-17)式代入上式,并利用(4.5-18)至(4.5-20)三式,解得

$$X = e^{-Y(t)}\left[p_0\int_0^t e^{Y(t)}dt - \alpha\int_0^t e^{Y(t)}tdt\right] + X_0 e^{-Y(t)} \qquad (4.5-25)$$

其中

$$Y(t) = \left(\frac{1}{n} + G\right)t - \frac{H}{2}t^2 \qquad (4.5-26)$$

再命

208

$$C(t) = \int_0^t e^{Y(t)} dt \\
D(t) = \int_0^t e^{Y(t)} t dt$$ $\qquad$ 4.5 – 27

则(4.5 – 25)式可以写成

$$X = e^{-Y(t)} \left[p_0 C(t) - \alpha D(t) + X_0 \right] \qquad (4.5 – 28)$$

$C(t)$ 和 $D(t)$ 不能用初等函数表示,只能用数值积分法计算。当 P 和 q 为常量时,α, β 和 H 都为零,(4.5 – 28)式就变成(4.5 – 2)式。因此,(4.5 – 28)式实际上是新书率数学模型的一般形式。再将(4.5 – 28)式整理为:

$$p_0 C(t) - \alpha D(t) = e^{Y(t)} X - X_0$$

用 $t = T_1$ 时 $X = X_{T1}$ 代入上式,得到

$$p_0 C(T_1) - \alpha D(T_1) = e^{y(T1)} X_{T1} - X_0 \qquad (4.5 – 29)$$

结合到本数例,可以作下列计算:

$$Y(t) = \left(\frac{1}{8} + 0.00689 \right) t - \frac{0.01379}{2} t^2$$
$$= 0.1939 t - 0.006895 t^2 \qquad (4.5 – k)$$

因而有:$Y(0) = 0$, $\quad Y(1) = 0.187$, $\quad Y(2) = 0.360$, $\quad Y(3) = 0.520$, $Y(4) = 0.665$, $Y(T_1) = Y(5) = 0.797$, $\quad e^{Y(T1)} = 2.22$。

又用数值积分法算出:

$C(0) = 0$ $\qquad\qquad D(0 = 0)$

$C(1) = 1.10$ $\qquad\qquad D(1) = 0.58$

$C(2) = 2.42$ $\qquad\qquad D(2) = 2.58$

$C(3) = 3.98$ $\qquad\qquad D(3) = 6.51$

$C(4) = 5.79$ $\qquad\qquad D(4) = 12.88$

$C(T_1) = C(5) = 7.28$ $\quad D(T_1) = D(5) = 22.28$

上列计算用计算机较为精确便捷,但用手工也能得到足够准确的结果。

将 $C(T_1), D(T_1)$ 和 $Y(T_1)$ 代入(4.5 – 29)式,得到:

$$7.82 p_0 - 22.28 \alpha = 2.22 \times 0.56 - 0.542$$

或 $\qquad p_0 - 2.85\alpha = 0.0897 \qquad\qquad (4.5-l)$

这是一个 p_0 与 α 的关系式,因而为解 p_0, q_0, α 和 β 等四个未知数所需的四个方程式中,现在已有了三个。

五、解出 p_0, q_0, α 和 β

令非零增长阶段 T_1 年上的 $p=q$ 与零增长阶段的 $p'=q'$ 相衔接,可有:

$$p_0 - T_1\alpha = p' \qquad\qquad (4.5-30)$$

在 $(4.5-18)$, $(4.5-19)$, $(4.5-29)$ 和 $(4.5-30)$ 四式中可以解出 p_0, q_0, α 和 β 四个未知数。在本例, $(4.5-30)$ 式为:

$$p_0 - 5\alpha = 0.1209 \qquad\qquad (4.5-m)$$

在 $(4.5-h)$, $(4.5-i)$, $(4.5-l)$ 和 $(4.5-m)$ 四式中解得:

$$p_0 = 4.83\%, \qquad\qquad q_0 = -2.06\%$$
$$\alpha = -0.01451, \qquad\qquad \beta = +0.02831$$

即在非零增长阶段,

$$\left.\begin{array}{l} p = 0.0483 + 0.01451t \\ q = -0.0206 + 0.02831t \end{array}\right\} \qquad (4.5-n)$$

这里 q_0 为负值,本来是不合理的,但它很小,而且还小于 β,当 t 不到一年时, q 已成为正值,所以基本上无碍。

六、计算非零增长阶段的 V_p 和 V_q

列出下列微分方程式:

$$dV_p = V_t, (p_0 - \alpha t)dt$$
$$dV_q = V_t(q_0 + \beta t)dt$$

用 $(4.5-21)$ 式代入,积分得

$$\sum V_p = V_0[p_0E(t) - \alpha F(t)] \qquad (4.5-31)$$
$$\sum V_q = V_0[q_0E(t) + \beta F(t)] \qquad (4.5-32)$$

其中

$$E(t) = \int_0^t e^{w(t)}dt \qquad\qquad (4.5-33)$$
$$F(t) = \int_0^t e^{w(t)}tdt \qquad\qquad (4.5-34)$$

210

$$W(t) = Gt - \frac{H}{2}t^2 \qquad (4.5-35)$$

ΣV_p 和 ΣV_q 代表新购和剔旧册数从 0 年年底到 t 年年底的累计值,加了 Σ 符号以示与一年内的 V_p 和 V_q 有区别。在本例,

$$W(t) = 0.0689t - 0.006895t^2 \qquad (4.5-o)$$

用数值积分法求得

$E(0) = 0$	$F(0) = 0$
$E(1) = 1.03$	$F(1) = 0.52$
$E(2) = 2.13$	$F(2) = 2.17$
$E(3) = 3.26$	$F(3) = 5.02$
$E(4) = 4.43$	$F(4) = 9.11$
$E(5) = 5.62$	$F(5) = 14.44$

(4.5-31)和(4.5-32)两式成为

$$\Sigma V_p = 5050[0.0483E(t) + 0.01451F(t)] \qquad (4.5-p)$$

$$\Sigma V_q = 5050[-0.0206E(t) + 0.02831F(t)]$$

$$\qquad (4.5-q)$$

七、计算非零增长阶段各年的 X 值

(4.5-28)式成为:

$$X = e^{-Y(t)}[0.0483C(t) + 0.01451D(t) + 0.542]$$

$$\qquad (4.5-r)$$

八、计算零增长阶段各年的 X, $V_{p'}$ 和 $V_{q'}$ 值

按(4.5-14)式,

$$X = 8 \times 0.1209 - (8 \times 0.1209 - 0.56)e^{-\frac{t}{8}}$$

或

$$X = 0.967 - 0.407e^{-\frac{t}{8}} \qquad (t=0,1,2) \qquad (4.5-s)$$

$$V_{p'} = V_{q'} = 0.1209 \times 6000 = 725 \text{ 册}$$

九、列出多年规划数据表

表 $4.5-9$ 的第②和第③栏由 $(4.5-p)$ 和 $(4.5-q)$ 两式算出。第④和第⑤栏分别由第②、③两栏中下一行减去上一行而得。第⑥栏由上一行的 V 加上本行的 V_p 后再减去本行的 V_q 而得，与表 $4.5-8$ 完全相符。第⑦栏是分别由 $(4.5-r)$ 和 $(4.5-s)$ 两式计算得来的各年新书率。这一规划的 $NJ-t$ 图，就是图 $4.5-7$。

表 $4.5-9$

① 年代 t		② 从0年到 t 年新购册数的累计值 $\sum V_p$	③ 从0年到 t 年剔旧册数的累计值 $\sum V_q$	④ t 一年内新购册数 V_p	⑤ t 一年内剔旧册数 V_q	⑥ t 年年底藏书册数 V	⑦ t 年年底新书率
	0	0	0			5050	54.2%
非	1	289	-33	289	-5339	50.1%	
零	2	679	89	390	89	5640	48.6%
增	3	1163	379	484	290	5837	49.3%
长	4	1748	841	585	462	5957	51.9%
	5	2429	1479	681	638	6000	56.0%
零增长	6			725	725	6000	60.8%
	7			725	725	6000	65.0%
合计				3879	2929		

第1年的 $\sum V_q$ 为 -33 册，是由一个负的 q_0 引起的。因为它很小，而且到第2年就变成正值，所以加以忽略，并将第一年的 V_q 取为零，这对规划整体的影响不算大。在非零增长阶段前期，新书率颇有下降，后期又较快地升到中间期望值 X_{T1}，到零增长阶段迅速提高到最终目标值。因为在非零增长阶段主要力量放在藏书册数的增加上，所以出现这种情况。这两条是这一规划的缺点。

212

这一规划的优点是：(1)新购和剔旧的合计册数比一般非零增长规划（表4.5－6）各少168册，比没有经过优化的复合规划（表4.5－7）各少62册，为数固然不大，但应该说在节约经费和人力上算是较好；(2)它把较多的新购和剔旧工作重点放在规划后期，使准备可以更充分些，这是符合一些流通部门的愿望的。事实上，这两条优点的取得，是以非零增长阶段前期新书率的暂时下降为代价的。规划的设想大力抑制了p_0和q_0，产生了使它们越出公式(4.5－6)的规定的现象，到了非零增长阶段的后期才恢复为合理，这是这件事的本质。

至于这个规划是否优点胜过了缺点，要由流通部门按照自己的条件来考虑，其中包括P和q的逐年增长是否在它的经费和人力所允许的幅度以内的问题。

如果将T_1变长一点〔如5(1/2)年〕，同时稍稍调高X_{T1}（如56.5%），规划的整体效益有进一步优化的可能。不过，要想大量减少新购和剔旧的合计册数是难以做到的。

最佳规划方案的计算、比较和选择工作要用计算机来做才见效率。目前我国大多数图书馆尚没有这样做的条件和必要，不过开展这方面的理论研究还是很有价值的。

§4.6　复本结构及其他

前面五节讨论了藏书的学科结构（也可以说是数量结构）、质量结构和年代结构。本节讲另一种主要的藏书结构——复本结构以及有关藏书结构的其他问题。

复本结构的统计和分析是在流通部门一级进行的。在实行AB流通模式（包括长短期外借、闭架内阅、视听等）的部门中，即在读者使用书刊资料要办理手续，其分学科的年流通量可以直接统计出来的部门中,应该在每年年底按学科分别统计它的藏书种数和册数。表4.6-1是一个外借部门的例子(它的年流通、拒绝和呆滞三种资料,已在§3.3,§3.4和§3.5中用过),其中第②栏为各学科年底藏书册数,记为v_i(i代表学科号);第③栏为各学科年底藏书种数,记为u_i。命v_i与u_i之比为"藏书复本率",数值列在第④栏,记为f_{vi}:

$$f_{vi} = \frac{v_i}{u_i} \qquad\qquad (4.6-1)$$

全部门的"平均藏书复本率"记为F_v:

$$F_v = \frac{\Sigma v_i}{\Sigma u_i} \qquad\qquad (4.6-2)$$

表4.6-1中F_v等于5.34。第⑤栏对于$f_{vi} \leqslant F_v$的学科打上了"√"号。注意这里用的是"小于或等于",因为复本率以小为优,仿照流通过中率的办法,计算"复本过中率",记为g_f。这一年打上"√"号的学科v_i之和为4235册,所以$g_f = 4235/13342 = 31\%$。复本过中率反映全部门各学科的复本率向小的一边聚集的形态。

从理论上讲,复本率愈小愈好。理由是,首先,f愈小,用同数经费所能购置的书刊种数愈多,而一个部门所藏书刊的种数愈多,无异于它所拥有的信息2愈大。其次,F愈小,说明流通部门组织流通的效率愈高。因为,在外借模式中,借书期限愈短,所需复本率愈低,在内阅模式中,则开放时间表愈符合读者人流增减的规律,所需复本率也愈低。再其次,f小,其对应的流通率亦高;反之,一个大的f必导致低的流通率;而一些学科因迎合读者一时的不合理要求而设置了过大的复本率,虽然在短期内有某种刺激作用,但在稍长的时期中,就要降低流通过中率。因此,表4.6-1所代表的,不妨说是较差的复本结构。

但是,在以流通社会效益为主的图书馆中,压低平均复本率有很大的困难。这主要因为,读者往往在某一段时期内对某几种书籍或刊物有极高的要求,不用高复本率来满足他们的迫切需要,读者就会不满。应该从两方面来看待这种现象。一方面,这种突然异常高涨的需要,多数属于一时广为流行,而质量却平常的书刊。又在学校图书馆中,学生读者常要借阅大量的教科书和习题解答等。对于这类情况,流通工作人员应该做耐心细致的解释工作,不宜迁就,不要因追求一时的高流通量而败坏了自己的藏书质量结构和复本结构;其实这种高流通量只是暂时的假象,并无益于各项流通指标的稳定提高。但是,从另一方面看,我国出版物的数量、质量和周期中所存在的问题,读者自己购买书刊经济能力上的不足,以及长期沿袭下来的过分依赖图书馆的习惯是一时难以彻底改变的。对于目前复本率一般偏高的现状,确实不宜作急剧的降低。下面提出从流通观点和服务观点出发的一种缓进的改善复本结构的办法,包括 4 部分内容,分述于下。

一、复本结构的长远规划

先要对今后本部门的复本结构作一个多年的规划。表 4.6 - 1 中第⑥至第⑨栏是一个多年(究竟是几年,到下文再分析)规划的数据。第⑥栏是"预计藏书册数",记为 v_{yi},为多年后各学科的藏书量的规划值,其中有的学科比起本年年底的 v_i 来几乎没有增加,有的学科因专业发展需要而增加得较多,总之由流通部门斟酌现实和未来形势决定。第⑦栏 f_{yi} 为"预计复本率"。原则上复本率当然是小了好,但是它的理想值殊难精密确定,特别是多年后的流通情况又不能预估得很准确,所以只是根据各学科的情形粗略地分为 3.0, 3.5 和 4.0 三级。第⑧栏为各学科的"预计藏书种数" u_{yi},等于第⑥栏除以第⑦栏。用第⑧栏的合计数 5287 种去除第⑥栏的合计数 19250 册,得"预计平均复本率" F_y 等于 3.64,比本年年底的 F_v 5.34 减少了不少。在第⑨栏中对 $f_{yi} \leqq F_y$ 的学科打"√"号,这些学科的 v_{yi} 之和为 8250 册,因而"预计复本过中率" g_{fy}

= 8250/19250 = 45%。与本年年底相比可以见到复本率的聚集已向小的一边移动了许多。如能实现这个规划，复本结构的改善是明显的。

二、流通复本率

前面讲的都是藏书的复本率，但是流通也有自己的复本率。这里先讲外借模式的流通复本率。

设有一种书籍（以 j 代表种别）在一年中流通了 l_i 次。令 Q（以月计）代表流通部门规定的借书期限。$12/Q$ 为在纯理想的情况下，一册书一年内能作流通的最多次数。将上数除以一个大于 1 的系数 k，得 $12/kQ$，就是考虑了各种有碍于流通效率的现实因素之后，一册书一年内能作流通的实际次数。如流通部门管理效率和流通质量都很高，k 可取得小一点，一般取为 2 左右较为适宜。再拿 l_i 除以 $12/kQ$，得 $kQl_j/12$，为从这一年流通的需要看，种别为 j 的书应备有的册数，称为 j 种书的"流通复本率"。现在把上述概念从一种书推广到学科。一个学科 i 有 u_i 种书（$j = 1, 2, 3, \cdots, u_i$），它的宏观的流通复本率（记为 f_{li}）可认为是所有种别的书各自的流通复本率的算术平均值，等于 $\sum(kQl_i/12)/u_i$，于是有：

$$f_{li} = \frac{kQl_i}{12u_i} \qquad (4.6-3)$$

其中 $l_i(=\sum l_j)$ 是 i 号学科的年流通量册数。

由上式可以从外借部门的各个学科的年流通量计算它们这一年的流通复本率。k 由部门根据各自的具体条件选取，但一不要为了"安全"定得过大，二要对各学科用同一 k 值。

在表 4.6-1 中，第⑩栏为各学科的年流通量，已在 §4.3 中用过。第⑪栏为由（4.6-3）式算出的流通复本率 f_{li}，其中 Q 用的是这个流通部门的借书期限 3 个月，k 用 2.0。

216

闭架内阅书籍和供读者个人利用的视听服务，也都属于 AB 型流通模式，但是它们没有较长的借阅期限 Q，所以流通复本率要换一种算法。先把（4.6-3）式中的 l_i 改为 i 号学科（或大学科）的"平均日流通量"，即年流通量被一年中开放天数除。接着需要两项统计资料。一项是每一位读者阅读或利用 i 号学科的一册书刊或一件资料所需的平均时间 t_i（以分钟计），这要做几十次跟踪调查才能取得的。另一项是这个部门在一年中每日的平均开放时间，记为 T_i（也以分钟计）。T_i/t_i 是这个部门对于一册（件）i 号学科的书刊资料每日能提供多少次利用的机会。将平均日流通量 l_i 除以 T_i/t_i，得 $l_i t_i/T_i$，就是流通部门应该置备的册（件）数；再除以种数 u_i，得到 $l_i t_i/u_i T_i$，就是流通复本率 f_{li} 了。但是这些流通模式的流通形态与外借模式不同。这里一位读者想利用一种书刊资料而恰巧所有复本全被别的读者占住时，他可以一边利用另一种一边等待，通常不要很久便能利用到原来想用的那一种。因此在 $l_i t_i/u_i T_i$ 这一理论值上面，应该乘一个小于 1 的系数 k。k 可由流通部门根据具体情况选择，似乎在 1 与 0.5 之间较为适宜。于是这一类流通模式的流通复本率的计算公式成为：

$$f_{li} = \frac{k l_i t_i}{u_i T_i} \qquad (4.6-4)$$

三、采购复本率

现在对于每一个学科，已经有了三种复本率：现有的藏书复本率 f_{vi}，规划的预计复本率 f_{yi}，以及反映流通现实的流通复本率 f_{li}。比较这三种复本率，可以决定明年一年中所宜采取的"采购复本率"f_{zi}。分析过程也列于表 4.6-1 中。第⑫栏为 $f_{vi} > f_{yi} \geqq f_{li}$，第⑬栏为 $f_{li} > f_{vi} > f_{yi}$，第⑭栏为 $f_{vi} > f_{li} > f_{yi}$。对于每种组合，都按照（1）适当照顾流通，（2）尽量向规划靠近两条原则来决定明年各学科的 f_{zi}。具体来说，有：

1. $f_{vi} > f_{yi} \geqslant f_{li}$，即馆藏 > 预计 > 流通，有 F，N，$O607$，P，Q，以及 $S \sim Z$ 共 24 个学科。这些学科的流通复本率偏低，是由于大部分读者的学术水平和科研能力尚有待于提高，而流通部门为了着眼于未来的发展，在规划中保持了较高的预计复本率。对这些学科宜取 f_{yi} 与 f_{li} 间的某一适当值为 f_{zi}。

2. $f_{li} > f_{vi} > f_{yi}$，即流通 > 馆藏 > 预计，有 $A \sim E$，H，J 和 R 共 8 个学科。这些学科的流通复本率较高，有读者中一时的热门爱好和社会风尚等原因，所以对它们宜兼顾流通和预计两个方面，采用略大于 f_{vi} 的某值为 f_{zi}。

3. $f_{vi} > f_{li} > f_{yi}$，即馆藏 > 流通 > 预计，有 G，$O1O2$，$O3$ 和 $O4O5$ 共 4 个学科，它们馆藏复本率偏高，主要由历史上的不准确的估计造成，所以应该降低一些，取 f_{li} 与 f_{yi} 间的某一适当值为 f_{zi}。

表 4.6 - 1 中 f_{zi} 都取以 0.5 阶进的圆整数字，以求采购工作的便利。当遇到上述三种以外的情形，也按同样的两条原则决定 f_{zi}。还有，流通部门在剔旧工作中，也要根据这一分析，采取相应的措施。

说复本率愈小愈好，并不意味着少数质量很高，可望流通经久不衰的好书，也一律采用低的采购复本率，但微观上的调节应以不妨碍宏观上的控制为限度。

四、规划年数

现在研究一下实现预计复本率需要几年的问题。设某学科于某年年底藏书册数为 V，藏书复本率为 f_v；又在下一年内，采购复本率 f_{zi} 等于上年年底的 f_v 的 x 倍，即 $f_{zi} = xf_v$。再设在规划期间，用常量的年率 p 和 q 进行采购和剔旧，对剔除的旧书每种留下 m 册。这样，下年年底的藏书册数等于 $(1 + p - q)V$，而下年年底的藏书种数由下列三部分组成：

（1）未剔除的原有藏书的种数，等于 $(1 - q)V/f_c$；（2）已剔除

的旧书每种留下 m 册后的种数,等于 qV/m;(3)新购书的种数,等于 pV/xf_c。于是到下一年年底,藏书复本率 f'_v 成为:

$$f'_v = \frac{(1+p-q)V}{\dfrac{(1-q)V}{f_v} + \dfrac{qV}{m} + \dfrac{pV}{xf_c}}$$

化简后得

$$f'_v = \frac{(1+p-q)f_v}{1 + (\dfrac{f_v}{m} - 1)q + \dfrac{p}{x}} \tag{4.6-5}$$

由上式可以估计规划年数,估计时可用全部门的平均复本率代替一个学科的复本率。在本例,可用藏书复本率 $f_v=5.34$,采购复本率可用表 4.6－1 中第⑫至第⑭栏中 36 个数字的算术平均值,为 3.19,即 $x=3.19/5.34=0.60$。又设全部门 p 和 q 的平均值为 8% 和 1%,m 的平均值等于 1.5 册,则从(4.6－5)式有:

$$f'_v = \frac{(1+0.08-0.01)\times 5.34}{1 + (\dfrac{5.34}{1.5} - 1)\times 0.01 + \dfrac{0.08}{0.60}} = 4.93$$

可以估计藏书复本率每年下降的比例为 5.34/4.93＝1.08,而规划在多年内要下降 5.34/3.64＝1.47 的比例,所以实现规划中复本率的改善需要

$$\frac{log1.47}{log1.08} = 5.0 \text{ 年}$$

而另一方面,实现规划中藏书册数的增加则需要

$$\frac{log\dfrac{19250}{13842}}{log(1+0.08-0.01)} = 4.9 \text{ 年}$$

在两数之间取中间值,可以认为预计复本率的实现大体上需要 5 年。

从(4.6－5)式还可以看出,在一般情况下,p 和 q 愈大时,f'_v

愈小。因此,大的 p 和 q 既有利于新书率的迅速增长,又有利于复本率的迅速降低,但要付出多花经费和人力的代价。

前面讲的是实行 AB 流通模式的部门中改善复本结构的办法。至于实行 Ab 模式的部门(即其分学科的年流通量不能直接统计的部门,如开架内阅书刊的阅览室),也可以用大体上相同的方法,不过有些地方要修改一下。首先,这些部门的藏书复本结构问题,一般没有在 AB 模式中那么重要;统计和制订规划,可以按大学科来划分。其次,求各学科的流通复本率时,应该用(4.6-4)式,其中 I_i 为 i 号大学科的平均日流通量。但是,因为 Ab 模式中大学科的日流通量不能直接统计,所以要用下述间接的办法。先将全部门的年流通量除以一年内开放日数,得到全部门的平均日流通量。§3.6 讲过,Ab 模式每月要做一两次流通过中率的统计,其中有各个大学科的流通量占全部门流通量的比例。把全年的十几份或几十份这种资料搜集起来,就可以得到这些比例的平均值。拿这些比例值去分别与全部门的平均日流通量相乘,就得到各大学科的日流通量 l_i 了。虽然经过一系列的平均和分割,得来了这些 l_i,但它们宏观上的可靠性还是不容怀疑的。以下的步骤与前相同,不再重复。到了最后,因为内阅报刊的流通部门,对于下年要订购的报刊的复本数,总是一种一种地逐个慎重考虑的,所以在这里大学科的采购复本率所起的宏观控制作用要比在 AB 模式中小一些。

除了本章已经讨论过的学科、质量、年代和复本4种藏书结构外,还有下列两种结构值得注意。一是在外文藏书中,应该算出各种语种的册、种数比。我国图书馆中,语种似乎过于贫乏,英语出版物又占过多的比重,这些都可以借结构分析的方法逐渐纠正。二是有明确专业的单位所属的图书馆,为了保持其特色,有关专业的书刊应占藏书中适当的比重,这就是行业结构,也应该统计,并逐年设法改善。

综上所述,流通部门在每年底对好几种藏书结构作分析后,将提出对各学科的一套采购和剔旧的指导性意见,有的还带有定量指标。其中一部分会互相符合,而另一部分会互相矛盾。当有矛盾时,要根据读者、流通、服务和教育四个观点,以及经费和人力的现状,来判断缓急和决定取舍。馆长也要在各部门的采购和剔旧计划中作必要的平衡和控制。

将每年年度作藏书结构分析和制订采购和剔旧计划的任务交给部门一级是合理的。但是一定要流通部门拥有足够数目的既熟悉藏书、又熟悉读者,既具备良好的统计知识基础,又掌握定量分析技法的流通人员,象§3.7中所曾设想过的"小型专业化流通部门"那样时,才能把这些工作做好。

§4.7 藏书统计

经过前面六节的充分讨论以后,现在可以提出来一点共同的认识,就是各种藏书结构(学科、质量、年代、复本、语种、行业等)的改善,都是很不容易的,都需要经历相当长的时间,并花费不少的经费和人力才能见成效。其所以如此,除了改善藏书结构本身原是一项艰巨的工作外,还有一点就是一般建成较久的图书馆所肩负的包袱太重。许多年以来,采购不按科学性和计划性办事,等到想按科学规划办事时,所面对的已是各种结构都很差的数十百万册书刊的大军了。以图书馆戋戋的经费和人力,每年想改善它们一点点,就得全力以赴。因比,图书馆从现在起,就要从藏书结构着眼,严格作科学采购,宁缺毋滥,不要再把沉重的包袱留给后任;新建馆则现在注意起来还来得及。

改善藏书结构先要搞好藏书统计。本节讨论其中的藏书账册和藏书清点两个问题。

（一）藏书账册

藏书账册是两套用来逐日记载并结算各种藏书结构数据和资料的账本或簿册,要求做到无论何时要用一种有关藏书结构的数据或资料时,都可以立时从账册中查出,不需临时统计。

每一实行 AB 或 Ab 流通模式的部门,除应该有自己的典藏目录外,还应该有两套藏书账册,一是学科藏书分账,二是部门藏书总账。

学科藏书分账每学科设一册。流通部门已将它的藏书划分为几个学科(或大学科),就设几册。在每册的扉页上写明学科的全称、代号以及与之相对的《中图法》类目。以后每页都是一式表格,每一行有下列栏目:

一、日期和记事。日期栏填写藏书量发生变更的日期。记事栏填写变更的缘由和附注。变更的缘由有(1)新购或接受捐赠后的"入藏",(2)剔旧或发现丢失后的"注销",(3)清点后的"更正"以及(4)每次变更后的"结算"。记事栏中应填写的附注项目有:册送单号,注销批准文号和批准人姓名,有关人员姓名等等。

二、种数、册数和复本率。

三、质量等级。下按读者群分为"甲"、"乙"、"丙"……若干个中栏,每一中栏下又分"优"、"良"、"中"、"劣"、"合计"5 个小栏,填写相应的册数。

四、出版年代。下按出版年份分为若干个小栏。如新书年限为 5 年,则分为"Ⅰ"、"Ⅱ"、"Ⅲ"、"Ⅳ"、"Ⅴ"和"旧书"6 个小栏,填写相应的册数。

五、其他结构的数据和资料。内容视流通部门具体情况而定。

六、填写人和复核人盖章。每填写一次先由填写人在自己详细核对后盖章,再由复核人复核,在认为没有错误时盖章。

每册学科藏书分账的第一行记事为"上年度转来",随后的数字多数照抄上年度分账的年底结算数字,但在出版年代栏中要顺移一格。例如当学科的新书年限为 5 年时,"Ⅰ"小栏要空出,"Ⅱ"小栏抄上年年底的"Ⅰ"小栏数字,"Ⅲ"小栏抄上年年底的"Ⅱ"小栏数字……"旧书"栏要将上年年底的"Ⅴ"小栏数字并入。以后每记一行(入藏、注销、更正)以后,要将本行记载与上一行(上年度转来或结算)数字相加或相减,称为结算,结算数字记在下一行中。为求醒目,结算一行可用不同颜色的墨水书写。如在结算时对各种结构要素添注百分比当然更好,不过一般说来不是必须的,因为在一年中结算的天数多而部门或上级来取用资料的天数少,等来取用时再计算百分比不迟。

部门藏书总账全部门设一册,表格格式与学科藏书分帐相同。每隔一定时间(从一周到两周)填写一行,只填结算数字,不必再填变更数字,因为变更的具体情况,已详细载入学科藏书分账了。如各学科的新书年限不同,则在总账的出版年代中,只结算新书和旧书两项数字就行。总账的后面应附有年底结构分析的记录。

有了这两套账册,只要勤于记载,不漏不缺,登账和结算准确,各项藏书结构数据和资料就可以随时取用,无须临时点查目录,以致耗费大量的时间;流通部门对自己的藏书结构现状在任何时候也都能一目了然。它们是使藏书结构得能不断更新的基础,也表现出对国家财产一丝不苟的负责精神。

(二)藏书清点

流通部门对自己的藏书,单有账册不行,还应该有一种随时清点的制度,以保证账册上所载的结算数字与实际相符。

藏书清点有三个先决条件。一是每个流通部门必须有一套完整的和准确的典藏目录。二是每个流通部门必须有完整和准确的藏书总账和分账。藏书账册是清点中有用的工具,但最终的依据还是典藏目录。藏书账册中没有书名,更没有著录,有些疑难问题靠它是解决不了的。三是流通部门要能随时按分类号查出已外借的书籍的书名和种册数。解决这个问题的传统办法是采用外借双轨卡片，近来可以用在计算机中建立外借数据库来代替。对于内阅模式则没有这第三个问题。

藏书清点有两种，一是日常的抽样清点，二是定期的全面清点。本节主要讲前一种。日常抽样清点的目的是：检查藏书与目录和账册不符的情况，发现丢失的数字大概是多少，同时检查有没有乱架及账册的登记和结算有没有错误。这种日常清点对每个 AB 和 Ab 模式的流通部门宜每一个月进行一次，由馆长、或馆长委派的资深人员主持，或由各部门负责人主持互相的清点。在藏书量较多的部门，每次只需抽一两个学科的样，在藏书量较少的部门，每次抽样范围可稍大一些；只要认真去做，效果反而比泛泛清点而不求精密的好。而且这次抽哪一个（或几个）学科的样，由主持人临时宣布，事先决不透露，所以实际上事半而功倍。

下面先讲 AB 模式中外借流通部门日常清点的做法。抽样清点开始时，将架上行将抽查的那一两个学科的藏书区域贴上封条。因为涉及面仅是少数学科，这样做基本上不妨碍流通。然后主持人取出学科藏书分账，与典藏目录核对，主要查点种数和册数是否相符。如果过去工作是认真的，则相符的可能性较大。如果发现不相符，则将不符种册数记下来。用这个不符数去除学科的藏书种册数，称为"目（录）账（册）不符率"。例如某学科目录上有 1579 种，4807 册，账册上为 1580 种，4809 册，不符数为 1 种 2 册，则目账不符率等于 $1/1579 = 0.633‰$（种），$2/4807 = 0.416‰$（册）。此后将目账不符率记为 e_{mz}。

得到本次抽查到的目账不符率以后，就将它与上次清点移交下来的目账不符率取平均值，得到将移交给下次清点的积存的目账不符率。因此，现在积存的目账不符率是各次清点新得的 e_{mz} 与上次积存的 e_{mz} 相平均的结果。这样做的原因是，首先，全面清点

224

是费时间的工作,非一朝一夕所能完成;但面对未经绝对核实(事实上也难以绝对核实)的目录和账册,实在无法断定这个新得的e_{mz}是源于目录的错误呢,还是源于账册的错误,还是两者都有错误。为了使日常抽样清点不拖得时间过久,以致影响正常工作,如果e_{mz}不大,两害相权取其轻,只能把它当作一个客观现象承认下来。其次,将新得值与积存值取平均,是由于每次抽样只查到一两个学科,只占全部藏书的一小部分,多次抽样才能覆盖一定的面积;而目账不符这类错误,是普遍存在于各部分藏书之中的,而且会随工作的改进(或恶化)而发生大小和多少的变化,迭次平均,正是为了使这项指标从微观的逐步取得宏观的性质,从临时的逐步取得连续的性质。

接着揭去书架上的封条,查点架上书刊的种数和册数。这种查点,应该由几人(至少两人)互不干扰地分别来做,并各将所点架上每格的种册数分别写在为此目的而印就的表格上。如果几人所得完全一致,就可以采用此数;如不一致,就再点一次,直到一致为止。

然后取出这一学科的双轨卡片,用同法查点借出的种册数。在查点时,会发见卡片排顺的错误,或别种卡片混入的错误等。在取出这些排错的或混入的卡片并纳入正确的位置的同时,应把它们所反映的种册数记下,除以本学科藏书种册数,得到"外借错误率",记为e_{wj}。仍用上例数字,如查出错了1种1册,则e_{wj}等于1/1579 = 0.663%(种),1/4807 = 0.208‰(册)。现在将这两个新得的e_{wj}与上次积存下来的e_{wj}取平均。这是因为别的学科的双轨卡片误排入本学科,固然可以马上取出改正,但本学科的卡片误排入别的学科的事,却是无法在几个小时内发现并改正的。因此,外借错误率只能用新得的和积存的两套e_{wj}取平均的办法来近似。

如果外借资料已存入计算机,那么取出一个学科外借的种册数就是一瞬间的事。但是输入的错误,这时却无法找出来;而这种

225

输入的错误,一般只能在读者还书时被发现。因此,办理还书业务的流通工作人员,应该分学科统计输入错误,每月合计,除以各学科藏书种册数,得一月的 e_{wj},再与上月移交下来的 e_{wj} 平均,得到积存的 e_{wj} 值。

在查点架上存书以前,应该仔细检查有无乱架的情形。如发现了乱架,除将这几本书抽出放到正确的位置上去以外,还要把乱架的种册数除以学科的藏书量,得到"乱架率",记为 e_{lj}。如,在前例查出了乱架 2 种 2 册,则 e_{lj} 为 2/1579 = 1.325‰(种),2/4807 = 0.416‰(册)。现在仍将这些新得的 e_{lj} 与上月移交下来的 e_{lj} 平均,得到积存的 e_{lj}。将乱架的书从架上移去以后,并不能做到将应在此架上却放到了别的架上的书拿回来,因此这个学科架上之书还存在着乱架的可能性依旧是不小的,所以不得不把上月积存的 e_{lj} 也考虑进去。

到此可把这一学科架上的书的种册数与外借的种册数相加起来,其和应与账册上的数字相符。一般相符的几率很小,而不相符时存书数小于账面数的几率较大,但存书数大于账面数的事也时而会出现。把这个差额记下来,被本学科藏书量除,得到"总不符率",记为 E。例如在前例,查出不符 3 种 5 册,则 E 为 3/1579 = 1.988‰(种),5/4807 = 1.040‰(册)。

这时可以发生两种情况,

一是 $\qquad E^2 > e_{mz}{}^2 + e_{wj}{}^2 + e_{lj}{}^2$ $\qquad$ (4.7 – 1)

二是 $\qquad E^2 \leqq e_{mz}{}^2 + e_{wj}{}^2 + e_{lj}{}^2$ $\qquad$ (4.7 – 2)

命学科藏书的丢失种册数被学科藏书的种册数除以后所得为"丢失率",记为 e_{ts}。当(4.7 – 2)式成立时,丢失率是无法估计的。只有(4.7 – 1)式成立,丢失率的估计值是:

$$E_{ts} = \sqrt{E^2 - e_{mz}{}^2 - e_{wj}{}^2 - e_{lj}{}^2} \qquad (4.7 – 3)$$

表 4.7 – 1 是前述数例中的一些数字。

表 4.7 - 1

指 标	总不符率 E		目账不符率 e_{mz}		外借错误率 e_{wj}		乱架率 e_{lj}	
	种	册	种	册	种	册	种	册
绝对数字	3	5	1	2	1	1	2	2
相对数字(‰)种数除 1579,册数除 4807	1.988	1.040	0.663	0.416	0.663	0.208	1.325	0.416
上月移交来的积存指标(‰)			0.765	0.385	1.026	0.399	0.982	0.307
移交给下月的积存指标(‰)			0.714	0.401	0.844	0.307	1.154	0.361

根据表列数字计算,不论种数和册数,(4.7—1)式都成立,再依(4.3—3)式,得种数丢失率为 1.18‰,册数丢失率为 0.65‰。实践表明,在紧俏学科,月丢失率达千分之三、四并非罕见。

由上列数例可以看出,e_{mz}、e_{wj} 和 e_{lj} 都是工作中难以避免的错误,而 e_{ts} 又跟它们同属一个数量级;丢失的真实面貌,总是被前面三个误差以不同程度掩盖着,致使有时竟查不出 e_{ts} 来,即使可以查出,也只能是一个轮廓性的数字。

可以承认,丢失少量的一般性藏书,并不是严重的事故。但是有两个原因让人们愿意花气力去做上述的日常清点工作。第一,开架还是一件新鲜事物,许多人对开架的责难,大多引用开架容易造成大量丢失这一理由。如果举不出丢失的具体数字来(哪怕是轮廓性数字也好),就难以用负责的态度为开架辩护。第二,不论开架或闭架,如果没有经常的和科学的清查丢失的办法并付之实行,对于极少数甘犯监守自之不匙的工作人员,就没有任何有效的约束。何况发现丢失率并不是藏书清点压倒一切的目的,更不是唯一的目的。发现目账不符率、外借错误率和乱架率,以督促改进流通管理工作,也是清点后有益的收获。更为重要的,是核实分学科的藏书数字,使本书所述的各种统计,始终保持着坚固的基础。

上面讲的是对外借部门的日常抽样清点。对于闭架内阅和视听等部门,仍可应用前法进行,只是如果它们的藏书量不大,则每次检查的学科数可以增加一些。

至于实行 Ab 模式的流通部门,日常抽样清点仍须进行,只是宜在不开放的时间来做。对开架内阅书籍的部门,方法同前,只是没有外借错误率,在公式(4.7-1)至(4.7-3)中,应取消 e_{wj} 一项。在开架内阅报刊资料的部门,除 e_{wj} 一项不存在外,情况又有更多的不同。第一,所有报刊资料在架上都有固定的位置,丢失和乱架一目了然,e_{ts} 和 e_{lj} 可以直接查出。第二,因为藏书量较少,其目录和账册一般是不应该发生错误的,如有错误,目账不符率也容易查明。经验说明,只要严格执行管理人员的岗位责任制和日常抽样清点制度,内阅刊物的月丢失率可以降到千分之一以下。

以上讲的是日常清点,每次每部门宜以半天为度。还有一种清点是全馆性的全面清点,要每隔若干年做一次。这时除查点藏书的种册数是否与目录和账册相符外,还要逐一查点所有的藏书结构数据是否与账册相符,并在目录和账册上作改正。这就要求暂停流通若干天,甚至还要增添临时的人手,方能完成。如不重视清点,则本章所介绍的各种藏书结构分析,将日益失去真实性,最终会流入空谈,这就失去科学管理的原意了。

第五章 服 务

§5.1 座位和折算座位

图书馆成绩的优劣,应以它的社会效益为标准。对于无专门收藏任务的极大多数图书馆,社会效益主要为流通和服务两大项。关于流通这一社会效益的宏观控制和定量分析,已在第二、三两章叙述。第四章则讲的是促进流通的一个重要因素一藏书建设。本章的主题是服务的定量化。一馆总有若干个服务部门,其中极大部分也是流通部门;同时所有的流通部门都是服务部门。服务量多而质优,固然也有促进流通的重要作用,但是它本身,作为一项社会效益,亦有其相对的独立性。

服务的问题应该分成三方面看。一是要知道各流通部门拥有多少个服务手段。同时为了便于管理,对这些服务手段应该规格化,设立统一的单位,称为"折算座位"。二是要知道现有的服务手段利用得如何。这就要研究由开放时间表等因素所决定的"开放率",它是使服务手段发挥出实际效益的一种强度指标。折算座位与开放率的乘积成为服务的数量。三是要知道服务的质量如何,这方面的指标称为"满意率"。本节先讲座位和折算座位的概念。

"座位"指流通服务部门向一位读者提供它份内的服务所必需的手段(包括设施,人力,以及工作人员的技能和知识)的组合。

座位有狭义和广义之分。狭义的座位是阅览室中的一桌一椅。其实，一桌一椅必须配上足够的读物和附属设施方能称为座位。如果一间阅览室设有 200 套桌椅，但仅展出 100 册刊物，就不能说它具备拥有 200 个座位的资格。如果它展出 2000 册刊物，质量好、年代新、排列整齐、取阅方便、管理完善，而且通风照明正常，那么称它拥有 200 个座位就恰当了。又如这间阅览室在某一期间将刊物全部取下，仅开放桌椅供读者休息，那么应该说在这期间它一个座位也没有。因此，在学校图书馆中，不能称单纯供学生自习用的桌椅为座位。除狭义的座位外，更多的是广义的座位。办理外借的流通服务部门，尽管不设桌椅，却拥有它份内的服务所必需的多种设施，所以它有相当多的广义的座位。视听和复制部门，既有机器设备，又有技术人员的技能来向读者提供它们份内的服务，所以也有广义的座位。咨询人员用他们的知识为读者服务，也应该当作广义的座位看待。

由于各流通模式所提供的服务方式不同，它们的座位之间就有折算的问题。折算的原则，从理论上说，应该以读者所享受的服务的效率和质量的高低为标准。效率本是一种质量；而质量的另一种内容——满意率——的定量化却有些困难，将在下文叙述。这里只考虑效率一个标准，以求简化。可以认为，效零高的、在同一时间内接待读者多的，应该多折算；效率低的应该少折算。据此给"折算座位"（记为 zw）下这样的定义："某流通服务部门中的某流通模式，在一个'标准服务时间'内所能接待的、使能充分享受其份内服务的读者人数，称为这种模式的'折算座位'"。如一个部门兼办多种模式，则各模式折算座位数之和为部门的折算座位数。至于"标准服务时间"的意义是这样的：与 §2.4 中定长期外借模式为别的模式向其折算的标准一样，这里定另一种传统的流通模式—内阅模式为标准。凡内阅模式接待一位读者使其能充分享受其服务的平均时间，称为"标准服务时间"，可由多次调查统计的数据中求出平均值,由馆长宣布在全馆实施。各流通部门中的各个模式接待一位读者所需的平均时间,称为"具体服务时间",也要作多次调查后取平均值,再由馆长核准。

为了便于讲清问题,特用表5.1-1的数例来说明。这是一个理想的例子,与各馆的实际情况未见得能处处相符,只是起把本章的几个问题贯串起来的示范作用。表5.1-1为15个流通服务部门的清单,其中给了各个部门代号,又列举其主要服务设施和方式。在这15个部门中,有 $B1$、$B2$、$B3$、$B4$、Cl、$C2$、$C3$、$C4$ 和 D 九个部门实行内阅模式,于是先在这九个部门中做读者内阅一次用多少时间的调查。从数百个数据中取平均,得47分钟,即以此为全馆各流通服务部门通用的"标准服务时间"。

表 5.1-1

序号	代号	部门名称(业务)	主要服务设施和方式	折算座位数 zw
1	A	综合书库(长期外借书籍)	实行开架借阅。设有五个分库,每个分库可容读者 40 人,各设 4 套桌椅。读者先在分库办理一部分借阅手续,最后的手续出库后在三个窗口中任一个办理。又常设能担任一般咨询服务的馆员一人	245
2	$B1$	一号书籍阅览室(内阅自然科学和技术科学书籍、短期外借、咨询)	设有 148 套桌椅。常设办理短期外借业务的工作人员一人。又常设能担任一般咨询服务的馆员一人,隔日值勤	192

序号	代号	部门名称（业务）	主要服务设施和方式	折算座位数 zw
3	B2	二号书籍阅览室（内阅文史哲和社会科学书籍、短期外借）	设有110套桌椅。常设办理短期外借业务的工作人员一人	150
4	B3	三号书籍阅览室（内阅外文书籍）	设有130套桌椅	130
5	B4	四号书籍阅览室（内阅未入库的新书）	设有48套桌椅	48
6	C1	一号刊物阅览室（内阅自然科学和技术科学刊物、咨询）	设有168套桌椅。常设能担任一般咨询服务的馆员一人	176
7	C2	二号刊物阅览室（内阅文学艺术刊物、短期外借、辅导）	设有110套桌椅。常设办理短期外借业务的工作人员一人	157
8	C3	三号刊物阅览室（内阅社会科学刊物、短期外借、辅导）	设有110套桌椅。常设办理短期外借业务的工作人员一人	157
9	C4	报纸阅览室（内阅报纸）	设有64套桌椅	64
10	D	特种阅览室（内阅工具书和检索工具书刊）	设有48套桌椅	48
11	E1	一号视听室（听音、复录）	设有48套桌椅及配套的设备。常设技术人员一人	43

序号	代号	部门名称（业务）	主要服务设施和方式	折算座位数 zw
12	$E2$	二号视听室（电视）	设有 48 套桌椅及配套的设备	42
13	$E3$	三号视听室（显微）	设有 8 套桌椅及配套的设备	11
14	$E4$	放映厅（电影，展览）	设有 176 套桌椅及相应的设备	138
15	$E5$	复印室（复印）	设有复印机 2 台	28
共计				1629

$B3$、$B4$、$C4$ 和 D 四个部门是单纯地实行内阅模式的,因而设几套桌椅便有几个折算座位。其他五个阅览室所设的每套桌椅同理也各算一个礤座位,但因它们兼办其他流通模式,所以还要计算各自的应增的折算座位数。

$B1$ 和 $B2$ 两室除内阅外,还兼办短期外借业务,而且它们是在全部开放时间中同时提供这两种服务的,即只要门开了,读者愿意内阅也可以,愿意短期外借也可以。由调查得知一位读者到小书库中挑选书籍平均需要 11 分钟,而小书库能同时容纳 16 位读者而不感拥挤;另一方面,一位读者办理短期借阅手续平均需要 1.2 分钟。从挑选书籍来说,每室应增折算座位数为 (47/11) × 16 = 68 个;而从办理借阅手续来说,则应增 47/1.2 × 1 = 40 个。可见短期外借这种模式,"瓶颈"在办理借阅手续上。如果办理手续人员增加一人,或者办事娴熟程度提高一些,折算座位数便能增加。目前 $B2$ 的折算座位合计数为 110 + 40 = 150 个。

为一位读者作一般的咨询经调查平均要用 6.0 分钟。47/6.0 = 8,因在 $B1$ 咨询人员隔日值勤,还需减半,因而 $B1$ 的折算座位合计数为 148 + 40 + 4 = 192 个。

$C1$ 兼办全日咨询服务,故折算座位合计数为 168 + 8 = 176

个。如果大多数流通人员都既了解专业,又熟悉藏书,都能担任咨询服务,则部门的折算座位数便能提高。

C2 和 C3 两部门兼办内阅、短期外借和辅导。辅导平均每周一次,每次时间平均 50 分钟;参加人数平均为 55 人,因而辅导的折算座位数为$(47/50) \times 55 \times 1/7 = 7$,故 C2 和 C3 的折算座位合计数为 $110 + 40 + 7 = 157$ 个。如让辅导的频次指加,质量提高(表现在参加人数的增多和时间的适当减短),则相应的折算座位数也将增加。

A 是专门办理长期外借业务的综合书库。它的折算座位数可从三个方面选择最小值而得。第一个方面是馆舍面积和布置。这个综合书库实行开架借阅。它共有 5 个分库,每一分库在不过分拥挤、不妨碍管理人员正常巡视的条件下能容纳 40 位读者入内挑选书籍,每位读者入库时间平均为 28 分钟。这样,由这方面规定的折算座位数应为$(47/28) \times 5 \times 40 = 336$ 个。第二个方面是办理借阅手续的场所,简称"窗口"。A 共设 3 个窗口,各常设工作人员一人。因已将一部分手续分到各分库去办,现已减为平均 0.65 分钟办一次,因而由窗口规定的折算座位数为$(47/0.65) \times 3 = 217$ 个。第三个因素是检索的场所,简称"终端"。因为实行了开架,多数读者不经过目录检索就入库了,需要通过终端的只是极少数,平均了以后,每一位读者花在终端上的时间非常少,因此由它来规定的折算座位数就非常大。三方面相比,窗口是"瓶颈",即由窗口规定的折算座位数(217 个)为最小。此外,A 常设能担任咨询的馆员一人,折算 8 个座位。又 A 还常设桌椅 20 套,相当于 20 个折算座位。最后得到 A 的折算座位的合计数为 $217 + 8 + 20 = 245$ 个。

A 有时候也实行闭架。在闭架时,馆舍面积就不是决定折算座位的因素了,余下还有窗口和终端两个因素。平均每一位读者在窗口办一次借阅手续需时 4.9 分钟(包括流通人员入库取书的时间在内),窗口数为7个;又平均每一位读者手工检索一次需时5.6分钟,终端数(因没有用计算机检索,终端数事实上就是可以同时开启而不互相妨碍的目录柜的抽屉数)为20个;则前者折算座位为 $(47/4.9) \times 7 = 67$ 个,后者为 $(47/5.6) \times 20 = 168$ 个,可见前者仍为瓶颈。加上咨询服务折算座位8个,A 在闭架时的折算座位合计数为75个。由此看出:开架与闭架相比,不但在流通量上,而且在服务量上都相差悬殊。

已实行开架的 A 部门今后如要在服务量上改进,首要之务是扩大瓶颈,即减少读者办手续的平均时间(如用计算机管理流通),或添设窗口。其次,要加强人员的业务培训,如半数流通人员能担任咨询业务,那么所增加的折算座位数也相当可观。

在办理视听业务的几个流通服务部门中,对于 $E1$,每一位读者享受一次服务平均时间为56分钟,折合 $(47/56) \times 48 = 40$ 个折算座位。另外复录一次平均需时15分钟,折合 $47/15 \times 1 = 3$ 个折算座位。$E1$ 合计为43个折算座位。对于 $E2$,每一位读者平均54分钟使用一次,折合 $(47/54) \times 48 = 42$ 个折算座位。对于 $E3$,每一位读者使用一次平均花35分钟,折合 $(47/35) \times 8 = 11$ 个折算座位。在 $E4$,使用时间的平均值为60分钟,折算座位为 $(47/60) \times 176 = 138$ 个。展览会容纳人数相同而平均时间却短得多,两者取较小值,故 $E4$ 有138个折算座位。

在 $E5$,平均使用一次复印机需时3.4分钟,折合 $(47/3.4) \times 2 = 28$ 个折算座位。

15个部门总计,得此馆共有折算座位1629个。这个全馆折算座位总数以后记为 $\sum zw$ 它代表一馆中可以向读者提供服务的手段经过规格化以后的总和。在此要指出,表5.1-1没有把情报服务列入,这是因为它不是经常地和有规律地发生的缘故。

综上所述,一个流通部门中的一种流通模式的折算座位数 zw 可用下列公式计算:

$$折算座位数 = \frac{标准服务时间}{具体服务时间} \times 同时接待读者人数 \quad (5.1-1)$$

如想让上式中"具体服务时间"一项减少,则(1)流通工作人员的知识、技能和工作上的娴熟程度要高;(2)流通服务部门人员编制要宽裕,安排要紧凑;(3)设备的质量要好;(4)有些模式(如视听和辅导)的流通物的内容要适当精练。如想让上式中"同时接待读者人数"一项增大,则(1)馆舍面积要宽敞,布置要巧妙;(2)具有专门知识和技能的流通工作人员的人数要多;(3)设备的数量要多;(4)有些模式(如视听和辅导)的流通物的质量要高。由此可知,作为服务的计量指标,折算座位中所包含的事物,既有物质方面的,又有人文方面的,还有管理方面的,内容相当丰富。折算座位的计算,以服务效率的高低为标准,效率高就是以同样的编制和同样的时间使更多的读者享受同样的服务;它之能刺激流通量增长(在一定的限度以内)是没有疑义的,但是在折算座位的基本概念里面,与读者获得信息量的多寡并没有直接的联系。

各流通部门有责任逐年稳步增加它的折算座位数。它应该在每年年底制订来年的改进计划,包括(1)增办多种流通模式而不增加编制;(2)采用先进的高效率的流通形式;(3)科学地安排部门内的工作;(4)增添设备等措施。但是为了防止偏差,这些都应该经过馆长的批准,每种模式的具体服务时间的调查和平均,也应在馆长监督下取全馆统一的数值。折算座位数可在各部门和全馆中作纵向比较之用,但不能用于部门间和馆际的横向评估。

折算座位总数 $\sum zw$ 只是一馆服务的潜在能力而已,其实际发挥出来的能力还要取决于开放时间。下面两节将接着讨论开放时间表的设计和评价问题。

§5.2　人流统计

上节讲了服务的计量指标——折算座位——的概念和计算方法。表5.1－1列出了某馆15个流通服务部门的折算座位数 zw。但是折算座位只是潜在的服务能力而已，必须将它同开放时间结合起来，方能成为实际的服务量。所以现在应该开始研究开放时间表的设计和评价问题。

根据读者观点、流通观点和服务观点，图书馆的开放时间表应该做到下列两点：一是开放时间要尽可能地长。图书馆和一切公共设施一样，应该不休节假日，至少应该少休节假日，并应该昼夜开放，使学习和生活节奏各异的读者都有机会前来享受服务。二是要尽可能地符合大多数读者的业余生活规律和时间安排，使图书馆有限的人力能最大限度地为大多数读者服务。关于第一点，到下节再讨论。至于要做到第二点，则先要有关于读者利用图书馆的各流通服务部门时间上的规律的统计资料。这种统计称为"人流统计"。

在统计"人流"以前，要定好一个时间上的标准尺度，称为"标准开放时间"，就是开放时间的上限，有了它才能对各个开放时间表的设计在开放时间长短上作评价。本书的"标准开放时间"，定为早7:00到晚23:00，中间共16个小时。各馆都可以自定标准开放时间。如要在某一系统所属的图书馆馆际作开放率的横向评比，则主管机构应制定统一的标准开放时间。

本节讲两个问题，一是理想的人流统计，二是简便的人流统计。

(一)理想的人流统计

"人流"是在标准开放时间内的某一小时中,在某一流通部门享受服务的读者人数。理想的人流统计的方法是,让所要统计的那个流通部门从早 7 点到晚 23 点不间断地开放,每小时查点一下读者人数并记下来。表 5.2 - 1 是表 5.1 - 1 中的 A 部门在某一季节中 5 次调查记录。如:第一次调查得到:7 ~ 8 时为 1 位读者,8 ~ 9 时为 17 位读者,9 ~ 10 时为 44 位读者,等等。严格说来,这些数字是近似的。因为在 9 时至 10 时之间,假设点到某位读者时为 9 时 25 分,很可能他到 9 时 26 分就离开了,因此 9 ~ 10 时间内应该算几位读者是很难确定的。但是人流统计不要求十分高的精确性,因此做到表 5.2 - 1 的一步就很不错了。

表 5.2 - 1

① 时间 (t)	人流统计值					⑦ 人流统计 平均值	⑧ 相对人流 R(由统 计)	⑨ 相对人流 R(由回归 方程)
	② 第一次	③ 第二次	④ 第三次	⑤ 第四次	⑥ 第五次			
7 ~ 8	1	1	2	1	0	1.0	0.08%	0.23%
8 ~ 9	17	24	20	24	18	20.6	1.72%	1.07%
上 9 ~ 10	44	36	38	41	39	39.6	3.32%	4.37%
10 ~ 11	86	98	104	101	93	96.4	8.07%	7.27%
11 ~ 12	78	89	75	77	79	79.6	6.66%	6.94%
午 12 ~ 13	9	4	3	10	7	6.6	0.55%	0.52%
					上午 小计	243.8	20.40%	20.40%

238

① 时间 (t)	人流统计值					⑦ 人流统计平均值	⑧ 相对人流 R（由统计）	⑨ 相对人流 R（由回归方程）
	② 第一次	③ 第二次	④ 第三次	⑤ 第四次	⑥ 第五次			
下午 13~14	6	8	9	11	4	7.6	0.64%	0.61%
14~15	146	137	122	129	119	130.6	10.93%	11.06%
15~16	239	238	232	240	233	236.4	19.79%	19.54%
16~17	240	243	239	245	241	241.6	20.23%	20.36%
17~18	89	88	102	95	96	94.0	7.87%	7.84%
下午小计						710.2	59.46%	59.41%
晚间 18~19	12	12	7	13	9	10.6	0.89%	0.83%
19~20	54	56	50	69	62	58.2	4.87%	5.13%
20~21	88	97	82	88	98	90.6	7.59%	7.23%
21~22	75	69	68	67	73	70.4	5.89%	6.15%
22~23	13	9	12	12	8	10.8	0.90%	0.85%
晚间小计						240.6	20.14%	20.19%
合计						1194.6	100.00%	100.00%

　　根据五次调查结果的平均值（表5.2-1中第⑦栏），计算出每小时人流数占总人流数（1194.5）的百分比值，称为"相对人流"，记为R（表5.2-1中第⑧栏）。

　　应该指出，"人流"的量纲不是人数，而是"人数一小时"。前面说过的那位读者，如果9时26分不离开A部门，一直到10时至

11 时之间的点数以后才走,他一个人就占了人流中两个份额。因此,人流与读者利用人次是两个不同的概念。同时它与读者到室人次也不同。例如上述读者,他离开 A 部门以后,或许就进入 B1 部门,说不定刚赶上此室 10 时至 11 时之间的点数,并且很有可能在 11 时至 12 时之间又被点了一次。另一方面,也有可能有一部分读者来到过 A 部门,但赶不上点数就离开了。所以人流数被到室人次除,所得之值(在 1 上下)虽以小时为单位,却不等于每位读者享受服务的平均值。实质上,人流是在某一开放小时被占的座位(或折算座位)的约数。正因为这样,它用来充作设计开放时间表的参考资料,才是最适宜的。还应该指出,理想的人流统计是用来设计一套理想的开放时间表的,因此统计的时间应该不受现行的(也是不理想的)开放时间表的限制。例如现行开放时间表规定 A 部门晚间不开放,则在这张开放时间表的时间范围内举行的调查,自然调查不出晚间的原属不小的人流来。因此,举行理想的人流统计时,应该如前所述,将所统计的部门在标准开放时间范围内,从早到晚不间断地开放,而且还要事先将目的和方法明白地通知全体读者,才能得到符合实际的数据。

如以时间 t(小时)为横坐标,人流 R(%)为纵坐标,绘出的曲线显然是三波曲线。图 5.2−1 中的 16 个点子的纵坐标取自表 5.2−1 的第⑧栏。对这些数据,应用第二章的公式(2.2−9)和(2.2−10),算出 $R−t$ 三波曲线的回归方程是:

上午　　$R = 0.234 − 1.338t + 2.651t^2 − 0.47435t^3$
下午　　$R = 0.608 + 9.542t + 1.856t^2 − 0.9475t^3$
晚间　　$R = 0.829 + 5.038t − 0.5821t^2 − 0.16917t^3$

$$(5.2−1)$$

根据上列三式算出回归曲线上诸点的纵坐标如表 5.2−1 中第⑨栏所载,并绘出人流曲线如图 5.2−1。从纯理论讲,回归曲线既然反映一种规律,由它算出的各 R 值比由统计平均值得来的 R 价

240

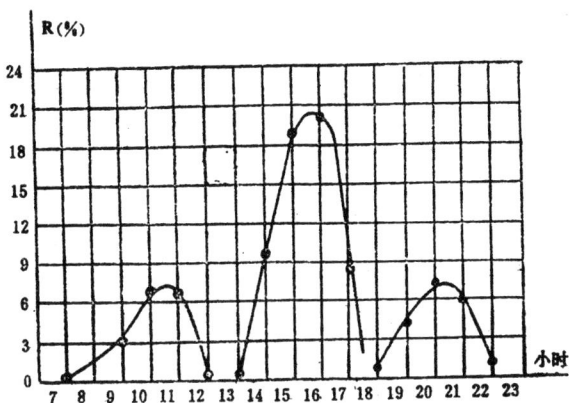

图 5.2-1

值稍高些。

表 5.2-2 列出了表 5.1-1 中的 C3 部门的人流统计平均值（五次统计数字略）、相对人流统计值，以及从回归方程算出的相对人流值（回归方程略）。再绘出人流曲线如图 5.2-2。

表 5.2-2

① 时　间 (t，小时)		② 人流统计 平均值	③ 相对人流 R(%) （由统计）	④ 相对人流 R(%) （由回归方程）
上	7~8	0	0	0.18
	8~9	2.0	0.16	−0.40
	9~10	15.8	1.25	1.66
	10~11	49.6	3.92	4.20
午	11~12	70.4	5.56	5.07
	12~13	24.6	1.94	2.11
	小计	162.4	12.83	12.82

241

（续表）

① 时　间 （t,小时）	② 人流统计 平均值	③ 相对人流 R（%） （由统计）	④ 相对人流 R（%） （由回归方程）
下 午 13 ~ 14	50. 1	3. 96	3. 95
14 ~ 15	123. 4	9. 75	9. 79
15 ~ 16	147. 2	11. 63	11. 58
16 ~ 17	143. 2	11. 32	11. 35
17 ~ 18	141. 6	11. 19	11. 18
小计	605. 5	47. 85	47. 85
晚 间 18 ~ 19	96. 6	7. 63	7. 58
19 ~ 20	114. 6	9. 06	9. 27
20 ~ 21	127. 6	10. 09	9. 78
21 ~ 22	103. 2	8. 16	8. 37
22 ~ 23	55. 4	4. 38	4. 33
小计	497. 4	39. 32	39. 33
合计	1265. 3	100. 00	100. 00

对于表 5. 1 - 1 中的 15 个流通服务部门的人流统计资料,前面已举出 A 和 $C3$ 两个部门为例。其余 13 个部门的由回归方程算出的相对人流值,列入表 5. 2 - 3 中,其各次统计值和平均值、相对人流统计值、回归方程和人流曲线都从略。表 5. 2 - 3 末栏的前一栏是全馆的相对人流值,图 5. 2 - 3 是它的人流曲线。

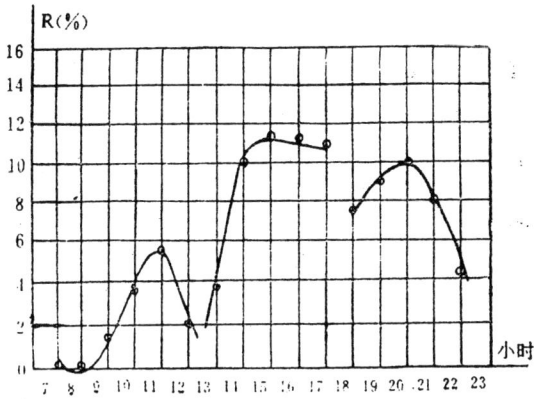

图 5.2-2

表 5.2-3

时 间		由回归方程算出的相对人流值 $R(\%)$						
		B1	B2	B3	B4	C1	C2	C4
上 午	7~8	3.07	0.14	3.96	0.19	0.02	0.20	0.62
	8~9	9.40	2.20	7.49	1.14	1.12	-0.45	1.71
	9~10	10.83	4.53	10.67	7.10	9.41	1.67	2.15
	10~11	8.90	5.82	11.95	12.68	17.19	4.20	2.13
	11~12	5.13	4.75	9.78	12.55	16.76	4.77	1.85
	12~13	1.08	0	2.60	1.32	0.38	1.02	1.49
	小 计	38.41	17.44	46.45	34.98	44.88	11.41	9.95

（续表）

	时间							
下午	13~14	2.29	1.11	1.40	0.26	-0.11	3.39	5.85
	14~15	9.00	14.49	8.35	9.65	8.18	7.75	8.43
	15~16	11.34	19.06	11.24	14.04	15.35	10.93	10.21
	16~17	10.28	17.15	10.06	13.51	17.21	12.30	11.09
	17~18	6.84	11.10	4.78	8.16	9.60	11.17	10.98
	小　计	39.75	62.91	35.83	45.62	50.23	45.54	46.56
晚间	18~19	1.25	1.16	0.53	0.40	0.08	5.62	11.14
	19~20	5.49	5.04	3.56	5.61	0.58	9.73	10.73
	20~21	6.63	6.22	5.82	6.55	1.76	11.52	9.23
	21~22	5.52	5.10	5.81	4.83	2.15	10.39	7.20
	22~23	2.95	2.13	2.00	2.01	0.32	5.79	5.19
	小　计	21.84	19.65	17.72	19.40	4.89	43.05	43.49
合　计		100.00	100.00	100.00	100.00	100.00	100.00	100.00
平均值		6.25	6.25	6.25	6.25	6.25	6.25	6.25
标准差		3.34	5.83	3.64	4.93	6.80	4.24	3.95

时　　间		由回归方程算出的相对人流值 R(％)							全馆人流
		D	$E1$	$E2$	$E3$	$E4$	$E5$	全馆	
上午	7~8	4.88	10.07	0.27	0.37	0.01	0.37	1.40	139.7
	8~9	7.41	13.42	1.56	10.55	-0.11	10.55	3.09	343.2
	9~10	11.42	14.33	10.57	17.04	0.65	17.04	5.92	602.6
	10~11	13.74	12.61	18.93	18.41	1.52	18.41	7.89	815.1
	11~12	11.18	8.07	18.24	13.26	1.71	13.26	6.96	744.4
	12~13	0.56	0.50	0.12	0.18	0.41	0.18	1.09	107.9
	小　计	49.19	59.00	49.69	59.81	4.19	59.81	26.35	2752.9

下午	13～14	0.20	0.12	0.22	-0.28	0.25	-0.28	1.85	193.2
	14～15	9.24	8.46	7.07	3.32	10.35	3.32	9.45	986.5
	15～16	14.19	9.29	10.20	5.31	14.18	5.31	13.28	1387.8
	16～17	14.09	5.60	9.70	5.17	14.83	5.17	13.20	1377.7
	17～18	8.04	0.37	5.65	2.37	15.38	2.37	9.05	945.5
	小　计	45.76	23.84	32.84	15.89	54.99	15.89	46.83	4890.7
晚间	18～19	0.32	0.15	-0.08	0.17	1.54	0.17	2.81	293.2
	19～20	1.60	4.15	5.73	6.33	11.21	6.33	6.52	680.9
	20～21	1.79	6.24	6.65	9.11	13.61	9.11	7.89	824.3
	21～22	1.19	5.52	4.41	7.65	10.56	7.65	6.73	703.3
	22～23	0.15	1.10	0.76	1.04	3.90	1.04	2.87	299.6
	小　计	5.05	17.16	17.47	24.30	40.82	24.30	26.82	2801.3
合　计		100.00	100.00	100.00	100.00	100.00	100.00	100.00	10444.9
平均值		6.25	6.25	6.25	6.25	6.25	6.25	6.25	
标准差		5.34	4.77	5.90	5.84	6.05	5.84	3.75	

A 和 $C3$ 的相对人流资料已见表 5.2-1 和表 5.2-2，表 5.2-3 中没有重复。表 5.2-3 中还有"平均值"和"标准差"两项，将在下节用到，A 和 $C3$ 的标准差分别为 6.10 和 3.98。又 $E3$ 和 $E5$ 两部门的人流是在一起统计的，所以在表 5.2-3 中它们的人流数据完全相同。

（二）简便的人流统计

理想的人流统计虽然能提供较为翔实的资料，但实行起来却有一定的困难，如要让各流通服务部门从早 7 时起到晚 23 时止不

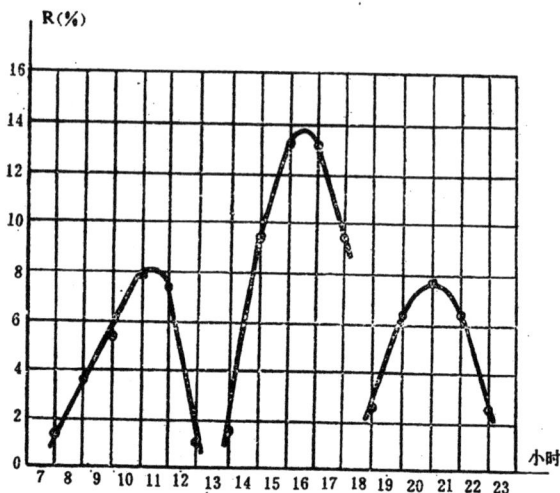

图 5.2-3

间断地接待读者,每个部门在进行统计的那几天要派专人每小时一次地巡视整个部门查点人数,要多次求算回归方程系数并用回归方程计算相对人流,等等。除非图书馆全体上下一致赞同本书所主张的四个观点并对调查统计的重要性都有明确的认识,同时已有许多人掌握了用计算机作运算的操作技能,否则不易实施。对于不具备上述条件的馆,可以采用简便的人流统计方法。它和理想的方法在轮廓上是相同的,只是作下列四点修改:

一、标准开放时间即统计时间可以定得短些,如改为从本馆职工早晨上班的时刻起,到最晚关闭的那个部门的关闭时刻止。如还感到人力不足,可在标准开放时间中再抽去中午和晚餐后两段休息时间,停止统计。

二、以分小时的读者到室人次代替人流。前已说明两者概念是不同的,但毕竟相差数不会太大。各部门本来都有专司读者到室人次或读者利用人次的人员,现在让他们在统计的几天中做这件工作,不会增加太多的工作量。

三、在前面的例子中每季节人流统计进行 5 次。如有困难每季节进行两三次亦无不可。

四、不再用回归方程,而用由直接统计的平均值算出的百分比为相对人流。从表5.2 - 1 和表5.2 - 2 看,只要统计次数足够多,两者相差是不大的。

经过这四点修改以后,人流统计就可以在所有的馆实行了。不过要注意两点。一是不能按本部门的开放时间表来统计人流。例如某部门现行的开放时间是上午 10 时至 12 时,下午 2 时至 6 时,晚间不开放。如果按这个开放时间表来统计,则把上午 10 时以前和晚间想来的读者遗漏了。也可能在这两段时间中人流并不多,但遗漏了毕竟要影响统计的真实性。如果在这两段时间中读者出乎意料地来得很多,则所遗漏的就是极宝贵的资料了。二是不可遗漏任何一个季节。所谓"季节",是指图书馆历年来在它们之间要变换开放时间表的时间段落。例如公共馆分夏冬两个季节,学校馆分夏、冬、寒假和暑假四个季节等。季节不同,人流的规律也不同,遗漏了一个季节,是无法弥补的。

下文讲到开放时间表的设计和评价时,仍用由理想的统计方法得来的资料,即表5.2 - 1,表5.2 - 2 和表5.2 - 3 中的资料。不过,如用简便的方法得来的资料,效果的不会太差也是可以肯定的。

不论是理想的或简便的人流统计,要选在没有干扰和异常情况的日子举行。除不应选在星期六、星期日和节假日外,严寒、酷暑、雨雪的日子也不好,多数读者要参加某种活动的日子也不相宜。人流统计不一定非要每年每季节都举行不可,如读者的生活节律没有大的变动,一年的统计资料可以用若干年。

§5.3 开放时间表的设计和评价

(一)划分全馆开放时间表成几个类型

一馆的各个流通服务部门,在统计了某个季节的人流,有了各自的相对人流的资料以后,本来都可以根据自己的 $R-t$ 曲线来拟定各自的本季节的开放时间表。但是这样做一来使读者难以记忆,二来妨碍他们接连到几个流通部门去。再则全馆还要有统一的管理和协调,开放时间亦不宜各部门自行其是。折衷的办法是:选出若干种互相近似的人流曲线的类型,从而定出几张开放时间表来,每张施行几个相似的部门。

从表5.2-1至表5.2-3中所统计的上午、下午和晚间的相对人流的小计值看,此馆的人流曲线可以分下列四种类型:

Ⅰ型:下午高,上午及晚间低,有 A 和 $B2$ 两个部门;

Ⅱ型:上午及下午高,晚间低,有 $B1$、$B3$、$B4$、$C1$ 和 D 五个部门;

Ⅲ型:上午低,下午及晚间高,有 $C2$、$C3$、$C4$ 和 $E4$ 四个部门;

Ⅳ型,上午高,下午及晚间低,有 $E1$、$E2$、$E3$ 和 $E5$ 四个部门。

此外,全馆的人流曲线也属于工型。具体情况见图5.3-1。图中注字是相对人流的小计值。

(二)开放时间表设计和评价的原则

在一般图书馆中,开放时间表的周期总是一个星期,这里也沿用这一对读者最为方便的习惯。各个流通部门每天开放和关闭的时刻,总是在标准开放时间的16个小时的范围之内,开放时间表就在 $7 \times 16 = 112$ 个小时中变动。对这112个小时,分别赋予0,1/

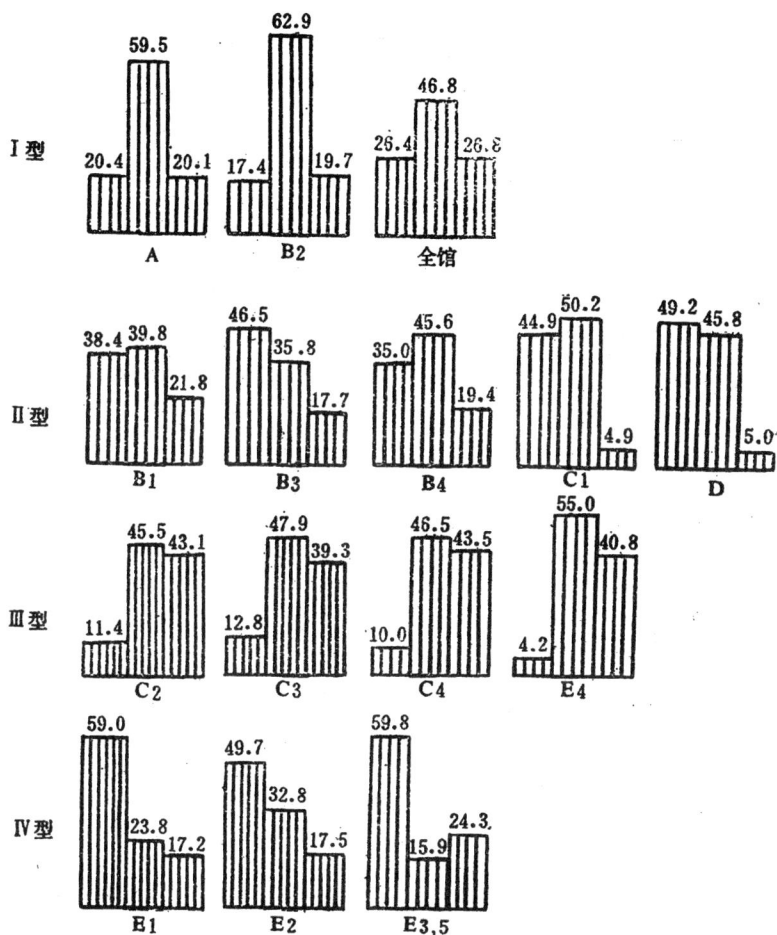

图 5.3 - 1

2 和 1 这三个值中的某一个,便可以得到 3^{112} 张开放时间表,其中时间的变化以半小时为单位。当然,在这些几乎是无数张开放时间表中,只有极少数的一部分有讨论研究的价值。

为了使评价开放时间表的优劣有一个定量的标准,先建立"座位开放率"这个概念。

设某部门对于上午 7 时至 8 时这个时间,规定星期一、三、五开放,星期二、四、六、日不开放,则它所有的座位(或折算座位)在一周的这一个小时中,只有 $3/7 = 42.9\%$ 是开放的,这个比例称为它的 7~8 时的"小时座位开放率",以两个小写字母 kf 表示。如下午 2~3 时它全周开放,则此时它的小时座位开放率 kf 为 100%,如晚 10~11 时它全周不开放,则此时它的 $kf = 0$。

一个部门的一张开放时间表,必有 16 个 kf(尽管有几个可能等于零),16 个 kf 的算术平均值称为"全日座位开放率",简称"座位开放率",以两个大写字母 KF 表示。

因此,座位开放率是一个部门的所有座位在一周七天的标准开放时间共 112 个小时中,其实际的开放小时数与 112 之比。要注意座位开放率不等于座位利用率。例如在全周七天的某一个小时,某部门的座位全部开放着,却七天中没有一位读者前来享受服务,在这一极端情况下小时座位开放率为 100%,而座位利用率等于零。

单凭这条原则,最好的开放时间表是全周 112 小时不间断地开放。虽然目前实行起来困难很大,但至少从理论上说这并没有错。如果国家给予充分的资金和人力,在若干个大城市里的大型图书馆中,几个流通量为最大的部门采用这种 100% 的全日座位开放率,是值得促其实现的事情。

但是,实际上人力和物力的限制,使得即使在一个部门实施 100% 的座位开放率,也十分困难,更不用提在多数部门实施了。因此,制订开放时间表时所应遵循的第二条原则是,一个部门的一张好的开放时间表,应该尽可能多地与它的人流变化的规律相符合。§5.2 已给出了一馆的 15 个部门在标准开放时间内的相对人流(R)—时间(t)曲线的一切资料。上述第二条原则意味着:如将标准开放时间内的 16 个小时座位开放率和它所对应的时间也绘成曲线,则 R - t 曲线与 kf - t 曲线两者应该尽量符合。其实质就是:为了节省人力和物力,不得已在有些小时停止开放,那么这些不开放的时刻,应该尽可能定在相对人流较小的那些小时上,这正是读者观点和服务观点所要求的事。

定量地讲,就是 $R(t)$ 与 $kf(t)$ 两个函数的相关系数 r 应该愈大愈好。r 可以用下式计算:

$$r = \frac{\sum_{i=1}^{16}\left[\,(\overline{R}-R_i)\,(\overline{KF}-kf_i)\,\right]}{16 \cdot \sigma_R \cdot \sigma_{Kf}} \qquad (5.3-1)$$

式中 i 代表标准开放时间内的某一个小时,$\overline{R}$ 是诸 R_i 的平均值,必等于 6.25%(见表 5.2 - 3),而 $\overline{KF}$ 为这个部门的座位开放率,即 16 个小时座位开放率 kf_i 的平均值,σ_R 和 σ_{kf} 为标准差,用下两式计算:

$$\sigma_R = \sqrt{\frac{\sum_{i=1}^{16}(\overline{R}-R_i)^2}{16}} \qquad (5.3-2)$$

$$\sigma_{kf} = \sqrt{\frac{\sum_{i=1}^{16}(\overline{KF}-kf_i)^2}{16}} \qquad (5.3-3)$$

用 $R(t)$ 和 $kf(t)$ 两函数的相关系数来判断相对人流与开放时间表之间的符合程度,固然从理论上说是很合理的,但是由于 (5.3 - 1) 至 (5.3 - 3) 式计算比较复杂,可能对有些馆不甚方便。这时可以改用比较图形的方法(见下文),也能得到大体上令人满意的结果。

上述两条原则往往是矛盾的,需要决策者根据具体情况作判断。

(三)一个部门的开放时间表设计举例

图 5.3 – 2 是为表 5.1 – 1 中代号为"A"的流通部门(主要办外借业务的综合书库)所拟出的三张开放时间表。方案"甲"是112 个小时不间断地开放,其诸小时座位开放率 kfi 和全日座位开放率 KF 都是 100% ,就第一条原则而言,当然是最好的了;但在公式(5.3 – 1)中,因为 $(KF - kfi)$ 全等于零,所以相关系数的极限值等于零,即 $kf(t)$ 函数与 $R(t)$ 函数不相关或无符合可言,说明这一方案没有考虑人流的变化形态。

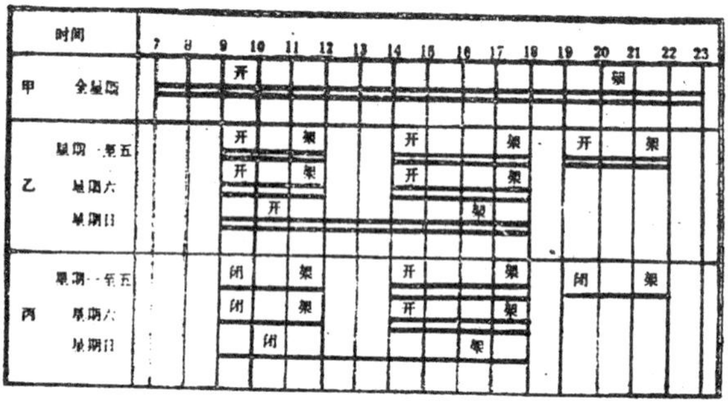

图 5.3 – 2

方案"乙"选择在"A"的人流曲线(见图 5.2 – 1)的三个波的高峰值左右的时间开放;其中规定星期六晚间不开放,是根据一般读者的习惯安排的;又规定星期天从上午 9 时至下午 6 时不间断地开放,则是适应于部分读者利用星期天的闲暇来仔细地挑一下所喜爱的读物的意愿。

下面计算方案"乙"的 16 个小时座位开放率 kf 和全日座位开放率 KF ,并绘了图 5.3 – 3 来说明。

在标准开放时间内,对于 7 ~ 8 和 8 ~ 9 两个小时,方案"乙"规定全周不开放,故 kf 都等于零。对于 18 ~ 19 和 22 ~ 23 两个小

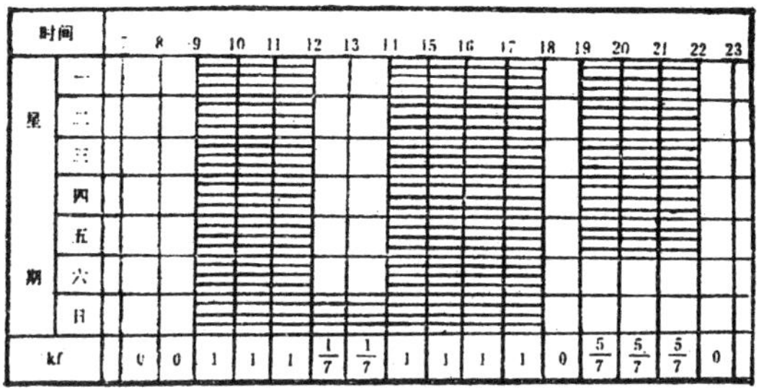

图 5.3 – 3

时也一样。

对于 9~10、10~11 和 11~12,以及 14~15、15~16、16~17 和 17~18 共七个小时,规定全周开放,故这七个 kf 都等于 100% 或 1。

对于 12~13 和 13~14 两个小时,规定一周七天中只有星期日一天开放,故它们的 kf 都等于 $1/7 = 14.3\%$。

对于 19~20、20~21 和 21~22 三个小时,规定一周中星期一到星期五共五天开放,故它们的 kf 都等于 $5/7 = 71.4\%$。

于是"乙"方案的全日座位开放率是:

$$KF = \overline{kf} = \frac{4 \times 0 + 7 \times 1 + 2 \times 0.143 + 3 \times 0.714}{16} = 0.589$$

下面计算 $R(t)$ 与 $kf(t)$ 间的相关系数 r。(5.3–1)式中"R"一项为 $R-t$ 回归曲线的纵坐标值;取自表 5.2–1 第⑨栏,"kf"一项取自图 5.3–3 末行,σ_{kf} 经用(5.3–3)式计算得 0.434;σ_R 等于 0.0610,见 §5.2。(5.3–1)式的分子一项经计算为 0.3185,所以

$$r = \frac{0.3185}{16 \times 0.061 \times 0.434} = 0.752$$

这一属于显著相关的结果说明方案"乙"与人流符合得相当不错。

图 5.3–4 用图形说明了两者间的相符程度:图中的细点线是

"A"的人流曲线,由图5.2－1移来(只是比例尺不同),粗实线组成的阶梯形折线是"乙"方案的 $kf-t$ 曲线,其纵坐标值见图 5.3－3。

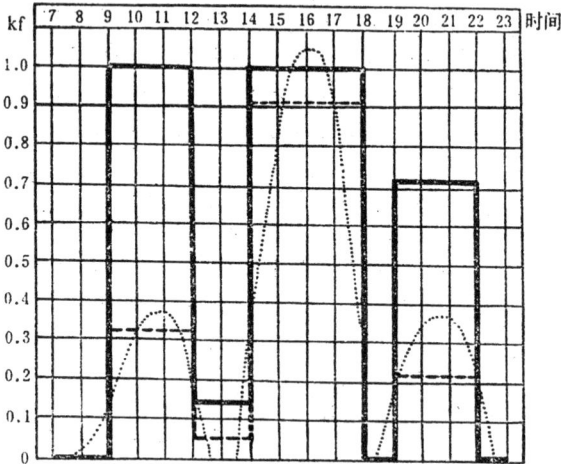

图 5.3－4

看了图5.3－4以后,可以悟出一个开放时间表的新方案,即图5.3－2中的"丙"方案。它把每天上午和晚间以及星期日的流通方式,从开架改为闭架。由于闭架的折算座位要比开架少得多(具体计算见§5.1),这样图5.3－4中 $kf-t$ 曲线的左右两个立柱的高度就可以下降,与细点线 $R-t$ 曲线的符合程度就能进一步提高。这样做还有一个优点,就是可以节约一些人力,因为开架比闭架用人多些。但是,要达到这两个目的,得付出一个代价,就是必须降低座位开放率。

经§5.1计算,已知"A"部门开架和闭架时的折算座位分别为245个和75个,这样闭架时的小时座位开放率就得打一个等于 $75/245 = 0.3061$ 的折扣。于是算出各 kf 值如下:

$$7\sim8\text{、}8\sim9\text{、}18\sim19\text{、}22\sim23, \qquad kf=0$$

$$9\sim10\text{、}10\sim11\text{、}11\sim12, \qquad kf=0.3061$$

$$12\sim13\text{、}13\sim14, \qquad kf=\frac{1}{7}\times0.3061=0.0437$$

$$14\sim15\text{、}15\sim16,16\sim17\text{、}17\sim18, \qquad kf=\frac{6}{7}\times1+\frac{1}{7}\times0.3061=0.9009$$

$$19\sim20\text{、}20\sim21\text{、}21\sim22, \qquad kf=\frac{5}{7}\times0.3061=0.2186$$

于是"A"的全日座位开放率为：

$$KF=\frac{1}{16}(4\times0+3\times0.3061+2\times0.0437+4\times0.9009+3\times$$

$0.2186)=0.329$

可见采用了半开架的"丙"方案以后，全日座位开放率 KF 已从全开架的58.9%下降到32.9%，但相关系数 r 经用(5.3－1)至(5.3－3)式计算为0.878，属于高度相关。图5.3－4中的粗虚线代表"丙"方案的 $kf-t$ 曲线与"甲"方案的不同部分，显然与细点线符合得更为密切。

在 $R(t)$ 与 $kf(t)$ 相符合的程度上，"丙"方案比"乙"方案好，"乙"又比甲好这一点，即使不计算相关系数 r，直接从图5.3－4中细点线和粗实、虚线的图形上判断，也能得到同样的结论，只是没有定量化而已。因此，对于缺乏能熟练地运用计算机作运算的人员的馆或部门，也可以改用比较图形的方法来判别 $R(t)$ 与 $kf(t)$ 的符合程度的高低。

表5.3－1

方　案	KF	r	hx
甲	1	0	1.000
乙	0.589	0.752	1.032
丙	0.329	0.878	0.618

现在对于外借流通部门"A",已经分析过三种开放时间表,即"甲"、"乙"、"丙"三个方案。下一步要比较它们的优劣。可以用来作比较的指标有两个,一是由开放时间表单独规定的全日座位开放率 KF,它基本上是一个服务指标;二是由开放时间表和人流共同决定的相关系数 r,它是一个多少偏重于流通的指标。三个方案的上述两项指标已列于表 5.3–1 中。从表中可见,如按 KF 来排名次,则为"甲"、"乙"、"丙";如按 r 来排名次,则为"丙"、"乙"、"甲"。究竟谁优谁劣,骤然不易断定,理论上说应该把服务观点和流通观点综合起来考虑。为了定量化,最好是把 KF 和 r 结合在一个统一的数学公式之中。为此设立一个"合成效益系数"的概念,记为 hx,由下式计算:

$$hx = KF(C + r) \qquad\qquad (5.3–4)$$

其中 C 是一个常数,由各馆自己斟酌采用。

对于本例,采用 $C = 1$,是这样来设想的:假如有两张开放时间表,其 KF 恰巧相等;面前者的 16 个 kf 都相同,即 $r = 0$,后者的 16 个 kf 完全与人流 R 同步,即 $r = 1$。执行前一张开放时间表,座位有时满员,多数时间却很空;执行后者,则空座率基本不变。再假使这个流通部门一般来说座位(或折算座位)是够用的,那么不妨认为后者的合成效益为前者的 2 倍,于是得到 $C = 1$。这个现在取为 2 的倍数,应该由各馆根据各自的情况决定。譬如一馆认为在这个问题上流通比服务重要些,可设 $r = 1$ 时的合成效益为 $r = 0$ 时的 3 倍,这样就得到 $C = 1/2$;反之,如另一馆认为服务比流通重要些,可设 $r = 1$ 时的合成效益为 $r = 0$ 时的 1.5 倍,便得 $C = 2$。当然,(5.3–4)式以及所设的倍数都带有某种程度随意的性质,因而只能约定俗成地用于本馆范围内不同的开放时间表的比较,不能用于馆际的比较。

按 $C = 1$ 计算,本例的三个方案的 hx 见表 5.3–1。可见与其用很多人力去执行"甲",不如用少得多的人力去执行"乙"。至于

"丙",则合成效益较差,如非人力不够用,不宜采取。

表 5.1－1 中以"C3"为代号的阅览室的人流曲线(见表 5.2－2 和图 5.2－2)属于左波低而中右两波高的 Ⅲ 型(参看图 5.3—1),为此替它设计了一张开放时间表"丁"方案如图 5.3－5 所示。它压缩上午的开放时间,同时尽量增加下午和晚间的开放时间。根据图 5.3—5 所列的 kf 值,算出 $KF = 0.652$,再结合相对人流曲线的回归曲线的纵坐标值(见表 5.2－2),又算出 $r = 0.837$。

时间	7	8	9	10	11	12	13	14	15	16	17	18	19	20	21	22	23
星期一至五																	
丁 星期六																	
星期日																	
kf	0	0	$\frac{1}{7}$		$\frac{1}{7}$	$\frac{1}{7}$	1		1	$\frac{6}{7}$	$\frac{6}{7}$	$\frac{6}{7}$	$\frac{5}{7}$	$\frac{5}{7}$			

图 5.3－5

时间	7	8	9	10	11	12	13	14	15	16	17	18	19	20	21	22	23
星期一三五		上	午	不	开	放											
星期二四六																	
戊 星期一至五																	
星期六																	
星期日																	
kf	0	0	$\frac{1}{7}$	$\frac{4}{7}$	$\frac{4}{7}$	$\frac{1}{7}$	$\frac{1}{7}$	1	1	1	1	$\frac{6}{7}$	$\frac{6}{7}$	$\frac{6}{7}$	$\frac{5}{7}$	$\frac{5}{7}$	

图 5.3－6

图 5.3—7 画出了代表 $R-t$ 曲线的细点线(由图 5.2－2 移来,但比例尺不同)和代表"丁"方案的 $kf—t$ 曲线的粗实线的对比。如另立一个"戊"方案(见图 5.3－6),将"丁"中上午 10～12 时的全周开放,改为星期一、三、五、日开放,星期二、四、六不开放,则相关系数将增至 0.922,表现在图 5.3－7 中粗虚线与细点线的左波符合得更好,但座位开放率却下降为 0.598。经计算,与人流

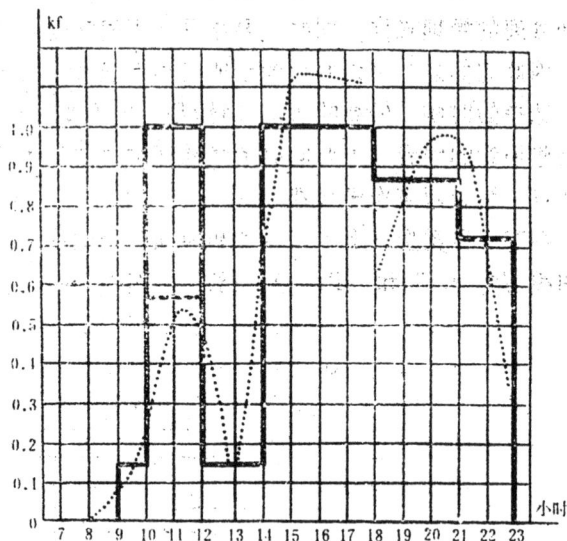

图 5.3 - 7

的相关系数为 0.946。

"丁"和"戊"两个方案的合成效益($C=1$)见表 5.3 - 2。虽然两者的效益差不多,但因"丁"便于读者记忆,还是以取"丁"为宜。

表 5.3 - 2

方　案	KF	r	hx
丁	0.652	0.837	1.198
戊	0.598	0.946	1.164

从图 5.3 - 7 还可以看出,不计算 r,只是比较图形,也可以大体上知道 $R(t)$ 与 $kf(t)$ 两函数相符合的程度。

上面讲的都是一个流通服务部门的开放时间表及其座位开放率。下面转入同类型的几个部门共用的开放时间表的设计问题。

(四)同类型的几个部门的开放时间表设计举例

前面说过,各部门各搞自己的开放时间表是不利的,应针对表5.1－1中15个流通部门的人流曲线的特点,归纳为四个类型(见图5.3－1),由馆统一协调制定。现仍沿用这个例子,来设计一套四张全馆通用的开放时间表。在着手以前,先说明三点精神。

一、在一般图书馆万难做到全周112个小时全部开放的实际情况下,中型以上的馆最好能在每天标准开放时间的每一个小时,至少让一个流通服务部门在开放着(星期六晚间和星期日早晚例外);做到只要有读者来,至少有一个部门等着接待他。这不仅是为了提高开放率,同时也为了创造一种全心全意为读者服务的气氛。

二、各部门在一天的开放中,要保持一些时间读者比较少,座位比较空,不要从头至尾都客满,这样有些喜欢安静的读者可以拣这些时刻到来。现代化的公共设施应该这样。

三、对$R(t)$与$kf(t)$两函数的相关系数,不一定要追求太高的数字。

在设计相对人流曲线属于同一类型的几个流通部门的共用开放时间表时,宜先计算一下各流通部门(以i代表,在同类型中共有n个;注意:在(5.3－1)至(5.3－3)式中,i代表小时)的16个相对人流、对于其应共同执行的开放时间表的16个小时座位开放率的合成效益系数hx_i,再以各部门的折算座位数zw_i为权,计算共用的开放时间表的平均合成效益系数hx_j(j代表类型号,即Ⅰ、Ⅱ、Ⅲ、Ⅳ):

$$hx_j = \frac{\sum\limits_{i=1}^{n}(hx_i \cdot zw_i)}{\sum\limits_{i=1}^{n}(zw_i)} \qquad (5.3-5)$$

设计时不妨先拟出几种开放时间表的方案,以备挑选。这些方案当然要使之尽量与人流曲线的类型相符合,也不能用违背图

259

书馆合理传统和读者合理习惯的奇异形式,或不便于执行和管理的繁琐式样,同时还要兼顾几张时间表间的衔接,各部门人力的现状和交接班的方便,因此它们之中可以变化的余地实际上已并不很多。

选择的时候,较高的 hx_j 固然是一项重要的参考资料,但是由于(5.3-4)式中所含的某些随意的因素,也要同时考虑前面讲过的三条精神,以及读者、流通、服务和教育等四个观点,结合起来作出抉择。

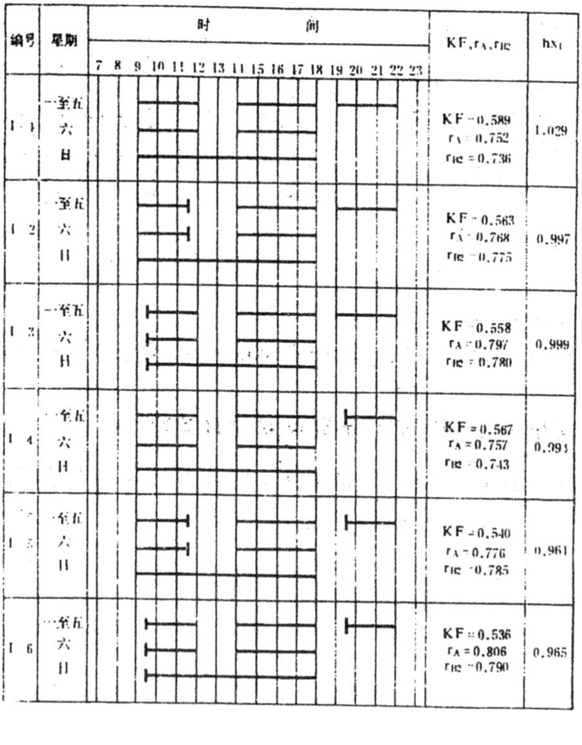

图 5.3-8

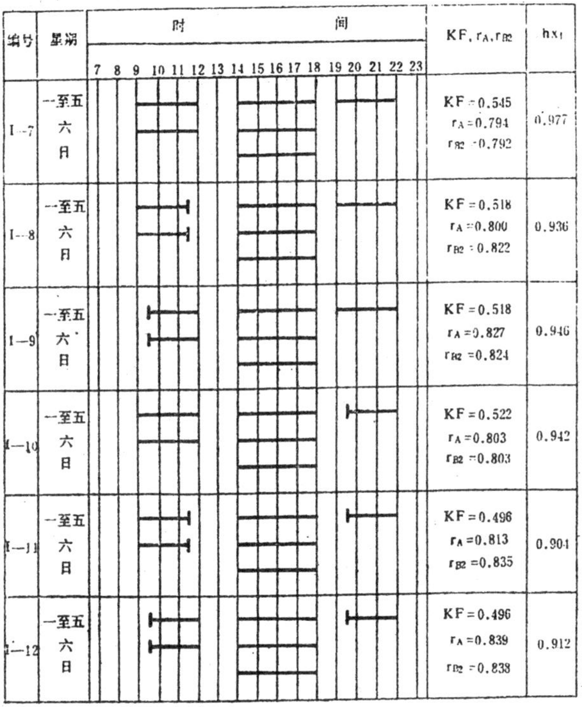

编号	星期	时间 7 8 9 10 11 12 13 14 15 16 17 18 19 20 21 22 23	KF, r_A, r_{B2}	hx_t
I—7	一至五 六 日		KF=0.545 r_A=0.794 r_{B2}=0.792	0.977
I—8	一至五 六 日		KF=0.518 r_A=0.800 r_{B2}=0.822	0.936
I—9	一至五 六 日		KF=0.518 r_A=0.827 r_{B2}=0.824	0.946
I—10	一至五 六 日		KF=0.522 r_A=0.803 r_{B2}=0.803	0.942
I—11	一至五 六 日		KF=0.496 r_A=0.813 r_{B2}=0.835	0.904
I—12	一至五 六 日		KF=0.496 r_A=0.839 r_{B2}=0.833	0.912

图 5.3 -9

拥有 I 号类型(上午、下午和晚间三个波依次为低、高、低,见图 5.1 -1)的相对人流曲线的为"A"和"B2"两个部门。图 5.3 -8 和图 5.3 -9 是为此拟出的 12 个方案。它们是以图 5.3 -2 中的"乙"方案为基础的,但在三个细节上作了一些变化。一是上午的开放时间有(1)9:00 ~ 12:00,(2)9:00 ~ 11:30 和(3)9:30 ~ 12:00 三个小方案;二是晚间开始开放的时间有 19:00 和 19:30 两个小方案;三是星期日有上午开放和不开放两个小方案,这样就组合成 12 个方案。计算而得的全日座位开放率 KF 和各相关系数 r 等数据已列入图中。经比较 12 个方案中以 I—1 号(即"乙"

261

方案)的平均合成效益系数为最高,它是根据(5.3－4)式和(5.3
－5)两式算出来的:

$$hx_{1-1} = \frac{0.589 \times (1.752 \times 245 + 1.736 \times 150)}{245 + 150} = 1.029$$

其余的 hx_I 的计算方法均同。因为没有其它相制约的问题,就选
择 I—1 方案为"A"和"B2"两部门共用的开放时间表。

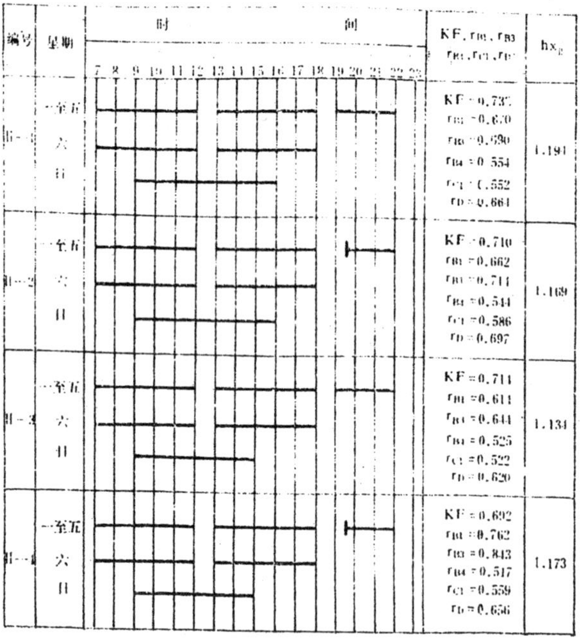

图 5.3 － 10

从上述计算中可以体会到,实际上有些方案的弱点较为明显,
其平均 hx 较低是容易估计到的,所以拟定的备选的方案个数不必
太多。为此在图 5.3－10 中为拥有 II 号类型(三个波依次为高、
高、低)的人流曲线的"B1"、"B3"、"B4"、"C1"和"D"等五个流通

部门只拟定了四个方案。它们以Ⅱ—1号方案为基础,在(1)晚间是 19:00 开放还是 19:30 开放:(2)星期日是 16:00 还是 15:00 关闭两点上作了变化。结果以Ⅱ—1号的 $hx_Ⅱ$ 为最高,所以采用了它。

编号	星期	时 间 (7 8 9 10 11 12 13 14 15 16 17 18 19 20 21 22 23)	KF, r_{C2} r_{C3}, r_{C4}, r_{CE4}	$hx_Ⅲ$
Ⅲ-1	一至五 六 日		KF = 0.652 r_{C2} = 0.891 r_{C3} = 0.837 r_{C4} = 0.657 r_{E4} = 0.678	1.118
Ⅲ-2	一至五 六 日		KF = 0.674 r_{C2} = 0.779 r_{C3} = 0.812 r_{C4} = 0.630 r_{E4} = 0.659	1.171
Ⅲ-3	一至五 六 日		KF = 0.759 r_{C2} = 0.489 r_{C3} = 0.554 r_{C4} = 0.543 r_{E4} = 0.430	1.138
Ⅲ-4	一至五 六 日		KF = 0.732 r_{C2} = 0.530 r_{C3} = 0.598 r_{C4} = 0.636 r_{E4} = 0.493	1.136

图 5.3 - 11

图 5.3 - 11 为拥有Ⅲ号类型(三个波依次为低、高、高)人流曲线的四个流通部门(“C2”、“C3”、“C4”、“E4”)拟定了四个方案。它Ⅲ1-1(即图 5.3 - 5 的“丁”方案)为基础,在(1)上午开放时间,和(2)是否覆盖午休时间两点上作了一些变化。计算结果以Ⅲ—2号方案的 $hx_Ⅲ$ 为最高,但是它只覆盖了 18:00 ~ 19:00 的晚餐时间,以及 22:00 ~ 23:00 的深夜时间,而 12:00 ~ 14:00 这段

午休时间未能得到覆盖,因此采用 hx_{III} 略低的 III - 3 方案。

图 5.3 - 12 为拥有 IV 号类型(三个波依次为高、低、低)的人流曲线的"$E1$"、"$E2$"、"$E3$"和"$E5$"四个部门拟定了四个方案。它们以 IV—1 号方案为基础,在(1)晚间是在 22:00 还是在 21:30 关闭,(2)星期日开放时间是 9:00 ~ 16:00 还是 8:00 ~ 15:00 两点上作了变化,计算结果 IV—1 和 IV—3 两个方案的 hx_{IV} 相等,比较后采用后者,因为它较为简单,便于记忆。

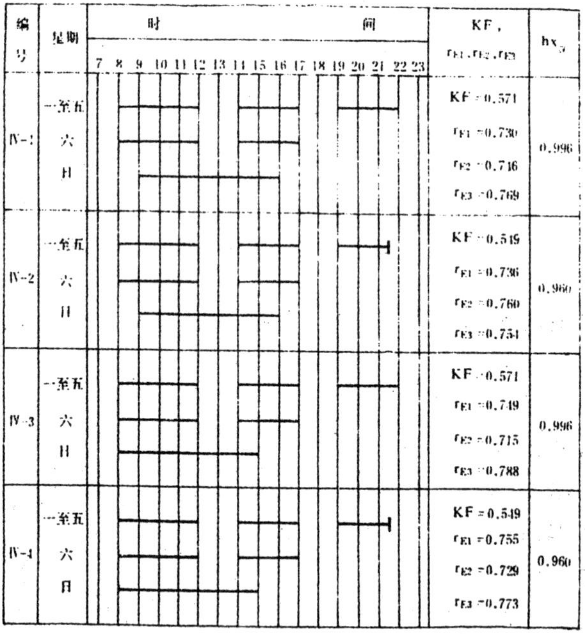

编号	星期	时间 7 8 9 10 11 12 13 14 15 16 17 18 19 20 21 22 23	KF , r_{E1}, r_{E2}, r_{E3}	hx
IV-1	一至五 六 日		$KF = 0.571$ $r_{E1} = 0.730$ $r_{E2} = 0.716$ $r_{E3} = 0.769$	0.996
IV-2	一至五 六 日		$KF = 0.549$ $r_{E1} = 0.736$ $r_{E2} = 0.760$ $r_{E3} = 0.754$	0.960
IV-3	一至五 六 日		$KF = 0.571$ $r_{E1} = 0.749$ $r_{E2} = 0.715$ $r_{E3} = 0.788$	0.996
IV-4	一至五 六 日		$KF = 0.549$ $r_{E1} = 0.755$ $r_{E2} = 0.729$ $r_{E3} = 0.773$	0.960

图 5.3 - 12

应该指出,几种方案的 hx 值上细微的差别,不能作为判断优劣的唯一依据。对方案的最终取舍,还是应该按照四个观点和三条精神,同时结合 hx 值一起考虑决定。

编号 部门 座位数	星期	时 间 (7 8 9 10 11 12 13 14 15 16 17 18 19 20 21 22 23)	KF
I A, B2 395	一至五 六 日 kf_I	0 0 1 1 1 $\frac{1}{7}$ $\frac{1}{7}$ 1 1 1 1 0 $\frac{5}{7}$ $\frac{5}{7}$ $\frac{5}{7}$ 0	$KF_I = 0.589$
II B1,B3, B4,C1 D 594	一至五 六 日 kf_{II}	$\frac{6}{7}$ $\frac{6}{7}$ 1 1 1 $\frac{1}{7}$ 1 1 1 $\frac{6}{7}$ $\frac{6}{7}$ 0 $\frac{5}{7}$ $\frac{5}{7}$ $\frac{5}{7}$ 0	$KF_{II} = 0.732$
III C2,C3 C4,E4 516	一至五 六 日 kf_{III}	0 0 1 1 $\frac{1}{7}$ 1 1 1 1 1 $\frac{6}{7}$ $\frac{6}{7}$ $\frac{6}{7}$ $\frac{5}{7}$ $\frac{5}{7}$	$KF_{III} = 0.759$
IV E1,E2, E3 124	一至五 六 日 kf_{IV}	0 1 1 1 1 $\frac{1}{7}$ $\frac{1}{7}$ 1 $\frac{6}{7}$ $\frac{6}{7}$ 0 0 $\frac{5}{7}$ $\frac{5}{7}$ $\frac{5}{7}$ 0	$KF_{IV} = 0.571$
	kf_e	0.313 0.389 — — 0.728 0.415 0.727 — 0.989 0.937 0.872 0.272 0.760 0.760 0.714 0.226	$KF_e = 0.694$

图 5.3 – 13

(五)对全馆的一套开放时间表的评价

图 5.3 – 13 为全馆的一套四张开放时间表的汇总。其中末行列出的全馆小时座位开放率 kf 总是以同类型部门的折算座位和数 zw_j(表中第 1 栏中的第三个数字)为权的平均值:

265

$$kf_{总} = \frac{\sum_{j=1}^{4}(kf_j \cdot zw_j)}{\sum_{j=1}^{4}(zw_j)} \qquad (5.3-6)$$

其中 j 为类型号。

图 5.3 – 13 中 16 个 $kf_{总}$ 的算术平均数等于 0.694，所以全馆的"总开放率"（记为 $KF_{总}$）等于 0.694。

全馆的总开放率还可以从另外一个角度来计算。令 i 为流通部门号，全馆共有 N 个部门，KF_i 为 i 号部门的全日座位开放率，zw_i 为它的折算座位数，KF 总应该等于诸 KF_i 以 zw_i 为权的平均值：

$$KF_{总} = \frac{\sum_{i=1}^{N}(KF_i \cdot zw_i)}{\sum_{i=1}^{N}(zw_i)} \qquad (5.3-7)$$

取图 5.3 – 13 中数据，可有：

$$KF_{总} = \frac{1}{1629}(0.589 \times 395 + 0.732 \times 594 + 0.759 \times 516 + 0.571$$

$\times 124) = 0.694$

与前数完全相符。

又根据图 5.3 – 13 所列出的诸 $kf_{总}$ 值与表 5.2 – 3 末栏的前一栏的全馆相对人流 $R_{总}$ 值相结合；算出 $r_{总} = 0.793$，再按 (5.3 – 4) 式（$C = 1$）算出全馆的合成效益系数为 $hx_{总} = 1.244$。可以看出，$r_{总}$ 与各方案的 r 相比属于偏高，而 $hx_{总}$ 也高于各类型的 hx_j，这是因为经过汇总以后，各方案的弱点已有一部分互相抵消的缘故。

图 5.3 – 14 为全馆的 kf 总—t 曲线与 R 总—t 曲线（从图 5.2 – 3 移来，但比例尺不同）的对比。

因为全馆 15 个流通部门的总折算座位数为 1629 个，$kf_{总} \times 1629$ 为在相应的小时中开放着的折算座位数，以这一数字去除这

266

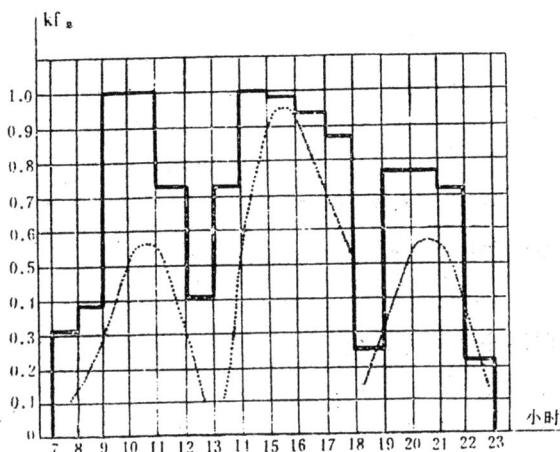

图 5.3 –14

个小时中的全馆人流(不是相对人流,见表 5.2 – 3 末栏),得 16
个比例,称为"占座率",记为 zz,算式如下:

$$zz = \frac{\text{全馆人流}}{kf_{\text{总}} \times \Sigma zw} \qquad (5.3 – 8)$$

显然,$(1 – zz)$ 可称为"空座率"。$zz – t$ 曲线见图 5.3 – 15。由此图
可以看出,从全馆来说,上午约有 40% ~ 70% 的空座率,下午有
10% ~ 40%,晚间有 20% ~ 40%,在下午 3 ~ 5 时最高峰时刻,尚
有 10% 的座位没有被读者占据。因此,执行图 5.3 – 13 的开放时
间表,可以保证每一位愿来图书馆的读者基本上都能享受到服务,
并且按我国的条件来说还不算十分拥挤。

再从图 5.3 –13 看,在星期一到星期五的五天中,对于标准开
放时间的 10 个小时中的每一个小时,都有至少三个流通部门在开
放着。综上所述,这套开放时间表经过细致的调查、分析、比较和
选择,已达到相对完善的程度了。

本节所述的评价一馆的开放时间表的理论和方法,纠正了历

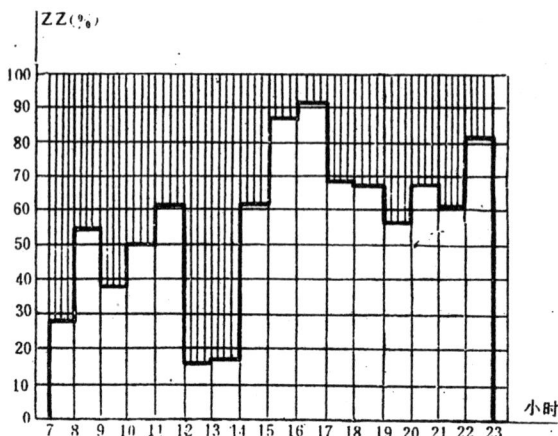

图 5.3 – 15

年来流行的不管某一小时中有几个部门开放,也不管各部门服务量的多少,只看一馆每周开放了多少小时的笼统的评价方法的缺点,在科学性上有所提高。

前面所设计的开放时间表,都是属于一个季节的,所算出来的 $KF_{总}$,也是一个季节的全馆总开放率。至于全馆的"年总开放率"($KF_{总}$)年,应该是各季节的总开放率以各季节开放天数为权的平均值:

$$年总开放率 = \frac{\Sigma(各季节的总开放率 \times 各季节的开放天数)}{\Sigma(各季节的开放天数)}$$

$$(5.3 – 9)$$

上式中的"开放天数",指敞开接待读者、提供正常服务的天数。如某部门规定一周内若干天不开放(例如星期日一天不开放,或星期一、四两天不开放)时,应该如实反映在它的开放时间表里面,要在这个部门的全日座位开放率中扣除。全馆性的学习和劳动,尽管很重要,还是不能算开放。因偶然事件开放超过半天但不

268

满一天时,以半天计,不满半天以不开放计。只有以这种严格态度办事,才谈得上科学管理。

年总开放率既可以用来对本馆历年服务上的进步作纵向比较,也可以用作馆际的横向比较。小馆和新馆只要政治思想工作做得好,纪律严明,管理按科学办事,在年总开放率上完全可以超过大馆和老馆。

§5.4 有效座位数,满意率,服务与流通的关系

将一馆的年总开放率$(KF_总)_年$与全馆的折算座位数$\sum zw$相乘,称为全馆此年的"有效座位数",记为$\mathscr{Z}$:

$$\mathscr{Z} = (KF_总)_年 \times \sum zw \qquad\qquad (5.4\text{—}1)$$

其意义是在一年中,平均有$\mathscr{Z}$个折算座位在每天标准开放时间的 16 个小时中连续开放着。例如对于前面三节所举的例子,一个季节的总开放率为 0.694,设一年的总开放率经四个季节平均后为 0.655(这在我国现状下是一个较高的数字),又设此馆折算座位总数 1629 个保持全年不变,则此馆此年的有效座位数 $\mathscr{Z} =$ 0.655 × 1629 = 1067 个。$\mathscr{Z}$ 是计量一馆服务社会效益的总指标。$\mathscr{L}$ 和 $\mathscr{Z}$ 分别反映流通和服务两大社会效益,应该是图书馆定量管理中最核心的一对指标。

一馆的有效座位数 $\mathscr{Z}$ 代表它的实际服务能力。它综合反映了下列因素:(1)自建馆以来,基建、购置设备和购买图书的经费是否充足,尤其是近年来设备和图书经费是否足额;(2)图书馆使用这些经费是否合理,是否符合现代化要求,有无追求表面而忽视实用的倾向,(3)图书馆上下为读者服务的主观愿望是否强烈,人力组织上是否科学,激励水平怎样,是否制订了力争上游的开放时间表;(4)工作人员的素质如何,知识是否相称,使用服务设施和

办理接待读者工作的娴熟程度如何。

$\mathscr{L}$ 和 $\mathscr{Z}$ 在量纲上有所不同。$\mathscr{L}$ 是一年中折算流通册册数经逐日统计后的"累计值",而 $\mathscr{Z}$ 是一年中有效折算座位个数经逐日估算后的"平均值"。所以 $\mathscr{L}$ 动辄以十万计,而 $\mathscr{Z}$ 不过几千。$\mathscr{L}$ 有某种相对地运动着的面貌,而 $\mathscr{Z}$ 则有相对地静止着的面貌。

有效座位数 $\mathscr{Z}$ 和年折算总流通量 $\mathscr{L}$ 各代表一大社会效益,两者应同时用来对一馆历年来的工作作纵向的评估。对于 $\mathscr{L}$ 应要求逐年以合理的递增率(大或等于第一和第二临界值)增加,而对于 $\mathscr{Z}$,首先是要求保持稳定,间或作小幅度的增长。这是由人们的主观努力对 $\mathscr{L}$ 影响较大而对 $\mathscr{Z}$ 却较小所引起的差异。因为 $\mathscr{Z}$ 能直接刺激 $\mathscr{L}$ 上升,而 $\mathscr{L}$ 对 $\mathscr{Z}$ 则不然,所以在重要性方面 $\mathscr{L}$ 宜放在 $\mathscr{Z}$ 前面。

$\mathscr{Z}$ 又可充作类型相同、规模相近的若干图书馆馆际横向评比的指标。在大馆与小馆之间,因折算座位总数 $\sum zw$ 不存在可比性,所以不宜用 $\mathscr{Z}$ 来作大小馆际的评比。但是,($\mathscr{Z}$/馆舍面积)和($\mathscr{Z}$/工作人员人数)这两个比例值,如果计算方法规格化了以后,倒可以在大小和新旧不同的馆之间作横向的比较。不过,$\mathscr{Z}$ 中含有一定程度多年来工作的积累的成分,它的意义不如流通经济效益指标 J_1 和 J_2 深远。

$\mathscr{Z}$ 是由广义服务手段的多寡(折算座位)和对这些服务手段利用的稀密(开放率)相结合而成的。它没有包括服务质量的优劣方面的内容。为了补救这一缺点,馆长应该定期举行民意测验。测验的问卷可以是一张表格,请求读者在"满意"、"基本满意"、"基本不满意"和"不满意"四个"务质量评价"栏之一内打一个"√"号。在对一个流通服务部门打的"√"号总数中,打在"满意"和"基本满意"两栏中的数目所占的比例,称为对这个部门的"满意率"。在对全体部门打的"√"号的总数中,这两栏"√"号的数目所占的比例,称为全馆的"满意率"。满意率是服务质量的

270

一种定量指标。

在一次民意测验以后,满意率较高的部门,应受到奖励,较低的应受到批评甚至惩罚。在满意率高而相接近的少数部门间,还可以用"满意"和"基本满意"两项比例上的差别来区分高下。这个方法比馆长亲自督促检查服务态度(当然这也是不可少的)在控制上有宏观与微观之分,效果也更好些。

上面讲的是用满意率作部门间的横向评比。至于用满意率作纵向比较,问题就稍复杂些。实践表明,无论是一个部门或是全馆,原来服务质量较差,经过一段时间奋起提高服务质量的艰苦努力以后,是会接着出现满意率的大幅度上升的。但是,如果在下一段时间中只是维持已达到的质量,或只做了零星的改善,则下一期的满意率多半会出现小幅度的下降。这是因为,读者的愿望一般是无止境的,在下一期的读者中,大部分都参加过上一期的民意测验,他们眼看服务质量大体上静止无变化,往往会感到有些不满,于是所打的"√"号的位置出现了下浮的趋势。所以满意率用作纵向比较时,如上期已增长过了,本期保持稳定便是成功。要求满意率象流通量那样较快增长,或像藏书结构指标那样逐年改善,是不现实的。正因为如此,再把满意率与 $\mathscr{L}$ 相乘,作为更高一级的服务社会效益的指标,也是不适宜的。

虽然满意率在纵向比较上有上述缺点,但民意测验是把图书馆的工作置于广大读者监督之下以发扬民主的很好的方式,应该坚持举行,一年以两次为宜。也可以按读者群(见 §4.2)分别举行。当明知满意率有下降的可能时,尤其要坚决按期举办,这是图书工作者作为读者公仆理所应当之事。民意测验的面较大,不宜在其中同时请求读者顺便提出改进工作的意见。征求意见可用面较窄的其它调查方式(如问卷调查、座谈会、意见簿、意见箱等)进行。

因为对于年折算总流通量 $\mathscr{L}$ 已设置了经济效益指标 J_1 和

J_2，所以对于有效座位数 $\mathscr{Z}$，就不再重复用它去除全年的经费，何况 $\mathscr{Z}$ 中含有历年使用经费的效果的积累，除出来的数字含意也不如 J_1 和 J_2 明确。虽说如此，仍不妨以 $\mathscr{Z}$ 为分子(母)，以某些因素(如馆舍面积、工作人员人数、读者人次等)为分母(子)，相除得到一些参考性指标。其中最有价值的莫过于 $\mathscr{L}/\mathscr{Z}$ 这一比值。前面说过，从某种意义上讲，$\mathscr{L}$ 是动态的，$\mathscr{Z}$ 是静态的，所以 $\mathscr{L}/\mathscr{Z}$ 可称为"动静比"。

动静比 $\mathscr{L}/\mathscr{Z}$ 是平均每一个有效座位所提供的年折算流通量的折算册数，或"单位服务所产生的流通"。§3.7 分析过，要让 $\mathscr{L}$ 增长，除狭义的流通部门做好本身工作外，一靠 $\mathscr{Z}$ 的增加，二靠藏书的数量、质量、年代、复本等类结构的改善，三靠对工作人员的激励和对读者的激励(服务质量或态度是它的一个内容)，此外还有读者人数的上升和读者结构上有利的变化。现在把 $\mathscr{Z}$ 以外的因素称为"非座位因素"。如果非座位因素保持恒定，可以推测 $\mathscr{L}$ 与 $\mathscr{Z}$ 之间的依存关系应该约略地如图 5.4－1 中的 $\mathscr{L}-\mathscr{Z}$ 曲线

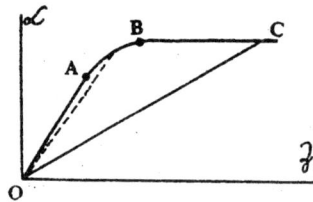

图 5.4－1

所示。当 $\mathscr{Z}$ 较小时，$\mathscr{L}$ 与 $\mathscr{Z}$ 间存在着一种线性关系，即图中的 OA 直线段，此时动静比 $\mathscr{L}/\mathscr{Z}$ 为常量。当 $\mathscr{Z}$ 再增时，$\mathscr{L}$ 就不再与 $\mathscr{Z}$ 同步增长了，动静比 $\mathscr{L}/\mathscr{Z}$ 要慢慢地减少，表现为 $\mathscr{AB}$ 段上凸的曲线。当 $\mathscr{Z}$ 继续增加时，$\mathscr{L}$ 达到该具体条件下的饱和值，$\mathscr{L}-\mathscr{Z}$ 曲线变成了水平直线段 BC，此时动静比 $\mathscr{L}/\mathscr{Z}$ 将随 $\mathscr{Z}$ 的增加

而愈来愈快地减少下去。从中可见,人们对动静比 $\mathscr{L}/\mathscr{Z}$ 的希望应该是保持稳定,不让它出现减少的趋势,以求服务对流通有较大的促进作用。还可以看出,对于某一馆和某一年,其由 $\mathscr{L}$ 和 $\mathscr{Z}$ 所代表的综合社会效益,在图 5.4-1 的 $\mathscr{L}-\mathscr{Z}$ 平面上是一个点;此点的运动反映了此馆做的工作所产生效益上的变化。

年折算总流通量 $\mathscr{L}$ 和有效座位数 $\mathscr{Z}$ 所代表的两大社会效益,既是互相依存,又是互相补充的。在图 5.4-2 中,画出了当非

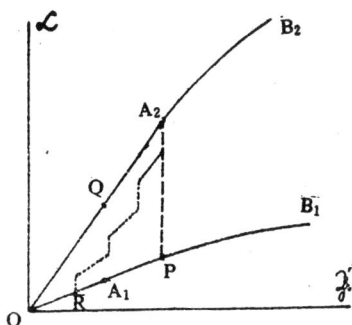

图 5.4-2

座位因素为恒定时的两条 $\mathscr{L}-\mathscr{Z}$ 曲线,上面一条非座位因素较好,下面一条非座位因素较差,可以推测前者的直线部分应延伸得比后者长些。当一馆具有良好的社会效益时,从理论上说 $\mathscr{L}$ 和 $\mathscr{Z}$ 应该均衡,它的那个在 $\mathscr{L}-\mathscr{Z}$ 平面上代表综合社会效益的点子,最好是位于 $\mathscr{L}-\mathscr{Z}$ 曲线的直线段的末端附近,如图 5.4-2 中的 A_1 和 A_2 两点。如果一馆目前位于 Q 点,这一点流通量相对地大而服务量相对地小,表明服务跟不上读者的需要,应该用如提高现代化程度和人员素质的办法来增加有效座位数,使 $\mathscr{L}$ 和 $\mathscr{Z}$ 都有所增长,而非座位因素可暂不变,这一使社会效益变化的过程在,$\mathscr{L}-\mathscr{Z}$ 平面中成为 Q 点的运动轨迹,即 QA_2 直线段。又如一馆目

前位于 P 点,即服务设施虽较充分而读者积极性不高,应该着重改善非座位因素,而暂使有效座位数稳定,这一过程的轨迹为虚线 $PA2$。再如一馆目前位于 R 点,即 $\mathscr{L}$ 和 $\mathscr{Z}$ 都小的一种落后情况,宜采取分阶段轮流改进非座位因素和有效座位数的措施,在图中以曲折点线代表这一需时较长的过程。

后　　记

　　我在 1980—1984 年担任兰州铁道学院图书馆馆长期间,对图书馆定量管理问题曾作过一些探索,并积累了若干资料。嗣后,兰州大学图书馆学系聘我讲授"图书馆定量管理"课程,为此我以在兰州铁道学院所从事过的探索和所获得的资料为基础,撰写了一部讲义,在兰州大学讲了 4 遍,中间又作几度修订。另外在国内几所高校和几个地区也讲过十余次。本拟于 1987 年出版,后因故未能实现。现应《铁路高校图书情报研究》之约,又将原稿再作一次修订和压缩,希望在向我国图书馆工作者提供增进图书馆社会效益的非传统的设想方面,作出一点贡献。

　　"定量管理应重视流通"这一思想是由兰州铁道学院图书馆王汉城同志创立的,其理论详见他的力作《流通论》(载《图书与情报》1985 年第 2 ~ 3 期)。本书中一些概念和术语,也取材于《流通论》。

　　§ 1.2 中"人才开发与图书信息流通的关系"问题中的计算和整理工作,是由北方交通大学图书馆杨伟红同志完成的。

　　§ 2.5 第二小节的一些内容,取材于兰州铁道学院图书馆李璃同志《多自变量年流通量的预测》一文(载《铁路高校图书馆学研究》第 5 辑,1988 年)。

　　§ 3.3 关于"过中率"的一个用计算机解决的较大型的例题,由兰州铁道学院图书馆刘东荣同志设计和完成。又 § 3.4 所论的分均模型函数,吸收了刘东荣同志《DUM 函数新解》一文(载兰州大学图书干部进修班第 4 期论文摘要汇编)的一些研究成果。

§3.5 中的许多内容,取材于兰州铁道学院图书馆潘述良同志《对一个中型书库藏书结构定量分析的研究》一文。

§4.4 的许多内容,取材于杨伟红同志《论藏书年代结构的优化问题》一文(载《铁路高校图书馆学研究》第 5 辑,1988 年)。

又,李瑀同志曾与我合写了题为《图书馆新书率的数学模型》一文(载《藏书建设论文集》,南开大学出版社,1985 年),§4.3 至 §4.5 的不少内容,均取材于此文。

在全书写作中,兰州铁道学院图书馆李瑀、雷蕾、马秀琴等同志曾为我整理材料,订正文字。对于上述这些同志,兰州大学图书馆学系、兰州大学和兰州铁道学院两所图书馆的领导和许多同志,以及华东师范大学、北京师范大学、西南交通大学、北方交通大学、西北师范大学、大连铁道学院、石家庄铁道学院、上海铁道学院、齐齐哈尔铁路工程学校等院校,甘肃、杭州、齐齐哈尔等省市图书馆学会,铁路、北京市、甘肃省、浙江省、宁夏回族自治区等系统和省市区的高校图工委的有关同志的支持和帮助,特此表示衷心的感谢。

陈和平
1989 年 10 月